财经
法治

U0931098

中证中小投资者服务中心
CHINA SECURITIES
INVESTOR SERVICES CENTER

投资者

INVESTOR

第9辑
（2020年2月）

郭文英　主编

法律出版社
LAW PRESS · CHINA

投资者
INVESTOR

卷首语

2019年12月28日,第十三届全国人民代表大会常务委员会第十五次会议表决通过了修订后的《中华人民共和国证券法》(以下简称新《证券法》),新《证券法》将自2020年3月1日起正式实施。证券法是资本市场运行、发展的法制基础以及根本保障。此次修法完成,标志着我国资本市场在向市场化、法治化、国际化的发展过程中又跨过了一座重要的里程碑。

历时4年多,经过4次审议,新《证券法》终于修成正果,其条文共226条,比2005年版《证券法》的240条少14条,增加了"信息披露"和"投资者保护"专章,修改变动的条文在100条以上,因此,此次《证券法》修订是一次"大修改"。在系统总结我国资本市场改革发展、监管执法、风险防控的实践经验基础上,在深入分析证券市场运行规律和发展阶段特点的基础上,新《证券法》作出了一系列新的制度改革。一是对"证券"的定义进行了扩容,将资产支持证券、资产管理产品的发行与交易纳入新《证券法》的法律适用范围;二是全面推行证券发行注册制,对证券发行制度作了系统的修改完善;三是完善投资者保护制度,新《证券法》新设"投资者保护"专章,作出了许多颇有亮点的安排,同时探索建立了符合中国国情的证券民事诉讼制度;四是显著提高证券违法违规行为的处罚水平,对违法行为除规定没收违法所得外,还应给予数额较大的罚款。此外,新《证券法》进一步落实"放管服"要求,压实中介机构"看门人"的法律职责,在强化监管、完善证券交易制度、建立健全多层次资本市场等方面作出了新尝试。

2018年1月,中证中小投资者服务中心有限责任公司(以下简称投服中心)《投资者》问世,中国证监会副主席阎庆民在其"序言"中指出,"推动在《中华人民共和国证券法》修订中增加投资者保护专章,通过明确规范现金分红、强化适当性管理、持续信息披露、先行赔付制度、投资者教育等投资者权益保护内容,为投资者提供法律保障”。两载春秋,在《投资者》第9辑出版之际,我们终于迎来了新《证券法》的尘埃落定。增设的“投资者保护”专章中规定:建立上市公司股东权利代为行使征集制度;建立普通投资者与证券公司纠纷的强制调解制度;完善上市公司现金分红制度;探索适应我国国情的证券民事诉讼制度,规定投资者保护机构可以作为诉讼代表人,按照“明示退出”“默示加入”的诉讼原则,依法为受害投资者提起民事损害赔偿诉讼。投服中心作为上市公司小股东和专司投资者保护的公益机构,将依据新《证券法》赋予的职责,坚定股东地位,深入推进持股行权工作,促进上市公司质量提高;践行公益投资者保护职能,妥善推动证券群体性诉讼机制落地,切实维护投资者及上市公司合法权益;秉承“依法、中立、专业、便捷”的原则,着力探索“申请便捷、程序简化、专业权威、效力保证”的证券期货纠纷化解机制。我们相信,在新《证券法》的护航下,资本市场将迎来一个全新的法制环境,投资者保护工作也将继续发挥“中国智慧”,在制度创新的基础上再上新台阶。

本辑结合新《证券法》的颁布,共设5个栏目,收录专家学者、市场实务人士13篇文章,与读者共享。

【政策解读】收录3篇文章

郭文英的《不忘投资者保护初心　积极践行投服公益使命》认为,新《证券法》第六章专章对投资者保护进行了规定,明确了投资者保护机构的职能与责任。投服中心作为专门的投资者保护机构,将依据新《证券法》赋予的职责,践行公益投资者保护职能,从持股行权、纠纷调解、诉讼维权等方面不断推出中小投资者保护的新方法、新举措、新机制,充分满足资本市场和投资者需求,为资本市场健康发展营造良好环境。

叶林的《〈证券法〉修改:中国资本市场法制建设的一次飞跃》认为,《证券法》不是旧版《证券法》的小修小改,不是成熟市场的西化版本,而是一部反映我国证券市场发展阶段性特点、充满中国元素和中国方案、勾画我国资本市场跨越式改革蓝图的版本。修改后的《证券法》是立法观念明确、理论基础扎实、着力解决中国问题、最大限度凝聚共识,创新证券市场法制中国方案的立法成果。它虽然不免遗憾,但成就超越预期,必将成为创新证券市场实践、引领证券法制发展方向的重大标志。

鲁斯齐的《科创板差异化表决权结构下的利益冲突与应对进路》一文选取中国香港特别行政区、新加坡两个同类新兴亚洲资本市场作为研究对象,通过对差异化表决权结构下内外各方利益主体间的冲突进行分析,结合差异化表决权的实践,试图提出完善科创板差异化表决权结构的思路。

【理论探究】收录 3 篇文章

傅穹的《我国证券法实施后时代下的投资者赔偿基金制度构想》一文认为，投资者赔偿基金的公益性投资者赔偿功能，决定投服中心作为管理单位，能更好地实现其制度价值。关于投资者赔偿基金的资金来源，建议将证券欺诈行政罚没款与刑事罚金暂缓入库，与诉讼追偿款、行政和解金、上市公司初始上市与再融资的风险金、交易经手费等一并纳入其中。投资者赔偿基金的赔付机制，可以探索以个人投资者为赔付对象，以虚假陈述、内幕交易及操纵市场三类违法行为为规制重点，确定适当的赔偿条件、赔偿限额、赔偿程序等规则。

鲍彩慧的《证券私人诉讼机制的现实问题与实践因应》一文认为，为了激励投资者诉讼维权，投服中心主导的证券支持诉讼是证券私人诉讼机制的实践革新。厘定当前证券私人诉讼的目的是公正赔偿投资者，以此推进证券民事赔偿责任优先原则的落实。以诉讼效率作为证券私人诉讼司法的价值取向，并在此指导下进行以整体性估算方法为依托的司法裁判方法革新。

朱列玉、郑怡玲的《当前中国独立董事制度的困境与对策》一文从独立董事制度的发展历程入手，从独立董事的选任、薪酬发放、权责承担等角度分析我国和美国的独立董事制度，揭示独立董事需要维持自身独立性特性的重要之处，进而指出独立董事制度当前在我国的实际应用中出现的相关问题，旨在为发展和完善我国独立董事制度寻找到相应对策。

【市场实务】收录 3 篇文章

沈伟、林大山的《我国证券纠纷多元化解决机制构建：实施困境和优化进路》一文认为，现有证券调解制度存在调解机构权威性不足、调解协议效力不足等问题，可以通过发布证券调解示范案例、将示范判决与委托调解相结合等措施加以完善。现有的证券仲裁的规定并不完善，可以通过强制仲裁方式推广证券仲裁。

刘卫峰、周甜的《我国上市公司股东提案权制度的实证分析及完善路径》一文通过对我国股东提案权制度进行实证分析，指出我国股东提案权在股东主体资格条件、提案排除规则和程序、争议解决和救济等方面存在的困境，再结合域外实践经验，对我国上市公司股东提案权制度进行改进提出建议。

鲁小木、夏雯雯的《投资者保护机构在中国式证券集体诉讼的主体构想》一文认为，2019 年 12 月通过的新《证券法》明确规定投资者保护机构可作为诉讼代表人参加“默示加入、明示退出”的“中国式证券集体诉讼”。有必要从案件受理、原告、被告、审理裁判、执行赔付等各方面进行全方位设计,使该制度顺利启动实施。旨在通过充分发挥公益投资者保护机构的作用,探究中国证券群体性纠纷解决的新模式。

【投教园地】收录 2 篇文章

罗精晖、谢曼玲的《广东辖区推进投资者教育纳入国民教育体系试点工作探索》一文认为,广东证监局协调推动广州市自 2015 年 9 月起开展中小学金融证券理财知识教育试点工作,使该市成为国内首个将投资者教育纳入国民教育体系的试点地区。经过 4 年的试点,广东辖区对将投资者教育纳入国民教育体系从点到面、从顶层设计到具体实践都进行了积极探索。

潘妍、陈曦、陈曦、陈红亮的《投资者教育纳入国民教育的启示与探索》一文分析了投资者教育纳入国民教育在行业内及兴业证券的实践与成效,并阐述了目前投资者国民教育工作现状带来的启示。此外,结合我国人口老龄化的发展趋势,作者对老年人投资者教育工作提出了设想,进一步探索老年人投资者教育的理念和模式。

【域外视野】收录 2 篇文章

刘彦沣的《机构投资者视野下的股东积极主义:国际实践及中国路径》一文认为,随着机构投资者的不断壮大,股东积极主义在各主要国家和市场越来越成为一种趋势。从我国的发展现状来看,机构投资者初具规模,但与所期望的角色定位还有一定差距。有必要推动股东积极主义,一方面,要鼓励机构投资者在法律法规框架内积极参与公司治理,发挥监督作用;另一方面,也要明确机构投资者的行为边界,用好股东积极主义这把“双刃剑”。

蔡卓瞳翻译的《韩国股东行动主义:以 PSPD 与 NPS 为例》一文旨在回顾和分析过去 20 年来韩国的股东行动主义,重点关注韩国参与连带组织和韩国国民年金公团。在 2010 年以后,拥有韩国证券市场 8% 总市值的韩国国民年金公团愈发倾向股东行动主义。然而,韩国国民年金公团的独立性是更加严重的问题,它很容易受到来自政府和政客的影响。韩国国民年金公团需要从韩国参与连带组织追求自身目标的热忱中获得启发,但同样需要注意在行使股东权利时不受政治动机的影响。

目　　录

CONTENTS

Investor Education

Overseas Observation

I 政策解读

INVESTOR

不忘投资者保护初心　积极践行投服公益使命

郭文英*

摘　要：新《证券法》修订出台是我国资本市场基础制度法治化的重要里程碑事件。新《证券法》在系统总结我国证券市场改革发展经验的基础上，在证券发行制度、交易制度、信息披露制度、投资者保护制度、法律责任等方面进行了制度改革创新，标志着中国资本市场发展开启了新篇章。新《证券法》第六章专章对投资者保护进行了规定，明确了投资者保护机构的职能与责任。投服中心作为专门的投资者保护机构，将依据新《证券法》赋予的职责，践行公益投资者保护职能，从持股行权、纠纷调解、诉讼维权等方面不断推出中小投资者保护的新方法、新举措、新机制，充分满足资本市场和投资者需求，为资本市场健康发展营造良好环境。

关键词：新《证券法》　投资者保护　投资者保护机构　投资者服务中心

2019年12月28日，第十三届全国人民代表大会常务委员会第十五次会议审议通过了修订后的《中华人民共和国证券法》（以下简称新《证券法》），新《证券法》将于2020年3月1日起施行。本次《证券法》修订自2015年起，经过近5年的磨砺，历经4次审议，最终，备受各方期待的新《证券法》终于正式出台。新《证券法》系统总结了我国证券市场改革与发展的实践经验，深入分析了证券市场的特点与规律，在证券发行制度、交易制度、信息披露制度、投资者保护制度、法律责任等方面进行重大修订，在制度方面实现了新一轮改革创新。本次《证券法》修订，是《证券法》实施20多年来最重要的修订之一，对打造规范透明、开放有活力的资本市场以及维护广大投资者合法权益具有重要且深远的意义，标志着中国资本市场进入改革与发展的新阶段，

* 中证中小投资者服务中心有限责任公司党委书记、董事长。

具有重要的里程碑意义。

一、新法修订,亮点频出

本次《证券法》修订在证券发行制度、交易制度、投资者保护制度等多项重要制度方面进行重要的改革,展现了许多创新亮点。

(一)全方位更新与完善

新《证券法》在制度方面进行了全面改革:(1)全面推行证券发行注册制。新《证券法》对证券发行制度进行了全面升级与完善,取消了证券发行审核委员会制度,明确证券交易所等可按国务院的规定审核公开发行证券申请,标志着全面注册制时代的来临。(2)完善证券交易制度。本次《证券法》修订对证券交易制度也进行了全方位完善,包括但不限于:优化有关上市条件和退市情形的规定,完善有关内幕交易、操纵市场等禁止的交易行为的规定,完善上市公司股东减持制度与上市公司收购等一系列制度。(3)设立信息披露制度。新《证券法》第五章对信息披露制度进行了专门规定,包括扩大信息披露义务人范围、确定信息披露原则、完善信息披露内容、规范信息披露义务人除强制披露外的自愿披露行为等。此外,信息披露制度也进一步落实了证券中介机构"看门人"的法律职责。(4)构建多层次股权市场。新《证券法》在第七章"证券交易场所"中明确将证券交易场所划分为三大类别,加强了多层次证券市场间的有机联系,助力了我国互联互通的多层次股权市场的形成。

(二)专章特别规定投资者保护制度

本次《证券法》修订的另一大重点及亮点是在第六章新设"投资者保护"专章,实现了我国投资者保护证券立法集中规定从无到有的进步,是重大的制度创新。"投资者保护"专章自第88条到第95条,共计8条,每一条制度规则都颇具特色。此外,新《证券法》中"投资者"一词出现的次数为84次,远高于修订前《证券法》中的28次,体现了对投资者保护的高度重视。具体体现在以下几个方面。

1. 强化投资者适当性管理,加强事前保护。新《证券法》第88条规定了投资者的适当性管理,该规定实际上是对投资者的事前保护,要求证券公司向投资者销售证券、提供服务时,充分考量投资者的基本情况、财产状况、金融资产状况、投资知识和经验、专业能力等信息,如实履行风险告知义务,并提供与投资者上述状况相匹配的证券、服务。此外,新《证券法》第89条规定区分普通投资者和专业投资者,也是对投资者的事前保护，从而有针对性地作出投资者权益保护安排。

2. 重视投资者合法权益，加强事中保护。新《证券法》第 90 条、第 91 条及第 92 条分别就建立上市公司股东权利代为行使征集制度、完善上市公司现金分红制度、明确债券持有人会议和债券受托管理人制度进行规定，这些制度均是基于我国投资者保护的现实需求作出的法律制度安排，目的是加强对股票投资者和债券持有人合法权益的事中保护。

3. 优化投资者救济途径，加强事后保护。新《证券法》第 93 条、第 94 条及第 95 条分别就先行赔付制度、证券调解及代表人诉讼进行规定，通过多元方式来优化救济途径，加强对投资者的事后保护。其中，为适应证券发行注册制改革的需要，基于我国具体国情，新《证券法》建立了中国式集体诉讼制度。新《证券法》第95 条第3 款规定："投资者保护机构受五十名以上投资者委托，可以作为代表人参加诉讼，并为经证券登记结算机构确认的权利人依照前款规定向人民法院登记，但投资者明确表示不愿意参加该诉讼的除外。"该条确定了投资者保护机构可以作为诉讼代表人，依法为受害投资者提起民事损害赔偿诉讼，除非投资者明确表示不愿意参加该诉讼，否则即视为投资者愿意加入该诉讼。该条规定构成了中国式证券集体诉讼制度的法律基础，旨在大幅提高证券违法违规成本，并充分发挥投资者保护机构的优势与作用，防止滥诉现象的产生，更好地保护投资者合法权益。

（三）显著提高证券违法违规成本

在《证券法》修订之前，对证券违法违规行为的行政处罚的最高标准仅为 60 万元，远小于违法行为人对投资者造成的损失以及其自身的违法违规所得，进而导致行政处罚的威慑力不足，对许多上市公司及相关个人并未形成充分有效的制约。

新《证券法》在第十三章"法律责任"中明确并且大幅提高了行政处罚的力度，显著提高了证券违法违规成本，例如：针对欺诈发行行为，第 181 条规定"尚未发行证券的，处以二百万元以上二千万元以下的罚款；已经发行证券的，处以非法所募资金金额百分之十以上一倍以下的罚款"，处罚力度显著加大。针对上市公司信息披露违法行为，原对上市公司行政处罚的上限仅为 60 万元，第 197 条将处罚上限提高至 1000 万元，明显提高了信息披露的违法违规成本，同时，对控股股东、实际控制人组织、指使从事前述行为的行政处罚上限也提高至 1000 万元，进而对上市公司、相关人员形成有效的威慑。

行政处罚的上限虽然已显著提高，但仍有封顶，因此，新《证券法》对证券违法行为的民事赔偿制度也进行了相应的完善。例如,新《证券法》第29条中关于证券公司的民事赔偿责任,第56条中关于相关从业人员、传播媒介等的民事赔偿责任,第84条关于公司、控股股东、实际控制人、董监高等的民事赔偿责任以及第196条中关于收购人及其控股股东、实际控制人的民事赔偿责任等的一系列规定,充分完善了当前的证券违法民事赔偿制度,通过让违法违规行为人承担相应的民事赔偿责任,规范整个证券市场中各主体的行为,促进证券市场健康运行。

此外,本次《证券法》修订在落实"放管服"要求、取消一系列行政许可、强化监管执法和风险防控、扩大《证券法》的适用范围、完善证券登记结算制度及跨境监管协作制度等方面作出了一系列完善规定,体现了市场化、法治化、国际化的发展方向,为证券市场全面深化改革落实、落地,有效防控市场风险,提高上市公司质量,切实维护投资者合法权益,促进证券市场服务实体经济功能发挥,打造一个规范、透明、开放、有活力、有韧性的资本市场,提供了坚强的法治保障。①

二、五年探索,开创独特的投服模式

2014年12月5日,中证中小投资者服务中心有限责任公司(以下简称投服中心)作为中国证监会直接管理、专司中小投资者保护工作的公益机构在上海注册设立,为证券投资者提供"知权、行权、维权"服务。投服中心自成立以来,一直致力于中小投资者合法权益保护工作,经过5年的实践探索,形成了"以投资者教育为基础,持股行权、纠纷调解、支持诉讼为特色"的投服模式,取得了一定的社会效果,得到了社会的认可。

(一)开展科创板持股,不断提升行权的广度深度

投服中心积极响应设立科创板并试点注册制重大战略部署,在科创板公司上市之日,即开始买入科创板公司股票,启动持股行权工作。截至2019年年底,投服中心已持有沪深交易所所有3701家A股上市公司(含科创板公司)股票。2019年以来,投服中心对武汉中商、*ST金泰、松芝股份等86家公司展开日常行权,针对上市公司章程中存在的投票、分红问题,集中发送股东建议函102份。对于收购的轻资产公

---

① 参见中国证监会:《完善证券市场基础制度 保障资本市场改革发展——中国证监会祝贺〈中华人民共和国证券法〉修订通过》,载中国证监会官网:http://www.csrc.gov.cn/pub/newsite/zjhxwfb/xwdd/201912/t20191228_368688.html,最后访问日期:2020年1月7日。

司业绩断层、大额计提商誉减值现象,通过公开发声、公示业绩断层名单等方式,督促独立董事和中介机构勤勉尽责。针对“＊ST 毅达董事、监事集体失联”事件,召集并主持临时股东大会。借助中国投资者网与上交所 e 互动、深交所互动易平台同步对接,网上行权共 137 次,进一步拓宽了行权方式和渠道。

(二)突出工作重点,纠纷调解向纵深推进开展

2019 年投服中心共登记纠纷调解案件 3664 件,正式受理 3282 件(较 2018 年增长 50%),调解成功 1812 件,调成率 80%,投资者和解获赔金额达 12.07 亿元。通过中国投资者网站登记纠纷案件共 411 件,接收“12386”热线投诉直转调解案件 1437 件。扩大小额诉调机制范围,将其推广至全国 33 个辖区,覆盖 170 家证券期货基金及投资咨询法人机构。深化诉调对接机制,共接受法院系统委托(委派)调解案件 374 件,调解成功 70 件,投资者获赔金额约 357 万元;协助 238 起案件当事人成功申请司法确认,涉及金额 2.99 亿元。在中国证监会、最高人民法院联合评选的 2018 年证券期货纠纷多元化解十大典型案例中,投服中心参与调解的有 5 起案件。“证券期货纠纷多元化解机制实现路径”项目荣获 2018 年度上海金融创新成果奖二等奖。

(三)丰富投教内容与形式,开创两大特色品牌

投服中心通过开展“3・15 投资者服务在身边”“‘服’到万家”“投资者服务丝路行”“2019 世界投资者保护周”等活动,实现全国 36 个辖区的线下投资者教育全覆盖,累计与 7300 余名投资者、从业人员等面对面授课交流,答疑解惑,通过网络直播覆盖 80 余万社会公众。成功举办 2018 年、2019 年两届“股东来了”知识竞赛,以寓教于乐的方式,普及全面知权、积极行权、依法维权的权益知识。主办两届投服论坛,汇集立法、司法、监管、理论等各界智慧,加码维护投资者权益,打造高质量投保交流平台。“股东来了”、投服论坛已成为两大投资者保护知名品牌。

(四)夯实支持诉讼基础,提升维权服务水平

1. 支持诉讼稳步推进,诉求总金额超亿元。2019 年,投服中心共对 44 起案件开展案件预研,确定具有可诉性的案件 16 起。支持诉讼案件获法院新立案 7 起,在审案件 12 起,并正在积极推进 10 余起案件的立案工作。截至 2019 年年底,共提起支持诉讼案件 24 件(其中法院受理 19 件),股东诉讼 1 件,诉求金额约 1.14 亿元,获赔总人数为 534 人,总金额约 5434 万元。

2. 坚持“追首恶”,提高违法违规成本。“追首恶”是投服中心证券支持诉讼的独特理念,在全部 24 起证券支持诉讼案件中,均以受处罚的大股东、实际控制人个人为

第一被告。最高人民法院发布的《关于为设立科创板并试点注册制改革提供司法保障的若干意见》,明确采纳了“追首恶”原则。在“大连控股案”中,辽宁省高级人民法院判决投服中心首例证券支持上诉案件胜诉,判令大控时任董事长、实际控制人代某承担赔偿责任,大控时任财务总监、大控承担连带责任,进一步丰富了同类案件中向主要责任人追责的司法判例。

(五)推广损失计算软件应用,为各地法院提供审判支持

在 2019 年 2 月,投服中心在上海金融法院全国首例证券虚假陈述民事赔偿示范案件——“方正科技案”中出具损失核定意见,并以专家证人身份出庭接受质询,截至 2019 年年底,已累计为该案 1748 名投资者进行损失计算。损失计算软件的推广使用已形成一定社会影响,共接受 8 地 9 家法院损失核定委托,涉及 14 起上市公司虚假陈述案、超 3000 位投资者,核定损失金额超 4 亿元。损失计算软件大幅提高了司法审判效率,解决了证券虚假陈述司法审判的难点、痛点。

(六)参与推动建立符合国情的证券群体性诉讼机制

在 2018 年及 2019 年,投服中心先后召开投服论坛及维权分论坛,全国人民代表大会、最高人民法院、司法部等立法、司法、执法机关,理论界,律所等有关单位参会。在 2019 年 9 月召开的“证券群体性纠纷诉讼模式与操纵市场民事损害赔偿”分论坛上,社会各界为完善证券群体诉讼模式展开探讨。为进一步强化理论研究与实践交流,投服中心与上海金融法院相互承接证券公益诉讼研究及证券市场操纵民事赔偿研究课题,与国浩律师事务所合作进行“内幕交易民事损害赔偿研究”,与上海市人民检察院座谈交流在金融消费者保护领域发挥公益诉讼的可行性,与我国台湾地区“证券投资人及期货交易人保护中心”交流探讨证券投资者保护问题,积极开展证券集体诉讼制度研究,对《证券法》及相关司法解释条文建议稿研提意见建议。

(七)发挥公益律师合力,助力中小投资者维权

自 2016 年投服中心首届证券公益律师团成立以来,许多公益律师参与了投服中心的支持诉讼案件代理、重大疑难案件研讨、出席股东大会代为行权,以及和解协议司法确认等业务工作,从支持诉讼、持股行权、纠纷调解等方面与投服中心开展全方位的工作合作。公益律师团从首批 70 人扩展至 146 人。截至 2019 年年底,参与支持诉讼案件的公益律师共计 31 人次,公益律师参与持股行权咨询服务共计 14 次,司法确认服务共计 3 次,证券期货纠纷调解案件共计 2 起,在帮助广大中小投资者在权益受损后维护权益、申请权益救济方面发挥着重要作用。

三、积极践行公益使命，探索投资者保护新路径

未来，投服中心将以新《证券法》“投资者保护”专章为指引，继续秉持投资者保护理念，立足公益属性，不断推出中小投资者保护的新方法、新举措、新机制，更好满足市场和投资者尤其是中小投资者需求，为资本市场发展营造良好的发展环境。

（一）坚持股东定位，深入推进持股行权工作

投服中心作为上市公司小股东和专司投资者保护的公益机构，将依据新《证券法》赋予的职责，坚持股东定位，深入推进持股行权工作，促进上市公司质量提高，督促中介机构归位尽责。

1. 持续关注分红事项，提高投资者现金回报。新《证券法》第91条规定，“上市公司应当在章程中明确分配现金股利的具体安排和决策程序，依法保障股东的资产收益权。上市公司当年税后利润，在弥补亏损及提取法定公积金后有盈余的，应当按照公司章程的规定分配现金股利”。督促上市公司分红，是投服中心持股行权业务的重点行权事项之一。目前，投服中心就分红事项已经形成了一套较为有效的行权模式：针对公司章程中有关现金分红条款不符合规定的情形，以发送股东函件方式建议公司修改；针对通过技术手段规避现金分红义务的上市公司，建议公司及时整改。未来，投服中心将把该类事项行权常态化，切实督促上市公司加大对投资者的现金回报。

2. 遴选合适标的，适时公开征集股东权利。在以往的持股行权实践中，囿于持股比例较低，投服中心部分行权意见未得到有关上市公司的重视。新《证券法》第90条指出，“……依照法律、行政法规或者国务院证券监督管理机构的规定设立的投资者保护机构（以下简称投资者保护机构），可以作为征集人，自行或者委托证券公司、证券服务机构，公开请求上市公司股东委托其代为出席股东大会，并代为行使提案权、表决权等股东权利”。根据此规定，投服中心将着手研究制定相关工作规程，审慎遴选合适标的，在充分评估有关风险的基础上，适时公开征集股东权利，拓展持股行权业务的广度和深度。

3. 紧盯服务质量，督促中介机构归位尽责。新《证券法》第160条规定，“会计师事务所、律师事务所以及从事证券投资咨询、资产评估、资信评级、财务顾问、信息技术系统服务的证券服务机构，应当勤勉尽责、恪尽职守，按照相关业务规则为证券的

交易及相关活动提供服务”。中介机构是连接投资者和融资者的桥梁,在保荐承销、会计审计、评级评估、法律服务等方面发挥着“看门人”作用。投服中心将重点关注上市公司资产重组过程中与“三高”重组有关的评估行为,具体分析开展行权;同时,将以结果为导向,梳理随意变更评估结论,以及重组后无法完成业绩承诺或承诺期满后马上业绩变脸的案例,将不当评估机构和评估师对媒体进行公开披露。此外,投服中心也呼吁所有中介机构在从事证券市场服务业务时,应当敬畏法律、敬畏专业,勤勉尽责、恪尽职守。

经过3年多的持股行权实践,投服中心已与监管机构、自律组织等探索建立了比较有效的联系沟通机制。后续,投服中心将进一步建立完善日常线索共享、行权沟通、违法线索移交等持股行权工作机制,凝聚各方力量,助力打造一个规范、透明、开放、有活力、有韧性的资本市场。

(二)助力证券期货多元化纠纷化解机制再上新台阶

投服中心将以新《证券法》中“投资者保护”专章为指引,全面贯彻落实最高人民法院、中国证监会联合发布的《关于全面推进证券期货纠纷多元化解机制建设的意见》(以下简称《意见》)精神,秉承“依法、中立、专业、便捷”的原则,着力探索“申请便捷、程序简化、专业权威、效力保证”的证券期货纠纷化解机制,为广大投资者提供便捷的纠纷调解服务。

1. 健全小额速调机制。新《证券法》第94条第1款规定,“投资者与发行人、证券公司等发生纠纷的,双方可以向投资者保护机构申请调解。普通投资者与证券公司发生证券业务纠纷,普通投资者提出调解请求的,证券公司不得拒绝”。小额速调机制是最高人民法院和中国证监会联合发布的《意见》确定的纠纷多元化解的重要创新机制。投服中心创设的小额速调机制是一种快速、便捷、高效的纠纷解决机制,它鼓励证券、期货、基金等市场经营主体基于自愿原则与调解组织事先签订协议,对于金额在1万元以内的纠纷承诺无条件接受调解组织提出的调解建议方案。截至2019年年底,该机制已成功推广至全国34个辖区,覆盖179家证券、期货、基金及投资咨询法人机构。

2. 加强投资者适当性引导。新《证券法》第88条第1款、第3款分别规定,“证券公司向投资者销售证券、提供服务时,应当按照规定充分了解投资者的基本情况、财产状况、金融资产状况、投资知识和经验、专业能力等相关信息;如实说明证券、服务的重要内容,充分揭示投资风险;销售、提供与投资者上述状况相匹配的证券、服务”,

“证券公司违反第一款规定导致投资者损失的,应当承担相应的赔偿责任”。新《证券法》首次从投资者适当性出发强化了投资者保护,为证券纠纷调解提供了有力遵循。投服中心将在调解实践中着力提升投资者适当性意识,强化经营机构适当性义务,并借助中国投资者网站平台、投教大讲堂、“股东来了”活动、上海证券报“权益360”专栏、中小投资者服务论坛、“两微一端”等平台,积极宣传投资者适当性的相关规定,切实保护广大中小投资者的合法权益。

3. 推广“示范判决 + 纠纷调解”机制。在投服中心与上海金融法院联合推进的全国首例证券纠纷示范判决案件——“方正科技示范判决案”中进行平行案件调解,对于探索运用“示范判决 + 纠纷调解”模式解决资本市场证券虚假陈述纠纷具有重要意义。截至2019年年底,投服中心已经与全国35个辖区内的39家中高级人民法院建立诉调对接机制,并将继续与全国各地人民法院紧密合作,复制推广“示范判决 + 纠纷调解”机制,充分发挥该机制节约司法资源、统一法律适用、降低投资者维权成本等制度优势。推动群体性纠纷妥善化解,切实保护中小投资者合法权益。

4. 强化纠纷调解制度建设。证券纠纷专业性强、数量多、涉众广,通过调解化解证券纠纷有着高效、便捷、保密等优势。此次修订《证券法》首次将调解证券纠纷提升到立法高度,将极大提升资本市场纠纷调解机制的地位与作用。为此,投服中心将在现有调解规则、制度的基础上,以新《证券法》的规定为指引,不断规范完善调解规则等系列制度。

(三)积极实践符合中国国情的证券集体诉讼制度

投服中心作为专门的投资者保护机构,将依据新《证券法》赋予的职责,践行公益投资者保护职能,妥善推动证券群体性诉讼机制落地,切实维护投资者及上市公司合法权益。

1. 稳妥对接诉讼代表人职责,发挥证券公益机构投资者保护功能。新《证券法》第95条第3款在第1款、第2款的基础上规定,“投资者保护机构受五十名以上投资者委托,可以作为代表人参加诉讼,并为经证券登记结算机构确认的权利人依照前款规定向人民法院登记,但投资者明确表示不愿意参加该诉讼的除外”。可见,“默示加入、明示退出”是此次修订的最大亮点。投资者保护机构作为代表人参加诉讼,重要任务是为经证券登记结算机构确认(除声明退出外)的权利人向人民法院登记。为此,投服中心将积极配合审判机关、监管机关出台相关规则,明确投保机构案件选取规则,做好系统互联互通,稳扎稳打推进制度落地。

2. 进一步推行"追首恶"诉讼理念，提高违法违规成本。未来，投服中心将在代表人诉讼中进一步追责个人，精细化侵权责任，将被处罚的相对人均依法列为民事赔偿被告，减轻对上市公司的"二次伤害"。

3. 优化损失计算系统，积极发挥证据核定优势。投服中心研发的虚假陈述损失计算软件已于 2019 年 2 月投入使用，上海金融法院在"全国首单示范判决方正科技案"中首次引用投服中心出具的投资者损失核定意见。代表人诉讼制度，除声明退出机制外，另一个突出特点是增加了"海量"投资者损失计算。下一步，投服中心将优化系统，精准高效地实现大规模受损投资者损失计算。

4. 积极实践股东代表诉讼，促进提高上市公司质量。新《证券法》第 94 条第 3 款规定，"发行人的董事、监事、高级管理人员执行公司职务时违反法律、行政法规或者公司章程的规定给公司造成损失，发行人的控股股东、实际控制人等侵犯公司合法权益给公司造成损失，投资者保护机构持有该公司股份的，可以为公司的利益以自己的名义向人民法院提起诉讼，持股比例和持股期限不受《中华人民共和国公司法》规定的限制"。截至 2019 年年底，投服中心已全面持有沪深两市共 3700 多家上市公司每家 1 手 A 股股票，2017 年 6 月提起海利生物全国首单股东诉讼，获法院支持。未来，投服中心将充分行使法定权利，依法追究侵害公司合法权益的"关键少数人"的法律责任，维护广大投资者合法权益。

5. 进一步发挥公益律师合力，共同营造良好维权生态。在近 3 年的支持诉讼实践中，投服中心已形成完善的公益律师机制，现有公益证券法律服务专业律师 146 名，在证券公益性诉讼领域树立了良好口碑。后续，投服中心将加强与公益律师的沟通联络，进一步发挥公益律师合力，做好代表人诉讼，共同营造良好的维权生态。

6. 进一步加强理论与实践的研究探索，推动建立投资者专项赔偿基金。代表人诉讼显著的后果是违法行为人将支付巨额赔偿金，从现实来看，任何一家上市公司或个人都很难全额支付。为充分保障受损投资者得到偿付，投服中心将协调各方探索建立受损投资者特别救济制度，切实保障受害投资者获得补偿与救济，让广大受损投资者在执行的最后环节得到赔偿。

7. 适当时机选取典型案件启动代表人诉讼，增强证券领域投资者司法救济效果。投服中心将秉承公益职责，在合适时机选取典型示范案件，启动代表人诉讼，开创证券维权新模式，切实发挥投资者保护机构的示范引领作用。

四、小　　结

党中央、国务院、中国证监会高度重视中小投资者保护工作。习近平总书记明确提出，要打造一个规范、透明、开放、有活力、有韧性的资本市场，并多次就提高上市公司质量作出重要指示批示。保护中小投资者合法权益，是促进资本市场持续稳定健康发展的重要内容，也是资本市场全面深化改革的重要任务，更是新时代资本市场践行党的初心使命的核心要义。中国证监会主席易会满指出，投资者合法权益得到有效保护，主要有以下四个标志：一是投资者的股东权利能得到充分保障；二是投资者的交易权利能得到公平对待；三是大股东违法违规行为能得到及时有效查处；四是投资者在合法权益受到不法侵害时，能得到便捷有效的监管保护和司法救济。

新《证券法》法的出台为投资者保护提供了更加广阔的空间，为下一步中小投资者合法权益保护提供了坚实的法律基础与保障。投服中心将践行以人民为中心的理念，按照证监会“四个必须、一个合力”工作总要求，秉持“为民奉献、专业引领”的核心价值观，深化创新投资者保护的方式、举措、机制，为保护广大中小投资者合法权益作出更多努力，实现更好成效。

《证券法》修改:中国资本市场法制建设的一次飞跃

叶 林*

摘 要:新《证券法》不是对旧版《证券法》的小修小改,也不是成熟市场的西化版本,而是一部反映我国证券市场发展阶段性特点、充满中国元素和中国方案、勾画我国资本市场跨越式改革蓝图的版本。全面实行注册制、强化信息披露、突出投资者保护、提高证券违法成本等,是其中的几大亮点。修改后的《证券法》是立法观念明确、理论基础扎实、着力解决中国问题、最大限度凝聚共识,创新证券市场法制中国方案的立法成果。它虽然不免遗憾,但成就超越预期,必将成为创新证券市场实践、引领证券法制发展方向的重大标志。

关键词:《证券法》 投资者保护 中国方案 实施机制

针对《证券法》修改,学术界和实务界提出过多个思路。在修改程度上,法学界向来存在"小改""中改""大改"的讨论,即对个别条款或局部内容作出修改,抑或对《证券法》作出结构性或整体性修改。在修改坐标上,存在域外经验引进说和本土实践改造说,前者主张遵循市场化方向,较完整地引进域外成熟经验和做法,修改我国《证券法》;后者则是斟酌国情和市场发展状况,在求得共识的基础上,最大限度修改《证券法》。在修改内容上,多数人关心证券发行注册制和投资者保护两部分内容。前者强调在科创板试点注册制,甚至认为只要确立了注册制的合法地位,就可以认为法律修改成功;后者则强调证券违法行为受害人的民事救济,主张通过加大民事赔偿责任,提升证券市场违法成本。

* 中国人民大学民商法律科学研究中心研究员,法学院教授。

2019 年 12 月 28 日第十三届全国人民代表大会常务委员会第十五次会议通过了修订后的《证券法》,使此次修改尘埃落定。呈现在诸君面前的,既不是对旧版《证券法》的小修小改,也不是成熟市场的西化版本,而是一个反映我国证券市场发展阶段性特点、充满中国元素和中国方案、勾画我国资本市场跨越式改革蓝图的版本。从最终通过的版本来看,全面实行注册制、强化信息披露、突出投资者保护、提高证券违法成本等,是其中的几大亮点。可以说,修改后的《证券法》是立法观念明确、理论基础扎实、着力解决中国问题、最大限度凝聚共识,创新证券市场法制中国方案的立法成果。它虽然不免遗憾,但成就超越预期,将成为创新证券市场实践、引领证券法制发展方向的重大标志。

一、搭建投资者保护的制度框架

《证券法》修订涉及内容众多,无论是章节的调整、内容的增设或删减、文字表述的雕琢等,几乎都围绕着投资者保护的立法宗旨。我国 1998 年颁布《证券法》时,明确将保护投资者利益作为立法宗旨,在本次修改启动后不久,全国人大网站即刊文称"证券法修改应坚持问题导向,把加强投资者保护作为修法的根本宗旨和使命,完善投资者合法权益保护制度,不断提高中小投资者保护水平"。这段文字虽然是 2015 年发表的,却指明了 2019 年修改《证券法》的基本思想,即要采用一套现实可行的制度和规定,捍卫证券市场投资者的利益。

针对保护投资者权利的缘由,社会上存在一些误解。有人主张,《证券法》具有促进发行人融资和投资者保护的双重功能,当前应当突出促进融资的功能,若过分突出投资者保护,难免抑制证券市场的融资功能。也有人认为,在社会各界不断呼吁的背景下,修改《证券法》并强化投资者权利保护,是顺应了民众呼声。其实,修改《证券法》并突出保护投资者利益,虽不能说与民众呼声无关,但实质原因在于,保护投资者利益是一种市场理性的正当诉求,是证券市场内在发展规律的必然要求。一方面,投资者是证券市场资金供给者,与融资者分别处于投融资关系的两端,投资者作为与融资者相对的投融资合同当事人,在信息上与融资者存在明显的不对称,容易诱发融资者欺诈等违法行为,直接影响投资者与融资者之间关系的公平性,恰因融资带来投资者保护的新问题,只有切实保护投资者利益,投资者才愿意向融资方投资,投资者手中的资金才会流向融资者;反之,不仅投资者投资无门,融资者也无法获得资金。另一方面,投资者是证券交易的参加者,也是证券价格形成的推动者,投资者交易活动形成的价格,能够最大限度贴近证券市场供求关系和价格,从而形成对融资者的合理估值,进而引导证券资金的流向。如果投资者寥寥,交易不活跃,不仅无法形成证券的市场价格,证券市场也将失去存在价值。因此,保护投资者与维护证券市场秩序,是具有同等价值的,投资者利益是证券法必须守护的基本价值。

在投资者利益保护模式上,主要存在两种模式:一是行政监管主导模式;二是法院诉讼主导模式。在保护投资者利益上,旧《证券法》比较强调行政监管主导模式的优越地位。例如,在证券发行方面,旧《证券法》采用审批制和核准制,强调证监会在发现和处理证券欺诈上的能力,旨在从前端控制证券欺诈行为的发生,而发行人或上市公司的行为偏重于满足行政监管的基本要求,在实践中容易出现"猫捉老鼠"的现象。在日常监管方面,监管机关需要投入大量的人力、财力和物力,有时甚至不惜牺牲证券交易所等组织的自律监管职责。然而,上市公司数量众多,商业模式差异较大,行政监管在"有限政府""依法行政"的原则下,无法采用柔性的监管措施,难以应对证券市场现阶段问题丛生的局面。在查处证券欺诈方面,旧《证券法》强调行政机关的查处职能,在以往修改《证券法》的过程中,行政监管机关为了加大对违法行为的查处力度,曾不断呼吁立法机关赋予证监会以侦查权并引起学术界的广泛讨论。然而,受制于行政和司法的分权模式,赋予行政监管机关侦查权的意见难以落地。其实,在保护投资者利益上,行政监管机关应当有所作为,但行政行为带有天然的局限性,受制于政府资源的有限性,即使再强悍的行政执法体系,也无法消除证券市场上的欺诈行为。相反,将保护投资者的重任集中压在行政监管机关身上,也是行政监管机关的难以承受之重,监管者某个失误或者选择错误很容易成为公众指责和批评的对象。

法院诉讼主导模式主要通过投资者行使诉权的方式实现。然而,在这种模式下,各国在实践中都曾遇到诸多现实障碍。首先,投资者缺少启动诉讼程序的足够经济动力。投资者人数众多,每个投资者受损金额相对较少,而诉讼花费不菲,收益却未必彰显,这种效果反差极大限制了投资者行使诉权的积极性。其次,投资者普遍缺少独立启动诉讼的能力。在证券市场中,违法行为有较强的隐蔽性和复杂性,投资者凭借自己的知识和能力,通常难以发现或证明违法行为的存在,也难以证明因果关系和损失等,因此,即使法院受理了投资者的诉讼,最终也未必支持投资者的诉求,这也成为长期困扰投资者行使诉权的重要原因。最后,法院及诉讼机制难以满足证券市场投资者保护的需求。证券市场关系较复杂,市场运行模式特殊,证券纠纷带有自身特性,法官在审理证券纠纷案件时,难免存在经验不足等问题,与此同时,裁判者容易受到投资者与融资者利益平衡思想的影响,尤其在支持投资者赔偿请求与容忍融资者的抉择中,容易出现犹豫和彷徨。正是在复杂因素的共同影响下,我国投资者保护的诉讼机制发展缓慢。

在我国,行政监管与法院诉讼之间,存在一种特殊的连接。最高人民法院在2003年颁布的《关于审理证券市场因虚假陈述引发的民事赔偿案件的若干规定》中,确立了民事诉讼以行政处罚为前置程序的规则,这种做法缓和了法院司法活动的压力,却增加了行政机关的执法压力,使原本就受到制约的行政执法系统面临更大压力。在行政主导模式效果不彰、法院诉讼模式运行不畅的情形下,保护投资者利益的《证券法》宗旨难以兑现,融资者容易趋向于非理性融资,容易诱发严重的证券欺诈,而投资者要么平添赌性,要么退避三舍,难以做到理性投资。无论哪种情形,都极大限制了证券市场功能的发挥。从2019年《证券法》修改内容来看,我国投资者保护体制或将面临从行政监管模式向法院诉讼模式的慢慢转型。

二、夯实投资者保护的基础制度

保护投资者利益的美好愿景,需要依托良好的制度框架、精致的具体规则和可行的实施机制。证券法制是由不同规则构成的一整套规范体系,各个规则部件之间相对咬合,只有各种规则和制度之间形成有机协同,才能够最大限度发挥证券法制的整体效用。

(一)开启全面施行注册制的大门

证券发行究竟采用核准制或注册制,是学术界长久关注的问题。习近平总书记宣布在上海证券交易所设立科创板并试点注册制,指明了股票发行注册制的基本方向。随后,2019年全国人大常委会公布的《证券法(修订草案)》在“证券发行”一章中专节规定了“注册制的特别规定”,对拟在科创板上市交易的证券采用注册制方式。2019年最终通过的《证券法》第9条第1款规定,“公开发行证券,必须符合法律、行政法规规定的条件,并依法报经国务院证券监督管理机构或者国务院授权的部门注册。未经依法注册,任何单位和个人不得公开发行证券。证券发行注册制的具体范围、实施步骤,由国务院规定”,从而形成了崭新的证券发行注册制及其实施制度。

注册制是企业融资自主权的表彰形式之一。相较此前采用的核准制,注册制降低了监管机关控制证券发行的影响力,扩大了证券交易所在支持企业融资上的作用,更加符合证券发行市场化的客观要求。然而,在从核准制转向注册制时,必须首先解决两个思路上的问题:一是注册制并非只有一种模式,美国模式只是注册制的一种模式,还必然存在其他注册制模式,各国可以基于国情,发展出适合自身需要的注册制模式。二是注册制只是证券市场法制的一个部件,其生存和完善要视各国自身市场生态而定,有待配套制度予以配合。如何选择适当的注册制模式,如何推进实施注册制,需要立法者和监管者审时度势作出判断和抉择。因此,《证券法》第9条关于证券发行注册制的规定,既明确了证券发行审核体制发展的基础方向,也明确了渐进式改革的实施策略,可以大致消除激进式改革的过大风险。

注册制是投资者利益保护的逻辑起点。在不同的证券发行体制下,投资者保护面临的问题有所不同。在核准制下,证券监管机关在事实上发挥着"第一守门人"的作用,形成了公权力对市场的约束功能,这种体制激励了证券监管机关"父爱主义"情怀,弱化了保荐人等中介机构的市场主体地位和职责,迫使证券监管机关承受了过重的投资者利益保护责任,削弱了投资者自担风险的市场规则价值。而在注册制下,公权力慢慢退出对市场的过度介入,突出了保荐人等中介机构的"守门人"地位,重塑了投资者与上市公司、保荐人等中介机构的关系,形成了以市场法则规范市场秩序的新格局,从而提出了健全投资者保护机制的客观要求。综观《证券法》全文,正是这种体制转化,对证券法的整体布局产生了根本影响。

(二)突出信息披露的核心地位

信息披露的重要性不言而喻。旧《证券法》将相关规则分别规定在证券发行、证券交易和上市公司收购等诸多章节中,信息披露规则在结构上较为分散。新《证券法》设专章规定信息披露,凸显了信息披露在证券法制中的核心地位,理顺了各信息披露规则之间的关系,有利于消除分别适用不同条款和规则所引起的冲突,为追究信息披露违法行为,奠定了较坚实的制定法基础。

信息不对称是证券市场的常态,是无法消除的现象。然而,即使信息不对称现象无法消除,也绝不意味着立法者和执法者在信息披露上的无所作为。消极对待信息披露的价值,只会纵容证券市场中的虚假陈述等违法行为。相反,高度关注信息不对称问题,采用适当可行的方式和措施,可以最大限度减少信息不对称诱发的市场难题。2019年《证券法》在总结以往法律法规和司法解释的基础上,首先,明确提出了

"信息披露义务人"的概念,将发行人(或上市公司)及其董事、监事和高级管理人员,发行人及其控股股东和实际控制人,以及法律、行政法规和证监会规定的其他信息披露义务人,一并纳入"信息披露义务人"的范畴,从而消除了旧《证券法》第193条适用范围上的障碍。其次,《证券法》提升了信息披露的标准。旧《证券法》强调"真实、准确和完整",《证券法》第78条则增加了"简明清晰,通俗易懂"的要求。这种修改意味着,不仅具有针对信息披露义务人的信息披露免责功能,更突出了信息披露对投资者的服务功能,从而在实质上改变了信息披露的解释逻辑。除此之外,《证券法》突出了信息披露上的平等保护原则。融资者在境内外发行证券的情况较为常见,但长期以来,我国似乎都采用"内外有别"的立场,即允许在境内外证券发行中,遵循不同的信息披露规则。《证券法》第78条第3款规定,对于同时在境内境外公开发行、交易的证券,其信息披露义务人在境外披露的信息,应当同时在境内披露,第83条还规定"信息披露义务人披露的信息应当同时向所有投资者披露,不得提前向任何单位和个人泄露"。

(三)增设保护投资者利益的特别规则

投资者保护本是《证券法》的立法宗旨,贯穿于证券法各项制度的始终。2019年全国人大常委会公布的《证券法(修订草案)》三审稿,延续了2015年《证券法(修订草案)》的体例,专章规定了"投资者保护"。笔者曾经撰文探讨"《证券法》专章规定'投资者保护'的得失",对有关问题提出几点思考。最终通过的《证券法》虽然保留了针对"投资者保护"的专章规定,但在具体内容上有所改进。

2019年《证券法》第六章"投资者保护"主要规定了4项内容:第一,要求证券公司承担投资者分类义务和告知说明义务,前者初步划定了专业投资者和普通投资者的界限,从而为适用"投资者适当性"规则提供了制度接口,即证券公司应当销售、提供与投资者上述状况相匹配的证券、服务。后者要求证券公司如实说明证券、服务的重要内容,充分揭示投资风险,初步划清了"卖方"和"买方"承担风险的边界。第二,创设了征集股东权利的新制度,即上市公司董事会、独立董事和持有1%以上有表决权股份的股东或者依法设立的投资者保护机构,可以作为征集人,公开请求上市公司股东委托其代为出席股东大会并代为行使相关股东权利。需要指出,征集股东权利更像是针对上市公司的公司法规则,更适合规定在《公司法》中,在《公司法》修订迟缓的背景下,将其写入《证券法》或许只是权宜之计。第三,创设了债券持有人会议,即凡公开发行公司债券的公司,应当设立债券持有人会议。债券持有人会议原本是

"公司治理"的重要内容,但债券又是重要的融资工具,如何摆放"债券持有人会议"的地位,自然是在立法技术上应当抉择的问题。与前述征集股东权利的规则相似,在当前公司债券违约情势严峻的特殊背景下,未尝不可以暂时将"债券持有人会议"写入《证券法》,待未来修改《公司法》时再进行更详细地规定。第四,创设了"委托先行赔付"规则。对于应否创违法行为人先行赔付规则,学术界和实务界曾有激烈讨论。《证券法(修订草案)》三审稿提出建立强制性的"先行赔付"规则,2019 年《证券法》缓和了三审稿中强制建立"先行赔付"的意见,转而采用了"委托先行赔付"的替代方案。这种做法已经清楚地表明立法者在保护投资者利益上的立场,也兼顾了"先行赔付"的法理基础,显然是一个更妥帖的选择。至于在实践中会否演变成变相强制规则,还有待进一步观察。另外,极其重要的是,《证券法》创设了一种可以被称为"中国式证券集体诉讼"的证券纠纷解决机制,为投资者保护提供了一种崭新的机制。

三、重新配置证券市场主体的责任

与普通交易相比,证券市场主体及利益呈现多元性,由此导致利益关系的复杂性,这算得上是证券市场关系的最大特点。相应地,平衡不同市场主体之间的利益关系,自然成为证券法制的最大任务之一。随着行政主导体制向市场化体制的转向,各市场主体的角色定位必将发生重大变化,重新配置各市场主体的责任乃至权利,应当成为《证券法》面对的重要问题。

发行人或上市公司直接面对投资者,无疑是信息披露的第一责任人。然而,上市公司毕竟是一种形式意义的存在,在众多情形下,控股股东和实际控制人才是决定信息披露质量的实际力量。对此,2019 年《证券法》多个条款增加了控股股东和实际控制人的责任。如《证券法》第 24 条规定,在招股说明书存在虚假陈述等场合下,证券监管机关可以责令负有责任的控股股东或实际控制人买回证券。第 80 条第 2 款规定,公司的控股股东或者实际控制人对重大事件的发生、进展产生较大影响的,应当及时将其知悉的有关情况书面告知公司,并配合公司履行信息披露义务。第 84 条第 2 款规定,发行人及其控股股东、实际控制人、董事、监事、高级管理人员等作出公开承诺的,应当披露。不履行承诺给投资者造成损失的,应当依法承担赔偿责任。另外,根据第 85 条的规定,在信息披露违法并造成投资者损失的情况下,发行人的控股股东和实际控制人,应当承担过错推定责任。这些规定说明,立法者试图从实质重于形式的角度,将控股股东和实际控制人纳入责任主体范围。

中介机构被称为证券市场的“守门人”,在核准制逐渐退出、注册制分步骤引入的背景下,中介机构的地位尤为重要。然而,“守门人”不是保证人,他们是以自己的职业声誉参与证券市场关系、尽责保护投资者利益的市场主体,既要鼓励中介机构勤勉尽责,督导发行人或上市公司规范运作,又要顾及其自身生存发展,合理划定中介机构的责任边界。在此观念支配下,针对保荐人,《证券法》第 10 条明确规定了其职责范围,第 85 条则规定,在信息披露违法下,保荐人、承销的证券公司及其直接责任人员的过错推定责任,即“……应当与发行人承担连带赔偿责任,但是能够证明自己没有过错的除外”。

相对保荐人或证券公司,会计师和律师事务所的地位更为特殊。一方面,他们是证券发行、交易乃至上市公司收购的重要参与者,应当遵守证券市场规则,《证券法》第 19 条第 2 款明确规定,“为证券发行出具有关文件的证券服务机构和人员,必须严格履行法定职责,保证所出具文件的真实性、准确性和完整性”, 第 160 条进一步规定,“会计师事务所、律师事务所以及从事证券投资咨询、资产评估、资信评级、财务顾问、信息技术系统服务的证券服务机构,应当勤勉尽责、恪尽职守,按照相关业务规则为证券的交易及相关活动提供服务”。另一方面,针对会计师和律师及其活动,既要适用《证券法》,又要适用《注册会计师法》《律师法》及相关执业准则,还要适用民事法律。鉴于此,《证券法》全面系统地规定了证券公司和保荐人的职责,而对会计师和律师,则仅就其应当遵守的一般行为准则作出规定,而未全面规定会计师和律师的行为准则。

需要指出,在注册制下,证券监管机关与证券公司、会计师和律师事务所等主体之间,不是单纯的命令与服从关系,而是存在一种特殊的协作关系。即证券公司、会计师和律师事务所虽然是受发行人或上市公司聘请履行职责,其间带有商业关系的属性,但同时也是证券监管机关有效监管的重要支撑力量,不宜将各中介机构简单定位于“被监管对象”,而应当承认其是限定范围内的“监管合作伙伴”。

四、重构《证券法》的实施机制

2019 年《证券法》优化了旧《证券法》的规定,在诸多方面有巨大进步。然而,好的制度还需要强有力的实施机制和执行措施,如此,才能将《证券法》落实到位,才能激活《证券法》的强大力量。

首先,明确了投资者保护机构的法律地位。在我国,投资者保护专责机构主要是中证中小投资者服务中心有限责任公司(以下简称投服中心)和中国证券投资者保护基金有限责任公司(以下简称投保基金公司)。其中,旧《证券法》规定了投保基金公司的地位,而未提及投服中心的地位。然而,两个机构自成立以来,在持股行权、纠纷调解、维权事务和投资者教育等方面,已经发挥并将继续发挥重要作用,极大地提升了保护投资者权益的水准,在国际上也获得了较高赞誉。《证券法》明确称其为"投资者保护机构"并赋权其专责从事投资者保护事务,这为落实的《证券法》的规定,提供了重要的组织保证。

其次,创设了"中国特色的证券集体诉讼"制度。集体诉讼或集团诉讼,通常被认为是民事诉讼法制度的组成部分,很少在具有实体法性质的《证券法》中作出规定。在此次修改《证券法》的过程中,立法机关考察了美国式"集团诉讼"的优劣,关注到美国式"集团诉讼"在律师费收取、滥用诉权等方面出现的问题,总结了我国《消费者权益保护法》关于"团体诉讼"的立法和实践经验,创设了"中国式的证券集体诉讼"模式。即在原有单独诉讼和代表人诉讼的基础上,明确规定"投资者保护机构受五十名以上投资者委托,可以作为代表人参加诉讼,并为经证券登记结算机构确认的权利人依照前款规定向人民法院登记,但投资者明确表示不愿意参加该诉讼的除外"。在这种兼具集团诉讼和团体诉讼色彩的新型诉讼模式中,一方面,投资者保护机构是提起集体诉讼的适格原告,其他组织或个人有权按照《民事诉讼法》提起单独诉讼或者代表人诉讼,但不得提起集体诉讼;另一方面,投资者保护机构接受50名以上投资者委托,可以启动集体诉讼,以夯实集体诉讼的代表性。除此之外,《证券法》引入"默示加入"+"明示退出"的模式,使众多小额受损投资者能够得到实际救济,在客观上增加了违法者成本。现有投资者保护机构数量较少,未必能够满足投资者对集体诉讼的需求,对此,应当探讨建立更具竞争性的集体诉讼机制。

再次,努力提高了证券违法成本。证券市场违法成本过低,向来是各方关注最多的问题,旧《证券法》关于最高罚款金额为60万元的规定,是公众诟病最多的问题。对此,2019年《证券法》从两方面作出调整:一方面,大幅度提高罚款金额上限。视违法行为的性质和情节严重程度,将最高罚款的固定金额上调至2000万元。对于擅自公开或者变相公开发行证券的,明确规定处以非法所募资金金额5%以上、50%以下的罚款,再加上没收违法所得的处罚金额,违法成本达到了罕见的高度。另一方面,创设了新的法律责任形式,在事实上提高了违法成本。如在《证券法》第24条条件成就时，监管机关责令发行人回购证券和责令控股股东或实际控制人买回证券的规定；《证券法》第63条规定，违反规定买入上市公司有表决权的股份的，在买入后的36个月内，对该超过规定比例部分的股份不得行使表决权。

最后，建立了证券市场诚信档案制度。中国证监会早在2017年就发布了《证券期货市场诚信监督管理办法》，后于2018年作出修订，扩大了主体范围和信息范围，建立了重大失信黑名单制度，建立了市场准入环节的诚信承诺制度，建立了市场主体诚信积分管理制度，形成了行政许可绿色通道制度、市场主体互查制度以及事后监管的诚信约束机制。在总结上述经验的基础上，2019年《证券法》第215条明确规定，“国务院证券监督管理机构依法将有关市场主体遵守本法的情况纳入证券市场诚信档案”。这虽然只是一个条款的规定，但确认了监管部门的长期实践，进而夯实了证券市场诚信档案制度的法律基础，也为未来柔性实施新《证券法》提供了有效的制度工具。

五、期 待 未 来

法律文本只是多数人达成共识的结果，共识却未必总是科学的，因而，难免有或多或少的遗憾。在观察者中，有人站在理论角度，自然会找到理想与现实的冲突和矛盾；有人站在域外法角度，或许认为法律修改瑕疵甚大，却忽略了中国证券市场发展的阶段性特性；有人站在操作角度，或认为2019年《证券法》的某些修改难以落地，如此种种，难以逐一列出。笔者认为，历经5年左右的修改，2019年《证券法》的最终文本是基本成功的，未来一段时间的主要任务，应当是研习、检验《证券法》的实际效用，从多个维度观察其进一步发展的空间。

第一，如何应对证券无纸化的现实问题？早在10多年前，学术界就开始了证券无纸化问题的讨论，当时甚至有将证券无纸化入法的可能性，却最终未能如愿。证券无纸化是一个非常重要的现实问题，我国几乎所有上市证券均采用无纸化形式，证券的持有均以托管或登记为准，而非以实物券的持有作为标志。无纸化形式对证券权利的持有产生了巨大影响，也将影响投资者的交易权及其实现，应在未来给予更多关注和考虑。

第二，应否扩大公募的注册豁免问题。相较2014年公开的《证券法（修订草案）》，2019年《证券法》大幅压缩了公开发行的豁免范围，其中沉淀的是对各种可能的非法集资的担心和顾虑。其实,豁免并非自动豁免,而是声明豁免或者备案豁免。限缩公开发行豁免的范围,无法有效阻止市场上存在的非法集资;在更广范围内采用豁免规则,不是容忍非法集资,恰恰是灵活监管非法集资的重要机制。对于这个问题,需要人们打开"心结",逐渐形成更多共识。

第三,如何协调与相关法律的关系问题。此次修改《证券法》未能与《公司法》修改形成联动,造成部分规则存在体系错位问题。例如,与上市公司有关的部分规则本属于公司治理规则,更适合纳入《公司法》中,但因在立法上无法实现联动,这些亟待写入《公司法》的规则,不得不先写入《证券法》;同时,注册制的实施,意味着行政许可观念和规则的改变,未来落实注册制,应当同时修改《行政许可法》。然而,在《证券法》本身问题丛生的背景下,实难抽出精力梳理《行政许可法》的相关规定。未来应当警惕的是,由于我国实施的注册制是附加实质或法定条件的注册制,不同于美国式注册制,行政监管机关保留着不予注册的职权,但不予注册的考量因素却不甚明确,这将影响证券交易所的审核,也将影响融资者筹资计划的安排。如何协调证监会与证券交易所之间的关系,如何满足融资者融资的可预测性要求,显得尤其重要。对这个问题的处理,直接涉及如何解读我国注册制的真实含义。

第四,如何落实2019年《证券法》的多项创新规则问题。创新规则由于缺少经验,落地难度很大。2019年《证券法》不仅创设了虚假陈述行为人买回证券的规则,还创设了收购人超额收购股票时的表决权限制规则。从现实角度来看,这些规则是非常有意义的,但如何看待买回证券的性质,以及证券买回程序,监管机关究竟以何种行为作出决定或者责令,以及该等决定或责令可否复议等,均值得观察。在超额收购限制表决权上,该等限制究竟是由上市公司直接予以实施,抑或依赖司法或行政程序的介入而予以实施?若为司法或行政介入,其启动程序较为复杂,上市公司表决权难免在较长时间里处于不确定状况,从而导致公司决议是否通过存在较大的不确定性,从而诱发公司关系的紊乱。

第五,如何看待提高违法成本的问题。违法成本的高低,是一个价值判断问题,难有一定之规。有些人认为罚款金额甚高,在他人眼中却未必如此。然而,从依法行政和有限政府角度来说,行政处罚必有"天花板"。在实践中,就必然出现即使按照最高限额处罚,但仍被认为处罚较轻的案件。其实,在行政处罚存在"天花板"的情形下,民事救济就成了更有效的投资者保护措施,只有当违法成本变成对投资者的补偿时,才能满足投资者的合理诉求。因此,最高人民法院未来如何修改相关司法解释,应当成为人们观察的重点之一。

最终发布的《证券法》是已有实践经验的总结，更是深化研究的新起点，在证券市场结构和关系之持续变化中，需要观察证券法制的市场化和法治化走向，重构监管者及市场主体之间的崭新关系，唯有契合市场需求、反映中国特性、尊重法治精神的证券法，才具有强大的生命力。

科创板差异化表决权结构下的利益冲突与应对进路

鲁斯齐*

摘　要:随着新经济和高新科技的发展,差异化表决权结构成为众多创始人化解融资需求和控制权稀释困境的最佳选择。2019 年 1 月和 2019 年 3 月,中国证监会、上海证券交易所出台文件表明允许科技创新企业发行具有特别表决权类别股份,这一举动表明我国突破传统"一股一权"原则,引进差异化表决权架构。诚然,美国对差异化表决权结构的研究已经较成熟,但发达资本市场的监管模式或许无法适用于新兴资本市场。一味地借鉴美国经验并不能开出真正适合中国的药方。所以,本文选取了中国香港特别行政区、新加坡两个同类新兴亚洲资本市场作为研究对象,通过对差异化表决权结构下内外各方利益主体间的冲突进行分析,结合差异化表决权的实践,试图提出完善科创板差异化表决权结构的思路。

关键词:差异化表决权结构　控制权　投资者保护　同股不同责

一、问 题 缘 起

差异化表决权结构于 1898 年在美国问世后,[①]引起了大量关注与调查。近些年来,随着科技星球的升起以及新加坡证券交易所、香港证券交易所、上海证券交易所等亚洲新兴资本市场对差异化表决权结构的接受,关于差异化表决权结构的争论在中国以及东亚地区变得炙手可热。Google(2004 年)、LinkedIn(2011 年)、Facebook

---

* 华东政法大学 2017 级法律硕士研究生。

① See Berle A. A. (1926),"Non-voting stock and bankers control(1926 - 1926)",*Harvard Law Review* 39(6), pp. 673 - 693.

(2012年),阿里巴巴(2014年于美国首次上市、2019年于香港二次上市)及Snap(2017年),这些经济体量巨大的“独角兽”公司纷纷采用差异化表决权结构上市。数据表明,仅2016年至2017年,科技公司对差异化表决权结构安排的采用度就由23.8%上升至43.3%,同时期非科技公司对差异化表决权结构安排的采用度仅由9.4%上升至22.1%。① 2019年3月出于扩大上海区域对外开放程度的考虑,正式宣布上海证券交易所设立科创板并试点注册制。此后,上海证券交易所于2019年3月1日出台了《上海证券交易所科创板股票上市规则》等配套文件,文件表明允许科技创新企业发行具有特别表决权类别股份,政策推动而不是市场推动的差异化表决权结构被批准。科创板的确向前跨了一大步,同时实现了核准制向注册制、“同股同权”向“同股不同权”的双向转型。但在面对不成熟的资本市场、不成熟的投资者以及不成熟的外部法律环境,差异化表决权结构的突然颁布引起了学者、实务界、交易所以及证监会对该结构的期待和担忧。

关于差异化表决权结构的辩论已经持续了将近一个世纪,不断有新的理论以及实证数据来证明差异化表决权存在的正当性,但这些也都无法消除人们对它的怀疑。一方面,差异化表决权可以增加投资者的选择,满足融资需求和控制权维持需求,还可以拓展市场;另一方面,又会带来代理成本、“壕沟效应”以及缺少可问责性。因此,必须要平衡该结构带来的好处与坏处,以免破坏中小投资者的利益或者破坏资本的最佳配置。为争夺上市资源,越来越多的亚洲资本市场选择接受该结构,这都显示了交易所所承受的国际竞争压力。

当下我国对差异化表决权结构的研究主要基于两个方面:第一,主要围绕“同股不同权”与“一股一权”的理论之辩,把差异化表决权结构作为类别股的一种进行研究,然后主要基于股东异质性转向以及现实需求,建议引入差异化表决权结构。② 第二,直接将差异化表决权结构作为研究对象,通过对国外相关法制的借鉴,为引入与

---

① See Ritter J., “Initial Public Offerings: Updated Statistics”, available at https://site. warrington. ufl. Edu /ritter / files /2019/01/IPOs2018Statistics_Dec. pdf, last visited: Feb. 25, 2020.

② 例如,可参见以下论文的研究。冯果:《股东异质化视角下的差异化表决权结构》,载《政法论坛》2016年第34卷第4期;汪青松:《论股份公司股东权利的分离——以“一股一票”原则的历史兴衰为背景》,载《清华法学》2014年第2期;朱慈蕴、沈朝晖:《类别股与中国公司法的演进》,载《中国社会科学》2013年第9期;汪青松、赵万一:《股份公司内部权力配置的结构性变革以股东“同质化”假定到“异质化”现实的演进为视角》,载《现代法学》2011年第33卷第3期。

完善我国差异化表决权结构提出建议。[①] 诚然,美国对差异化表决权结构的研究已经较成熟,赞成派与反对派于20世纪80年代就展开了充分的辩论,对差异化表决权结构的跟踪长期实证研究也一直持续至今。但同样一种监管模式无法适用于不同的资本市场。我国与美国资本市场在投资者成熟度、股权分散(集中)程度、[②]司法救济有效性与及时性、中小股东保护措施等方面都存在极大不同。更何况,实证研究的结果与样本选择有极大关联,基于美国市场的实证研究结果或许并不具备普适性。在新兴资本市场,差异化表决权的表现究竟如何,应当如何监管还缺乏绝对有说服力的结论。这主要是因为没有区分不同资本市场类型对差异化表决权结构带来的影响,也没有足够的实证证据支持差异化表决权结构在新兴资本市场里的表现。一味地借鉴美国经验并不能开出真正适合中国的药方,所以本文选取了中国香港特别行政区、新加坡两个新兴亚洲资本市场作为研究对象,希望通过对同类资本市场监管方法的借鉴,为完善我国差异化表决权结构制度提供一个新的视角。当然,虽然美国资本市场环境与我国相差明显,我们仍然不能忽视这头"大象",尤其是其关于差异化表决权的理论争辩可为我们带来诸多启示。

二、差异化表决权下的利益冲突

(一)差异化表决权结构监管的外部利益冲突

公司上市融资需要交易所提供公平有序的市场交易秩序,交易所需要吸引公司上市增加对投资者的吸引力,从而提高自身竞争力。上市公司和交易所之间本来是相辅相成的关系,两者像天平的两端,处于动态平衡之中。公司想要公开募资必须符合交易所的上市条件,以防止资质不好的公司在市场上损害投资者利益,败坏交易所名声;交易所想要繁荣发展,必须吸引资质良好的公司前来上市,其不仅要提供保护

---

① 例如,可参见以下论文的研究。陈若英:《论差异化表决权结构的公司实践及制度配套——兼论我国的监管应对》,载《证券市场导报》2014年第3期;张舫:《一股一票原则与不同投票权股的发行》,载《重庆大学学报》(社会科学版)2013年第1期;张舫:《美国"一股一权"制度的兴衰及其启示》,载《现代法学》2012年第2期;蒋学跃:《公司双重股权结构问题研究》,载黄红元、徐明主编:《证券法苑》(第13卷),法律出版社2014年版,第27~44页;黄臻:《差异化表决权结构有效运作的条件——基于美国与香港的实证研究》,载《中国金融》2015年第6期;蒋小敏:《美国差异化表决权结构:发展与争论》,载《证券市场导报》2015年第9期。

② 伯利(Berle)和米恩斯(Means)通过对美国大型股份公司的研究得出结论,现代公司所有权与控制权正在发生分离,公司控制权已经由所有者转移到很少持有公司股份的管理者手中。然而欧洲公司治理网络(European Corporate Governance Network)的研究显示,在欧洲大陆和亚洲,企业的集中所有和控制更是普遍存在,分散股权结构下对差异化表决权结构的治理问题与集中所有股权结构下的差异化表决权结构的治理问题可能存在较大分歧。

投资者的法律法规,还要设立对上市公司友好的上市规则。但是当优质公司的数量有限,交易所多项可选或优质交易所数量有限,当奔赴上市的公司多如牛毛时,上市公司与交易所之间的冲突便由此产生。当交易所声誉良好,在该交易所上市可以带来公司声誉的提升和大量资金的募集,众公司就需要完全按照交易所的规则行事;当公司具有庞大的资本力量和能吸引众多投资者的目光,交易所们便纷纷抛出"橄榄枝",甚至不惜为其改变上市规则,以提升自身竞争力。这就带来了交易所之间的监管竞争和交易所自身对"公益"还是"私益"的抉择。

1. 交易所之间的监管竞争

美国差异化表决权结构发展史就是一部美国交易所之间的监管竞争史。自 1898 年国际白银公司(International Silver Company)发行了 2000 万股无投票权股票以来,差异化表决权结构正式进入交易所的视野,此后关于差异化表决权结构存废的问题引发了激烈的讨论,最终纽交所、美交所、纳斯达克达成统一,允许差异化表决权结构公司上市。第一个阶段是 19 世纪末至 20 世纪初。自 1898 年首发无表决权股票以来,差异化表决权结构公司日益增多,在 20 世纪 20 年代达到顶峰。据统计,1926 年前有 183 家差异化表决权公司上市发行。1925 年道奇兄弟公司(Dodge Brothers, Inc.)的投资人投资银行狄龙瑞德公司(Dillon, Read & Co.)以极少的对价取得了公司的控股地位。在社会各方的施压下,纽约证券交易所(New York Stock Exchange, NYSE)于 1926 年以"禁止无表决权股票上市交易"的方式对道奇兄弟公司的行为进行回应,仅有特许的几家公司能够采取差异化表决权结构发行,如福特汽车公司。第二个阶段是 1926 年至 1985 年,这个阶段属于交易所之间监管竞争的阶段。在纽交所禁止无表决权股票上市交易的时期,美交所和纳斯达克并未对该类股票作出明显的否定规定。众多公司转向美交所和纳斯达克寻求上市机会。迫于与其他交易所的竞争压力,纽交所作出了让步。第三个阶段是 1985 年至 21 世纪 10 年代,这个阶段实现了差异化表决权结构的复兴。1985 年纽交所放弃了坚持了近 60 年的同股同权规则,允许差异化表决权结构公司的存在。1988 年美国证监会还公布了 19c-4 规则,试图统一各个交易所关于差异化表决权公司的上市规则,虽然该规则被质疑由于超出了立法权限而被撤销,但是仍对各个交易所股票上市标准的制定产生深远影响。第四个阶段是 21 世纪 10 年代至今,[①]科技星球的崛起带来了新一波热潮,全球交易

① See Dual-class Shares, "The Good, The Bad, and The Ugly", available at https://www.cfainstitute.org/en/research/survey-reports/dual-class-shares-apac-survey-report, last visited: Feb. 25, 2020.

所之间的监管竞争开始,争夺上市资源,纷纷改变上市规则,拥抱差异化表决权结构。

同样,我国香港对差异化表决权的态度也经历了从宽松到严格再到宽松的发展阶段。1987 年之前,港交所并未对差异化表决权结构进行全面禁止。1973 年 Swire Pacific 公司就曾发行过低表决权股票。1987 之后香港证监会开始限制低表决权股票的发行。当时,包括和记黄埔、长江实业和怡和集团都计划发行低表决权股票,但都被禁止。① 随着新经济和新科技公司的繁荣,越来越多的创新企业寻求差异化表决权结构上市。港交所对同股同权的坚持让其痛失英国足球俱乐部曼联和阿里巴巴两大资源。随后在 2014 年 8 月,港交所发布关于差异化表决权的概念文件进行咨询。文件中详细描述了中国香港特别行政区、美国等交易所的上市情况,将上市公司数目和市值进行对比,企图说服公众接受差异化表决权公司上市以增加港交所的竞争力。2018 年 4 月 30 日港交所宣布允许差异化表决权公司上市。之后,我国科创板也于 2019 年 1 月发布文件允许差异化表决权的设置。

由此可见,交易所之间的竞争是影响上市规则的重要因素。在这一场监管竞争中,竞争的是具有巨大资本吸引力的优质公司。尤其在新经济和创新科技蓬勃发展的今天,人们普遍看好创新产业,规模大、声誉响的优质企业对交易所具有很大的吸引力。在竞争程度不足以对交易所的经济利益或地位造成影响时,交易所倾向于坚守规则;而当竞争程度日渐激烈,交易所的经济利益或地位遭到威胁时,交易所便倾向于放松规则,提高自身的竞争力。这一场交易所之间的“逐底竞争”(race to bottom)就此展开。普遍允许差异化表决权结构是市场需要还是监管竞争的产物?这个问题还没有确切的答案。

2. 交易所“公益”与“私益”的艰难抉择

交易所“公益”与“私益”冲突之根本在于交易所商业和公益的双重属性。交易所的商业属性要求其通过与证券交易直接相关的经手费、上市公司的上市管理费、会员席位费、证券交易通信费等费用收取冲抵开支,并尽可能地增加收入;交易所的公益属性要求其维护公平的市场交易秩序、良好的投资环境以及满足实体经济发展的需求。② 是否允许差异化表决权结构安排意味着,交易所要进行商业利益和公共利益

---

① 参见《为何港交所不能批准阿里的“双股权”制度?》,载腾讯网:https://tech.qq.com/a/20140324/014880.htm,最后访问日期:2020 年 2 月 25 日。

② 参见谭婧:《差异化表决权结构下的利益冲突与平衡》,华东政法大学 2015 年博士学位论文,第 77 页。

的衡量。在新经济和创新科技高速发展的背景下，公司创始人对差异化表决权结构需求多，且许多采用差异化表决权的公司都拥有极高的市值和良好的声誉，这类独角兽公司单个公司的交易量、市值、影响力等远远超过多家普通公司之总和，交易所如果能吸引这类公司的上市，就能够名利双收、稳赚不赔。而且对一个国家来说，利用友好的上市规则吸引创新科技企业的上市，不仅能让投资者分享到科技创新的红利，还能促进一国科技创新能力的提升，创造更多的就业机会、促进周边产业和消费、增加财政税收等。但是在不同地区的不同经济背景和法治环境下，对差异化表决权结构是否接纳的考虑是不同的。

交易所需要考虑该地区投资者的成熟度、法治保障机制的完善度以及该证券市场的有效程度等。如果交易所只顾商业利益而不顾公共利益，后续投资者会在进场交易时担忧自己的权利将会受到无法预计的损害而压低对整个证券交易所股票的估价，从而把对自己因表决权折损而可能造成的现金流量请求权不自由度降到最低，进而引起交易所价格的畸形降低。一味向上市主体倾斜只会带来上市主体质量的不断下降，从而导致自身声誉受损，最后引发投资者的不信任以至于抽资离场。如果交易所持保守态度，不以开放的心态拥抱新经济和新科技，随着这代发展的需要修改相关规则，不仅会丧失众多上市资源，也不利于法治的进步。目前，全球差异化表决权安排的热潮随着创新科技的浪潮又一次席卷而来，交易所自身竞争力的提升、提高对优质独角兽企业的吸引力成为许多交易所放松上市规则的原因。其实，交易所的“私益”与“公益”并不存在不可调和的冲突，只要在追逐“私益”的时候不突破“公益”的底线，在允许差异化表决权安排的同时，强化信息披露、促进有效救济、切实保护中小投资者的利益，就能实现“私益”和“公益”的双赢。

（二）差异化表决权结构内部的利益冲突

1. 超级投票权股东与普通股东之间的利益冲突

超级投票权股东与普通股东之间的差异，实际上即为实业经营—价值驱动（创造）型股东和财务投资—价值评估型股东之间的差异。[①] 一般来说，价值驱动型股东以能取得控制权的内部股东为主，一般为公司的发起人或者创始人，他们较积极地参与公司的经营管理决策，对公司价值创造贡献很大；价值评估型股东以外部投资者为主，这类股东在流动变现时用脚投票，与积极参与治理即用手投票之间存在机会主义

① 参见冯增炜：《我国上市公司股东间利益冲突与协调问题研究》，西南财经大学2007年博士学位论文，第41页。

选择。[①]

其中,投资者的短视行为与创始人公司治理的长期策略之间的冲突最突出。而长短期策略的不同就会带来是向股东分配利润还是投入公司经营与是出卖股份给公司收购方还是维持公司控制权等具体事项上的分歧。股东至上理论的前提是股东作为最终利益的所有者,股东会更积极地行使自己的监督权,会最大化地考虑公司的发展,这是基于股东“同质化”的考虑。而当下股东的诉求差异性逐渐显现,股东从“同质化”转向“异质化”。随着机构投资者的增多,证券市场的发展,越来越多的股东并非出于获得上市公司分红而买进股票,而是出于看好股票在二级市场的价格走势,并希望通过二级市场的股票买卖进行套利。这类股东只关心公司股票能给自己带来何种短期经济利益,并不关心公司管理层的组成、业务的种类与范围以及长期经营策略等,这类股东会更希望公司作出能让他们在短期盈利的决策来换取二级市场上的好价格。这类股东也更愿意投资差异化表决权结构公司,用投票权换取现金流权益上的增益。而超级投票权股东普遍是公司的创始团队成员,当初选择差异化表决权结构的原因就是为了解决融资带来的控制权稀释问题。超级投票权股东需要对公司保证绝对的控制以实现自己的远期愿景,他们往往将公司经营状况的好坏、未来的发展、在市场上的地位等与个人价值的实现联系起来。甚至创始人之所以选择该资本结构,并非完全从经济利益方面考虑,而是由于经济利益之外的个人满足感。[②] 由此可见,超级投票权股东对公司的忠诚度会让其把公司的长期经营策略放在首位。

此时,普通股东的短期逐利需求与超级投票权股东长期经营需求之间的冲突就产生了。而该冲突的进一步激化,源于差异化表决权的安排让普通股东的诉求完全没有实现的可能。同股同权公司会通过资本多数决实现冲突双方的利益平衡。但在差异化表决权公司,超级投票权股东一般占董事会的大部分席位,公司经营策略的通过与否完全处于超级投票权股东的控制之下。即使公司章程规定该重大事项需要经过股东会同意,超级投票权股东的绝对控股地位也剥夺了普通股东的话语权。此时一个悖论就产生了,允许差异化表决权结构上市的原因,主要基于充分尊重公司的自治权和给投资者提供选择的空间。普通股东之所以选择投资差异化表决权公司,就是希望用投票权来换取短期经济利益,而超级投票权股东控制下的差异化表决权公

① 参见冯增炜:《我国上市公司股东间利益冲突与协调问题研究》,西南财经大学2007年博士学位论文,第41页。

② See Gilson, Ronald J., “Evaluating Dual Class Common Stock: The Relevance of Substitutes”, 73 *Va. L. Rev.*, p. 807(1987).

司却以长期经营策略为为优选项,忽视普通股东短期经济利益的诉求,且普通股东毫无申诉之道。若超级投票权股东出于对公司的忠诚采取远期策略而带来股价下跌,普通股东出于市场逐利性不会等待不可预期的远期愿景的实现,与其毫无依据地相信创始人不可控的商业嗅觉,还不如争取在这之前抛售股票以求得好价格。那么,公司决策相关的任何风吹草动都会让普通股东草木皆兵,这就会缩短短期投资的周期,加剧短期投资的频率,从而进一步加剧长期策略与短期经济利益之间的冲突。

2. 超级投票权股东与公司之间的冲突

超级投票权股东与公司之间的冲突,是由于控制权与现金流权益不成比例导致对公司利益的侵占行为。控制股东对公司利益的侵占并不是一个新问题,但在差异化表决权结构安排下,侵占行为的损害成倍数放大。在确保有效掌握控制权的情况下,差异化表决权结构控制股东在公司中所占的股份越少,其侵占限制投票权股东的利益的动因越强烈。[①] 原因如下:

第一,超级投票权股东股利分配与付出不成比例。超级投票权股东股份占比较小,因此股利分配较少。而超级投票权股东为维护控制权需要付出大量的时间、精力、金钱,以保证公司的良好运转。比如,超级投票权股东需要维持并提高自身的治理才能而进行额外的学习,需要为维持有效快速的信息渠道而付出隐形成本,需要为创立并维护公司理念而投入更多心血等。超级投票权股东在公司治理中的投入远远高于普通股东,而公司经营成果依照股份分配且由全体股东共享。在超级投票权股东股利分配与付出不成比例的情况下,超级投票权股东就倾向于利用自身的控制地位侵占公司利益来弥补额外付出的成本。

第二,超级投票权股东进行公司利益侵占的成本低。其一,由于超级投票权与普通投票权之间投票倍数的差异,让超级投票权股东以极低的成本就可以获取控制权以实现对公司利益侵占。在科创板差异化表决权倍数最多为 10 倍的情况下,超级投票权股东仅仅拥有 10% 的股份就可以实现对公司 100% 的控制。其二,公司侵占行为而必须付出的股利损失成本低。与同股同权公司相比,控制股东对公司利益侵占的损失会按照持股比例分摊至每个股东,控制股东持股比例高,所受损失也更大。而在差异化表决权公司,超级投票权股东持股比例很低,公司利益损失主要由普通股东承担,因此,公司侵占行为而必须付出的股利损失成本也大大减少。

---

① See Gilson, Ronald J., "Evaluating Dual Class Common Stock: The Relevance of Substitutes", 73 *Va. L. Rev.*, p. 807 (1987).

三、域内外经验分析

我国内地、我国香港特别行政区、新加坡在引入差异化表决权结构时,都采取了额外的保障措施以防止公司自治的滥用和对中小投资者的侵害。每一项规则的制定都是基于对投资者成熟度、交易所对“私益”或“公益”选择的倾向度、监管的有效性和及时性的考量。笔者试图结合上市规则进行对比分析,为完善科创板差异化表决权安排提供一些思路。

(一)内部治理

1.规则设立(见表1)

表1 我国内地、我国香港特别行政区、新加坡公司内部治理规则

项目	我国内地	我国香港特别行政区	新加坡
企业性质	科技创新企业	创新产业公司	不限于创新企业
市值	预计市值不低于100亿元;或者预计市值不低于50亿元且最近1年营业收入不低于5亿元	1.预期市值应不低于400亿港元;或者预期市值低于100亿港元的,最近一个会计年度收益不低于10亿港元(生物科技公司为15亿港元); 2.资深投资者投资:具有金融机构等资深投资者实质性的投资,且该投资额的50%上市后限售6个月	1.对市值无另外规定(满足主板上市要求即可); 2.资深投资者投资:市值在5亿~10亿新加坡元以上的成熟投资者持股占比不低于13.5%;市值在10亿新加坡元以上的,持股占比不低于10.8%
时点要求	仅限在IPO前设立	仅限在IPO前设立	仅限在IPO前设立
最高倍数要求	10倍	10倍	10倍
日落条款	1.股东死亡、离任、失去董事资格、丧失履职能力或者不满足最低持股要求; 2.股东失去对相关持股主体的实际控制; 3.向他人转让特别表决权股份或委托他人行使; 4.公司控制权发生变更	1.受益人身故、不再为董事、被联交所视为失去行为能力、不再符合《上市规则》有关董事的规定; 2.向他人转让特别表决权股份或委托他人行使	1.股东死亡、离任、失去董事资格、丧失履职能力; 2.向他人转让特别表决权股份或委托他人行使; 3.可通过同股同权方式表决豁免上述超级表决权失效事宜; 4.除以上列出的强制转换事件之外,可自愿采用其他转换事件

我国内地、我国香港特别行政区、新加坡在规则设立方面大同小异，都只允许在首次公开募股(Initial Public Offering，IPO)前设立差异化表决权结构，都规定差异化表决权最高倍数不得超过10倍，都设置了“日落条款”，仅在以下方面有些许差别。

(1)企业性质是否限于科技创新企业？中国内地和中国香港特别行政区对企业的性质进行了限制，需为创新企业，新加坡并无此规定。笔者认为，企业性质不一定要以行业属性作为限制，而是要突出未来业务增长的可持续性和超级投票权股东在公司的重要性。

第一，从差异化表决权结构发展历史来看，差异化表决权结构与企业性质并没有必然联系。差异化表决权安排，是创始人为了化解融资需求与控制权稀释的两难困境而作出的制度安排，以便维持自己对公司的绝对控制。有学者对1970年至2005年加拿大多伦多交易所采用差异化表决权的公司进行统计，加拿大最大的几个差异化表决权公司都是在20世纪40～80年代形成的，20世纪90年代形成的差异化表决权公司是电子传播行业类的上市公司。[①] 1988年至2007年，美国差异化表决权结构公司横跨67个行业之多。[②] 著名的纽约时报、新闻集团、华盛顿邮报、新加坡报业集团都采用了差异化表决权结构。我国内地科创板的设立是在政策推进的背景下，选择创新科技企业作为差异化表决权结构的适用主体更多地是出于鼓励创新、吸引资本的政策考量，而非创新科技企业本质属性使然。况且根据1980～2018年美国科技类与非科技类上市公司采用差异化表决权结构的统计(见表2)，纵使在互联网经济浪潮中采用差异化表决权结构的科技企业数量有所增加，但并所占比例仍然有限，大部分科技企业仍然采用“一股一权”的结构，而且科技企业和非科技企业在是否采用差异化表决权上并未拉开明显差距，这说明差异化表决权只是公司自治范围内的一个选择，科技企业与差异化表决权安排之间并无必要性。

---

① Terence Zinger，Supra note 1，p. 54. 转引自马一：《股权稀释过程中公司控制权保持：法律途径与边界》，载《中外法学》2014年第3期。

② See “The data come from the Center for Research for Securities Price”，available at http://www.crsp.com/documentation，last visited：Feb. 25，2020.

表2　1980～2018年美国科技类与非科技类上市公司采用差异化表决权结构的统计①

年份	科创上市公司			非科创上市公司		
	双层股权上市公司(家)	所有科创上市公司(家)	百分比	双层股权上市公司(家)	所有科创上市公司(家)	百分比
1980	0	22	0	1	49	2.0
1981	2	73	2.7	4	120	3.3
1982	0	42	0	0	35	0
1983	3	174	1.7	4	278	1.4
1984	2	50	4.0	5	121	4.1
1985	1	37	2.7	6	149	4.0
1986	3	77	3.9	21	316	6.6
1987	1	58	1.7	23	227	10.1
1988	3	28	10.7	6	77	7.8
1989	1	35	2.9	6	81	7.4
1990	0	31	0	7	79	8.9
1991	7	70	10.0	16	216	7.4
1992	2	113	1.8	16	299	5.4
1993	3	126	2.4	30	384	7.8
1994	8	116	6.9	25	286	8.7
1995	8	204	3.9	22	257	8.6
1996	16	274	5.8	46	405	11.4
1997	10	173	5.8	41	302	13.6
1998	8	114	7.0	21	170	12.4
1999	22	370	5.9	19	107	18.7
2000	19	260	7.3	7	120	5.8
2001	2	23	8.7	5	56	8.9
2002	2	20	10.0	12	46	26.1
2003	3	18	16.7	5	45	11.1
2004	3	61	4.9	10	113	8.8
2005	9	45	20.0	13	115	11.3

① See Ritter, J. , "Initial Public Offerings: Updated Statistics", available at https://site. warrington. ufl. Edu /ritter/ files/2019/01/IPOs2018Statistics_Dec. pdf, last visited: Feb. 25, 2020.

续表

年份	科创上市公司			非科创上市公司		
	双层股权上市公司(家)	所有科创上市公司(家)	百分比	双层股权上市公司(家)	所有科创上市公司(家)	百分比
2006	1	48	2.1	10	109	9.2
2007	4	75	5.3	14	84	16.7
2008	0	6	0	3	15	20.0
2009	2	14	14.3	3	27	11.1
2010	2	33	6.1	7	59	11.9
2011	5	36	13.9	9	45	20.0
2012	5	39	12.8	11	54	20.4
2013	5	43	11.6	23	114	20.2
2014	3	53	5.7	18	153	11.8
2015	14	38	36.8	8	80	10.0
2016	5	21	23.8	4	54	7.4
2017	13	30	43.3	17	77	22.1
2018	13	38	34.2	12	96	12.5
合计	210	3088	6.8	510	5420	9.4

第二,应侧重于未来业务增长的可持续性和超级投票权股东在公司的重要性。从现有规定来看,内地科创板对企业性质的要求以行业技术特征为主要视角,而我国香港特别行政区对上市主体除要求为创新产业公司外,还要其证明有高增长的业务记录及高增长轨迹预期的可持续性,以及证明每名超级投票权股东的技能或知识或战略方针对推动公司业务增长有重大贡献。投资者宁愿牺牲投票权也要选择差异化表决权公司,是因为看好其未来的发展前景以及信任创始人的商业嗅觉和治理才能。在高新技术发展的今天,投资者不是在弄懂充满晦涩难懂的行业知识后进而判断,而是大多出于对创始人个人才能的信任而进行选择,尤其信任创造了互联网神话的独角兽企业们,如阿里巴巴、facebook。行业特性并不是决定是否采用差异化表决权结构的决定因素,未来业务增长的可持续性和超级投票权股东在公司的重要性才是核心。

(2)市值要求是否过于严格?笔者认为,市值要求过于严格。我国内地和香港特别行政区对科技创新企业的市值都进行了具体规定,往往达到如此高市值的创新企业已经资金充足、组织完善、运营成熟,而达不到上市条件的创新企业往往仍需要寻求天使基金等的支持。真正需要依靠差异化表决权结构在初始阶段保障创始人愿景不被机构投资者干涉的小型创新企业,无法得到制度支持,这未免与科创板设立的初衷相违背。

另外,我国香港特别行政区和新加坡都规定了需要资深投资者投资达到一定比例,我国内地并无此规定。笔者认为,这一规定无借鉴之必要。这一设置的本意,是利用资深投资者的专业眼光降低中小投资者投资风险。但这样的要求有可能沦为前 IPO 投资人(VC、PE 机构)寻租的工具,既会导致 PE、VC 行业竞争天平的倾斜,不利于新人进入,更有扭曲一级市场融资成本的危险。① 投资者是否资深的标准应由市场决定,而不应该由公权力决定。

(3)时间型"日落条款"是否有必要加入? 我国内地、我国香港特别行政区、新加坡都未规定时间型"日落条款"。笔者认为,有必要规定时间型日落条款。原因如下:

第一,创始人的特殊企业家才能,如独特的商业眼光或者领导才能,可能不具有持续性。随着创始人年纪的增大,创始人很有可能不再具备初创企业时的才能和远见,无法带领企业作出最有利于企业发展的决策,那么在股东死亡、离任、失去董事资格、丧失履职能力或不满足最低持股要求以及股东失去对相关持股主体的实际控制,向他人转让特别表决权股份或委托他人行使之前,创始人的地位根本无可撼动,公司掌权人没有被替代的可能。而关于"丧失履职能力"的标准,上市规则中并没有进行明确的解释。而且这一标准本来就十分模糊难以界定,更不能用企业盈利数额这种定量指标加以衡量。

第二,即使承认科技创新企业是采用差异化表决权结构的理由,科技创新行业会随着时间的推移成为常规传统行业,因而失去采用差异化表决权结构的正当性。根据行业周期理论,任何一个行业都有起步期、成长期、成熟期以及衰退期,所以任何一个科技创新企业都会走向衰退。比如,在纽交所宣布禁止差异化表决权结构公司上市之后,仍然特许福特汽车公司以差异化表决权安排上市,然而在 21 世纪的今天,汽车已经由当时的科技创新行业变成传统行业。

第三,实证研究表明,差异化表决权结构公司的估值优势会随着时间的推移而逐渐消失。有学者把 1980 年至 2015 年在纽交所、美交所、纳斯达克上市的行业、市值、规模等都相似的 504 家差异化表决权结构公司与 504 家同股同权公司进行对比发现:总体而言,差异化表决权公司的估值在首次公开募股时比同股同权公司要高,但

① 参见比较公司治理公众微信号:《中国版"同股不同权"出炉:不算太迟的几点建议》,载搜狐网:http://www.sohu.com/a/292503613_667897,最后访问日期:2020 年 2 月 25 日。

随着时间的推移，在6～9年之后估值明显萎缩，而强制的时间型“日落条款”会尽量避免随着时间增长而导致的超级投票权占比逐渐增高和代理成本的增加。① 美国证券交易委员会（the U. S. Securities and Exchange Commission，SEC）的罗伯特·J. 杰克逊（Robert J. Jackson）委员和他的职员对2003年到2018年157家差异化表决权公司进行调查，发现自首次公开募股7年后，采用了“日落条款”的差异化表决权公司的估值明显高于为未采用“日落条款”的差异化表决权公司。美国机构投资者协会（Council of Institutional Investors）于2019年2月13日更新的统计也从侧面呼应了以上两个研究（如表3所示），目前，自愿采取时间型“日落条款”的公司将触发时间点主要设置在7年（7家）和10年（9家）。因此，笔者建议，可将时间型“日落条款”的时间触发点设置在7年。

表3 采用时间型“日落条款”的差异化表决权公司②

公司名称	上市时间	触发“日落条款”的时点要求	触发“日落条款”的持股要求③	现状
EVO Payments	2018年	3年	没有	仍采用双层股权结构
Texas Roadhouse	2004年	5年	没有	于2009年变为同股同权结构
Groupon	2011年	5年	没有	于2016年变为同股同权结构
MuleSoft	2017年	5年	没有	于2018年被Salesforce收购
Bloom Energy	2018年	5年	获得5%的已发行普通股	仍采用双层股权结构
MaxLinear	2010年	7年	没有	于2017年变为同股同权结构
Yelp	2012年	7年	获得10%的已发行普通股	基于持股比例“日落条款”于2016年变为同股同权结构
Kayak Software	2012年	7年	没有	于2013年被Priceline收购，现为Booking Holdings所有
Mindbody	2015年	7年	没有	于2019年被Vista Equity Partners收购

① See Cremers, K. J. Martijn and Lauterbach, Beni and Pajuste, Anete, “The Life-Cycle of Dual Class Firm Valuation” (December 19, 2018). European Corporate Governance Institute (ECGI) -Finance Working Paper No. 550/2018, available at SSRN: https://ssrn.com/abstract=3062895 or http://dx.doi.org/10.2139/ssrn.3062895.

② See “The data come from the Council of Institution Investors”, available at https://www.cii.org/files/2 13 19%20Time-based%20Sunsets.pdf, last visited: July 24, 2019.

③ 持股比例“日落条款”，指特别表决权股东的持股低于一定比例，或者要约收购者收购的普通表决权股份达到一定比例将导致差异化表决权结构的终结。

续表

公司名称	上市时间	触发“日落条款”的时点要求	触发“日落条款”的持股要求	现状
Apptio	2016年	7年	获得25%的普通表决股份	于2018年被Vista Equity Partners收购
Twilio	2016年	7年	没有	仍采用双层股权结构
Smartsheet	2018年	7年	获得15%的普通表决权股份	仍采用双层股权结构
Veeva Systems	2013年	10年	没有	仍采用双层股权结构
Castlight Health	2014年	10年	没有	仍采用双层股权结构
Pure Storage	2015年	10年	获得10%的普通表决权股份	基于持股比例“日落条款”于2018年变为同股同权结构
Stitch Fix	2017年	10年	获得10%的普通表决权股份	仍采用双层股权结构
Alteryx	2017年	10年	获得10%的普通表决权股份	仍采用双层股权结构
Hamilton Lane	2017年	10年	超级表决权股东持股比例低于25%	仍采用双层股权结构
Okta	2017年	10年	没有	仍采用双层股权结构
Zuora	2018年	10年	获得5%的普通表决权股份	仍采用双层股权结构
Eventbrite	2018年	10年	没有	仍采用双层股权结构
Altair Engineering	2017年	12年	获得10%的普通表决权股份	仍采用双层股权结构
Fitbit	2015年	12年	没有	仍采用双层股权结构
Nutanix	2016年	17年	没有	仍采用双层股权结构
Workday	2012年	20年	获得9%的普通表决权股份	仍采用双层股权结构

第四,对否认时间型“日落条款”的反驳。港交所在对新兴及创新产业公司上市制度文件的咨询会回复中,对不采用时间型“日落条款”的答复如下:在此日期临近之际,对股东以及潜在投资人造成严重不确定性。针对港交所的答复,笔者认为:首先,任何公司结构发生重大调整都会引起股东和潜在投资人的严重不确定感,不仅限于

时间型"日落条款"引起的变动。比如,当公司经营层发生变动,新一任经营者完全推翻旧任经营者的经营战略,尤其对于轻资产,依靠特殊经营模式和创始人特殊企业家才能的互联网公司,股东和潜在投资者也会面临严重的不确定性,而其并没有因为这种严重不确定性而阻止管理层的更迭。其次,时间型"日落条款"相比事件型"日落条款"并没有更大的不确定性,甚至可以说只有更小的不确定性。时间型"日落条款"给出了一个确定的时间,公司可以在日落时间点到来之前做好相关安排,并会在持续披露的报告中披露。而事件型"日落条款"更多地会受制于创始人是否发生意外事件。即使不受制于意外事件,自然生理衰退也没有一个确切的时间预期;或者只有当股份权属发生变化之后,公众才得以知晓,而权属变化完全依赖超级投票权股东不具有可预期性的主观意志。故笔者认为,港交所的声明并不成立。另外,伯纳德·S. 沙夫曼(Bernard S. Sharfman)针对时间型"日落条款"的存在进行了反驳,他认为时间型"日落条款"的存在会干扰到创始人的长期愿景,不利于其作出最有利于企业的决策,是否采用时间型"日落条款"属于公司自治的范畴,不应作强行规定。[①] 笔者认为,是否干扰到创始人长期愿景涉及的是时间型"日落条款"触发时间点设置的问题。通过各方经验数据总结分析出恰当的触发时间点,可以最大限度地避免对创始人长期愿景的干扰。况且,如果加入参照新加坡加入同股同权豁免日落的规定,创始人可在日落触发时间点前通过以往业务成绩以及对长期愿景的详细描述争取赞成票,所有超级投票权股东股份之和再加上游说赢得的选票,豁免日落的可能性并不低。总之,仅依靠创始人脑中无法验证、不可预期的长期愿景,无法成为"日不落"的理由。

时间型"日落条款"的设置是为了避免外人可能无法观察或验证的企业家商业理念而带来的风险,笔者认为应当设置为强制性规则。此外,作为强制性"日落条款"的例外,可以效仿新加坡作出的规定,即可通过同股同权方式表决豁免上述超级投票权失效事宜,投票时相关的超级投票权股东、拟受让超级投票权股的股东,以及这两类股东的关联方不得投票,但其他超级投票权股东仍可参与投票。以日落为原则以同股同权豁免为例外,这样既避免了差异化表决权永续存在而导致的风险,又避免了违背股东意愿强制日落带来的公司成本的增加。

(4)对"公司控制权发生变更"的评述。我国香港特别行政区和新加坡都未规定这一条,我国内地加入这一条的目的在于防止现金流权益与控制权的过度背离。公

---

① See Bernard S. Sharfman, "The Undesirability of Mandatory Time-Based Sunsets in Dual Class Share Structures: A Reply to Bebchuk and Kastiel", 93 *S. Cal. L. Rev. Postscript* 1 (2019).

司控制权变更的主要表现为敌意收购,但不排除其他可能情形,至于对公司控制权变更的具体细则还需将日出台。在超级投票权股东的持股低于一定比例,或者要约收购者收购的普通投票权股份达到一定比例时,将导致差异化表决权结构的终结,这也称为持股比例"日落条款",在日本其被称为突破条款(Breakthrough Provision)。持股比例"日落条款"的优势在于:首先,当敌意收购价格优于当前股价时,中小投资者有最大化自身利益的选择权。尤其是当差异化表决权公司经营状况很差,股价持续下跌,敌意收购者很有可能由于即使收购了股份也无法取得公司控制权而放弃收购,最终导致中小股东手中的股票无法脱手,被迫承受亏损。其次,超级投票权股东手中控制权的集中,可以迫使公司收购方与其谈判,从而将全部股东的利益最大化。在敌意收购过程中,控制权分散的股东会面临集体行动难题,而在差异化表决权公司由于控制权的集中、内部信息的通畅,可以尽量避免被低价强制收购的风险。持股比例"日落条款"的劣势在于:首先,公司收购容易导致经营层的变动,从而影响公司的长期发展战略。尤其对初期的创新公司来说,其资金需求大,抗风险能力弱,公司的核心创新点很容易因敌意收购而流失、公司的长期经营战略因敌意收购而破坏。其次,可能导致机构投资者由于无法影响公司决策,从而寻求与敌意收购者的合作机会,增加了公司面临收购的风险。笔者支持持股比例"日落条款",原因如下:

第一,持股比例"日落条款"不会影响差异化表决权结构的核心功能。差异化表决权设置的核心功能在于防止因融资需求带来控制权的稀释。虽然差异化表决权设置的初衷主要是为了应对敌意收购,但是该资本结构发展至今,多数公司都是为了特别加强对公司的控制权,实质上并非为了抵御可能存在的收购威胁。比如,LinkedIn、Facebook 都设置了其他足以抵御敌意收购的条款或机制,如分期分级董事会制度,其在此情况下却仍然了采取差异化表决权结构安排。因此加入持股比例"日落条款",并不会影响差异化表决权结构的核心功能,一般也不会影响该公司对敌意收购的防御功能。

第二,原差异化表决权结构赖以存在控制权基础会因股份被大量收购而消失。超级投票权股东控制权源于普通股东向其让渡的投票权与自身股份所对应的投票权。普通股东向其让渡投票权是基于对创始人企业家才能的信任,让渡自身投票权以保证超级投票权股东对公司的经营管理权。当公司股份被收购至一定比例,自愿让渡的基础消失,而且还会导致极少股份就能控制公司的局面,导致风险承担和控制之间的过度失衡,此时应当撤销差异化表决权结构。

第三，持股比例“日落条款”优于将敌意收购纳入一股一权特定表决事项。将敌意收购纳入一股一权特定表决事项见于2004年欧盟的公司收购指令，其中规定当某一公司在收购过程取得了目标公司75%股份后，“一股一票”的投票规则应重新适用。持股比例“日落条款”见于日本东京交易所《关于上市审查等的指引》中，即其中规定的突破条款(breakthrough provision)：当取得公司已发行股份数的一定比例的人出现时，应当撤销该差异化表决架构。笔者认为，持股比例“日落条款”的设定要优于将敌意收购纳入“一股一权”特定表决事项。理由如下：股份的统一有利于公平对待超级投票权股东与普通股东。如果仅仅是恢复一股一权表决通过敌意收购事项，由于股东投票权的差异，敌意收购者会对两种股票进行区别对待。而超级投票权股东控制权的溢价源于普通股东对自己投票权的让渡。当敌意收购时，投票权应当回归普通股东手中，撤销差异化表决权结构，以同等的价格收购公司股票。此外，同等价格收购股票有利于促进超级投票权股东与收购方积极谈判，争取最优成交价格，最大化股东利益。

2. 公司治理(见表4)

表4　我国内地、我国香港特别行政区、新加坡公司治理

项目	我国内地	我国香港特别行政区	新加坡
持股主体	需为具有重大贡献董事或董事持股主体	需为具有重大贡献董事(必须为个人)	需为具有重大贡献董事或董事团体
持股及表决权比例上限	1. 持股比例最少10%； 2. 表决权比例最高90%	1. 持股比例最少10%，最多不超过50%； 2. 表决权比例最高90%	1. 持股比例最少10%； 2. 表决权比例最高90%
特定事项恢复“一股一权”表决	1. 章程修改； 2. 类别股相关权利变动； 3. 聘请或解聘独立董事、聘请与解聘出具定期报告审计意见的会计师事务所； 4. 公司合并分立及变更公司形式、清算	1. 章程修改； 2. 类别股相关权利变动； 3. 聘请或解聘独立董事、聘请与解聘出具定期报告审计意见的会计师事务所； 4. 公司合并分立及变更公司形式、清算	1. 修改章程等公司基础性文件； 2. 改变任何组别股票的权利； 3. 任免独立董事； 4. 任免审计人员； 5. 反向收购； 6. 主动解散上市公司； 7. 主动退市

续表

项目	我国内地	我国香港特别行政区	新加坡
监督	1. 监事会定期报告出具专项意见; 2. 保荐人、发行人律师发表意见	1. 设立由大多数独立董事组成的公司治理委员会,且半年发布一次公司治理报告(该公司治理委员会需由以独立董事为主席,多数成员为独立董事的提名委员会提名); 2. 设立常规合规顾问	审计委员会、提名委员会和薪酬委员会的大多数委员和主席须为独立董事

(1)持股主体范围是否需要限缩?我国香港特别行政区关于持股主体的规定最为严格,需为具有重大贡献的董事个人。我国香港特别行政区将持股主体限于董事个人的目的在于防止股东控制权与经营权进一步的分离而带来的公司治理难题。新加坡允许具有重大贡献的董事个人和董事团体同时存在,目的是解决多名创始人希望共同控制公司的发展方向,但是无法让太多人同时担任董事的情况。科创板规定了两类持股主体:董事个人和董事的实际控股主体。这样的安排默认了"金字塔"持股结构与差异化表决权结构叠加使用的合法性。"金字塔"持股结构和差异化表决权结构的叠加使用,会导致现金流权益和控制权的分离程度极度扩大,创始人利用极少的资金就可以控制大量资本。如图1所示,假设A是创始人,B公司和C公司的注册资本为100万元,G公司(差异化表决权结构)的注册资本为510万元,A通过"金字塔"持股结构控制C公司成为G公司的超级投票权股东。那么,实际控制人A只需要出资51万元,就控制了外部投资者E和D的资金98万元(49万元+49万元),并刚好达到差异化表决权公司最少持股比例的限制,进而控制G公司普通股东的资金459万元。总而言之,创始人只需出资51万元,就能控制557万元的资金,实现了10.92倍的扩大。而现金流权益和控制权的进一步分离会导致代理成本的进一步加剧,扩大控制股东对公司利益的侵占行为。我国科创板的现行规定将面临两个风险:一是"金字塔"持股结构与差异化表决权安排叠加,将进一步加大超级投票权股东与普通股东在经济利益上的分歧,加大公司治理难度;二是变相鼓励隐名股东的安排。[①]笔者认为,应当将持股主体限于董事个人,以防止表决权股东与普通股东之间的冲突进一步激化。

① 参见朱慈蕴、[日]神作裕之、谢段磊:《差异化表决制度的引入与控制权约束机制的创新——以中日差异化表决权实践为视角》,载《清华法学》2019年第2期。

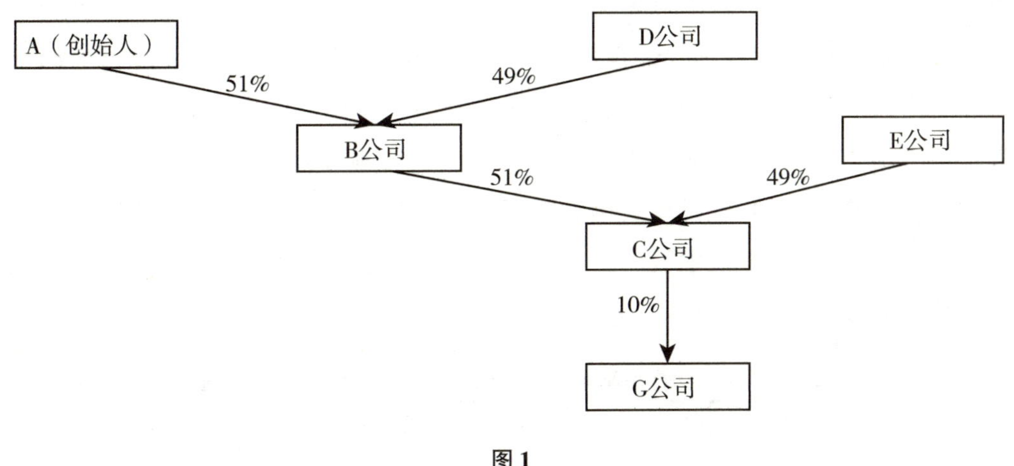

图 1

(2)监督机制是否过于薄弱？新加坡通过要求审计委员会、提名委员会和薪酬委员会大多数委员的独立席位来避免超级投票权股东的控制，但是差异化表决权结构设立的初衷就在于实现超级投票权股东的控制，委员会的独立性是否不受超级投票权股东的干涉仍然存疑。中国香港特别行政区为实现监督职能设立企业管治委员会，并赋予企业管治委员会以下职能：监察权（制定与监督企业管治政策、监察董事高管的专业发展、监察遵循企业管治守则之情况、监察公司是否违反上市规则有关差异化表决权结构安排之规定、监察本公司运营管理是否符合全体股东的利益）、建议权（建议委任或任免公司合规顾问、就不同投票权受益人存在的潜在利益冲突提出建议、就公司不同投票权架构所有风险如关联交易提出建议）以及定期报告。中国香港特别行政区还规定，差异化表决权结构公司需设立企业合规顾问，任何差异化表决权的事宜均需向其咨询。虽然企业管治委员会也面临职能不明确、信息不对称、独立性不够的问题，但企业管治委员会制度框架的设立十分可取。

科创板上市规则中规定了由监事会定期报告出具专项意见，意在把差异化表决权结构公司特殊治理的职责交给监事会。笔者认为，这一监督机制不足以起到保障作用。第一，监事会不独立的地位很有可能让这一设置沦为空壳。根据我国《公司法》的规定，监事会的成员包括股东代表和适当比例的公司职工代表。科创板上市规则并未对差异化表决权结构公司的监事会组成作出其他安排，股东代表并未明确是超级投票权股东抑或普通股东。若为超级投票权股东，监事会完全处于控制股东的控制之下，无法起到应有的监督作用。第二，监事会组成若为普通股东和公司职工代表，将会面临信息不对称的局面。超级投票权股东可以通过控制经营层有选择地向监事会披露信息,而监事会成员也没有向公司经营层的信息索取权,重大决策和关联交易中的核心信息无法得到充分披露,那么期待无差异化表决权结构公司经营管理经验和缺乏关于法律、财务等行使监督职权必要的知识技能的监事会成员,实现有效监督是不现实的。第三,与我国香港特别行政区的企业管治委员会制度和合规顾问制度相比,科创板设立的监督规则相对单薄,在上市公司普遍要求设立独立董事的背景下,是否引入独立董事占多数的企业管治委员会制度十分值得考虑。

(二)外部治理(见表5)

表5 我国内地、我国香港特别行政区、新加坡公司外部治理

项目	我国内地	我国香港特别行政区	新加坡
强制信息披露	1.年报披露实施及比例的变化情况,投资者权益保护情况; 2.表决权的重大变化或者调整	1.股票名称结尾需标记"W"以示区分; 2.持续信息披露时需表明双层股权结构的身份; 3.披露文件中详述该架构、依据与风险	1.持续信息披露时需表明双层股权结构的身份; 2.披露文件中详述该架构、依据与风险
司法救济	无集团诉讼	无集团诉讼	无集团诉讼

1.强制信息披露制度是否过于宽松?

我国内地、我国香港特别行政区、新加坡强制信息披露的要求基本相同,都要求对差异化表决权结构进行特殊信息披露,但我国香港特别行政区与新加坡的要求要更高一些,要求对差异化表决权结构进行详细表述,并对采用这一结构的依据与风险进行披露,我国香港特别行政区还要求对差异化表决权股票进行特殊标记,即在结尾添加"W"以示区分。笔者认为,对中小投资者保护之根本就在于信息披露,应当加强对差异化表决权结构公司的信息披露制度。目前,针对科创板差异化表决权结构公司的信息披露呈现以下特点。

第一,特殊信息披露要求较低。对差异化表决权结构的介绍,采用该结构的必要性,以及公司内部保护投资者的安全性机制都需要加以说明,以提供投资者充分的信息来助其决定是否要对具有差异化表决权的公司进行投资以及决定投资之后何时退出。必要性说明包括对采用差异化表决权结构合理性和正当性的说明,安全性说明包括管理团队的可信度和预防侵害的保障机制。[①] 管理团队的可信度可从创始人对公司管理运营的态度、规划和既往表现进行说明,预防侵害的保障机制可以从公司内

① 参见陈若英:《论差异化表决权结构的公司实践及制度配套》,载《证券市场导报》2014年第3期。

部制度安排进行说明。比如,在必要性说明中,许多公司只是列举出为抵御公司收购、为实施公司长期策略等每个公司都可套用的原因,确无具体的分析说明。以LinkedIn为例,在已经具备分期分级董事会的情况下,控制股东可以凭借10票对1票的投票权利轻易做到反收购,为何还要采取差异化表决权结构安排上市,仅凭为抵御公司收购的理由是站不住脚的。公司还需要对采取差异化表决权结构安排的必要性进行进一步说明。

第二,科创板上市公司信息披露规则主要以行业信息披露、经营信息披露等为主,差异化表决权结构独有的风险并未进行披露。科创板对行业的限制导致强化了公司对行业发展趋势、核心竞争力分析、研发费用占比、研发成果风前景等风险的关注度,而忽视了科技创新企业在同时具备科技创新属性和差异化表决权结构带来的双重风险。所以不仅应要求公司针对差异化表决权结构存在的抽象风险进行披露,还要对具体公司面临具体重大决策时超级投票权股东与普通股东之间存在的重大利益冲突进行强制披露,以保护中小投资者的利益。

第三,应当强化对关联交易的披露。目前,在《上海证券交易所股票上市规则》中,对关联交易的披露规则与主板、中小板、创业板的规则基本相同,只对关联交易的数额和披露主体进行了特殊规定。在该上市规则中,关联交易披露主体增加了保荐机构,与关联法人发生的成交金额变为占上市公司最近一期经审计总资产或市值0.1%以上,且超过300万元。[①] 但差异化表决权由于所有权与控制权的分离,导致超级投票权股东在持有极少股份的情况下就能掌握公司绝大多数的控制权。公司经营成果带来的经济效益由全体股东共享,超级投票权股东除因为掌握公司控制权带来的个人满足、名誉、高薪等外,并未获得其他的经济收入。这时,如果超级投票权股东通过关联交易谋取私利,盗取公司财产,由于超级投票权股东所占股份很少,故当公司财产受损时,按照股份比例,超级投票权股东并不会遭受很大的损失。所以当超级投票权股东觉得自己的付出与经济收入不成比例时,超级投票权股东就将倾向于通过关联交易增加自身收益。因此,应当对所有超级投票权股东从公司获取的利益都进行充分披露,让投资者自行判断是否受到了不公正待遇。[②] 此外,还可以引入美国"吹哨人计划",以高额奖励金作为回报,弥补监管漏洞和"盲区",同时应对举报人进

① 《上海证券交易所股票上市规则》第10.2.4条规定,上市公司与关联法人发生的交易金额在300万元以上,且占公司最近一期经审计资产绝对值0.5%以上的关联交易(上市公司提供担保除外),应当及时披露。

② See Joel Seligman, "Equal Protection in Shareholder Voting Rights: The One Common Share One Vote Controversy", 54 *George Washington Law Review* 687, pp. 719 – 720 (1986).

行保护,防止其受到被举报对象的报复。

2. 司法救济是否足以保障中小股东的权益?

我国内地、我国香港特别行政区、新加坡都没有引进美国的集团诉讼制度,普通股东在面对处于支配地位的超级投票权股东时就显得格外吃力。在我国香港特别行政区由股东发起针对上市公司的诉讼主要分成不公平侵害的救济制度(unfair prejudice remedy)和法定衍生诉讼(statutory derivative action),通过这两种制度,中小股东得以对控制股东的滥权和不当行为向法院提起诉讼,但是有争论表示该条款存在一系列缺陷并且不能为中小股东提供充足保护,起到纠正公司错误或弥补股东损失的作用,如在针对公司不当行为提起的诉讼中,需结合根据不公平损害索赔发生的环境进行综合司法考查。[①] 中国内地股东诉讼的方式有两种:一是直接诉讼;二是股东代表诉讼。同样,这两种制度难以对中小股东提供充分的保护。股东代表诉讼难以克服"集体行动难题",诉讼成功收益全体股东共享,其他股东便得到了"搭便车"的收益,而原告股东却要独自花费时间,在缺乏美国风险代理制度的情况下,便极易形成股东理性冷漠的局面。在我国投服中心如何通过支持诉讼方式在证券市场开拓为投资者维权的新渠道,完善民事赔偿诉讼方式,将是破解"集体行动难题"的一剂"良方"。[②]

另外,司法机关关于控股股东诚信义务的审查,也是保护中小投资者的重要一环。由于超级投票权股东董事身份和控股股东身份的双重性,导致其可以在规避身为董事应履行的诚信义务的条件下,利用股东身份达成目的。譬如,面对某一项对公司有利,却可能对超级投票权股东不利的商业机会,超级投票权股东可以在董事会决议时赞同公司利用这个机会,可是一旦该董事会决议需要得到股东大会表决,这些股东又可以反过来投反对票,超级投票权股东的这两次不同的投票既不违反其作为董事的义务,又符合其行使股东权利的规则。[③] 2019 年 6 月 21 日,最高人民法院发布的《关于为设立科创板并试点注册制改革提供司法保障的若干意见》(以下简称《解释》)第 10 条提出了禁止特别表决权股东滥用权利的司法政策,在案件审理中,要准

---

① 参见黄臻:《差异化表决权结构有效运作的条件——基于美国与香港的实证研究》,载《上海金融》2015 年第 6 期。

② 参见罗荟:《投服中心民事赔偿诉讼方式研究》,载郭文英、徐明主编:《投资者》(第 3 辑),法律出版社 2018 年版,第 101 页。

③ 参见比较公司治理公众微信号:《创造条件也要上:清澄君看港、新两地的同股不同权》,载搜狐网:http://www.sohu.com/a/287093383_667897,最后访问日期:2020 年 2 月 25 日。

确界定特别表决权股东权利边界,坚持“控制与责任相一致”原则,在“同股不同权”的同时,做到“同股不同责”。《解释》恰好击中痛点,说明我们急缺一套具体的控股股东对于中小股东诚信义务的审理依据和审查标准。

关于差异化表决权公司控股股东诚信义务下的公平性审查,中国香港特别行政区、新加坡鲜有案例,而美国法院已有两起典型案例。在“In re Delphi Financial Group”案件中,Delphi 公司采取了差异化表决权结构上市,并规定超级投票权对限制投票权的比率为 10∶1,而在 Tokio Marine Holding(TMH)对 Delphi 的收购中,Delphi 的创始人以“删除公司章程中关于收购中 A 类股和 B 类股同等对待”为批准收购的条件与 TMH 谈判,为自己赢得了高于 A 类股的收购价格。特拉华州大法官法院选择了支持中小股东,并指出差异化表决权公司的控股股东违反了对其他股东的诚信义务。[①] 在“Levco Alternative Fund 诉 Read's Digest Association(RDA)”一案中,具有差异化表决权结构的 RDA 公司为实现股份统一,拟以新发行的、具有同等表决权的股份回购之前发行的 A 类股和 B 类股。然而在章程中明确载明 A 股与 B 股在分配与清算以及其他情形下均具有同等权利的情况下,仍然实行了 B 股以 1.24∶1 的比例转换为“一股一票”的股份,而 A 股只能以 1∶1 的比例进行转换的方案。A 股股东向法院诉请禁令救济,特拉华州最高法院认可了原告的主张,认为:在董事会被控制股东控制的情形下,董事无法证明这项利益冲突的交易是完全公平的;而由独立董事构成的专门委员会在代表 A 股股东进行谈判时,也没有恰当平衡两类股份股东的利益,无论从程序(独立委员会没有征求财务顾问的意见等)还是最终价格的公平性上都存在缺陷。[②] 因此,美国最高法院认为这项交易存在有违公平的问题。美国法院加强对控股股东诚信义务的审查,不仅对差异化表决权结构下的控股股东与董事产生了有力的约束,而且对中小投资者来说更是重要的救济措施。

而我国虽然在《上市公司治理准则》第 19 条有规定,控股股东对上市公司及其他股东负有诚信义务,控股股东对其所控股的上市公司应严格依法行使出资人的权利,控股股东不得利用资产重组等方式损害上市公司和其他股东的合法权益,不得利用其特殊地位谋取额外的利益。但是该准则法律位阶低,适用主体有限,难以满足公司治理的需要。[③] 而忠实义务本身不提供任何可适用的条款,需要在个案中由事实确

---

① In re Delphi Financial Group Shareholder Litigation, C. A. No. 7144VCG(Del. Ch. Mar. 6, 2012).

② In re Delphi Financial Group Shareholder Litigation (Del. Ch. Mar. 6, 2012).

③ 参见徐晓松、徐东:《我国公司法中信义义务的制度缺陷》,载《天津师范大学学报》(社会科学版)2015 年第 1 期。

定,我国法院审查能力的不足导致了司法机关在面对控股股东责任认定时对“实质判断标准”把握不住。这不仅导致了我国更加依赖事前监管,而且会由于对控股股东威慑力的缺乏导致更多的滥权现象,从而伤害中小股东的利益。是否需要引入普通公司法下不断扩张的控股股东诚信义务,也成了必须正视的问题。

四、结　论

法学界以及经济学界对“股权集中”与“股权分散”何者才是更有效的所有权结构以及公司治理结构这一问题争论许久,但应当正视的是,市场这双“看不见的手”会对各种治理结构作出反应以及评价,任何治理结构的出现都是具体特定公司的内生性选择。简单的事前禁止与限制规则是我国为保护中小投资者的进行的初期选择。但从长远来看,只有通过司法救济的强化以及资本市场成熟度的提高,才能真正保护到中小投资者的切身利益,并且实现公司治理结构的最优选择。

I 理论探究

INVESTOR

我国证券法实施后时代下的投资者赔偿基金制度构想

傅　穹*

摘　要：高度分散的众多中小投资者结构是我国资本市场的主要特征，寻求符合本土特色的多元化中小投资者救济制度创新，成为完善证券监管与提升营商环境的重任所在。新修订的证券法新设投资者保护专章，凸显投资者保护的重要性，然而证券欺诈罚没款上缴国库的规定，导致投资者民事赔偿优先的期待悬空。既有的证券投资者保护基金局限于证券公司风险防范的功能限缩，先行赔付机制局限于专项基金的个案补偿，证券行政执法和解仍处于尝试摸索之中。因此，搭建投资者赔偿基金与保护基金并存的多元化投资者救济体系渐成共识。投资者赔偿基金的公益性投资者赔偿功能，决定投服中心作为管理单位。投资者赔偿基金的资金来源，建议将证券欺诈行政罚没款与刑事罚金暂缓入库，与诉讼追偿款、行政和解金、上市公司初始上市与再融资的风险金、交易经手费等一并纳入其中。投资者赔偿基金的赔付机制，可以探索以个人投资者为赔付对象，将虚假陈述、内幕交易及操纵市场三类违法行为作为规制重点，确定适当的赔偿条件、赔偿限额、赔偿程序等规则。

关键词：投资者赔偿基金　投服中心　中小投资者保护

投资者保护作为证券监管的终极指标，是衡量一国证券法律制度发展水平的标尺。从法金融学原理来看，对投资者的保护力度越大，该国（或地区）的金融市场越繁

---

* 吉林大学法学院教授、博士研究生导师。

本文系中证中小投资者服务中心2019年研究课题“投资者赔偿基金制度研究”的成果之一，感谢吉林大学法学院杨金慧、吴克与李雪同学辛苦地收集资料、整理文献与参与项目。

荣。[①] 资本市场的投资者结构差异,直接影响一国的投资者保护体系建构。我国资本市场的特质在于中小投资者众多且高度分散,而中小投资者具有信息不对称、专业经验不足、难以形成聚集合力与缺乏长期投资理念的天生弱势,导致中小投资者往往成为资本市场的最终"被洗劫者"与常态受损者。目前,我国证券投资者通过合同救济与侵权救济的司法手段,无论从诉讼成本还是获得救济比率来看,往往难以便捷地解决公众化交易条件下产生的虚假陈述、内幕交易、操纵市场等证券欺诈救济赔偿问题。我国最高人民法院于2002年12月出台了《关于审理证券市场因虚假陈述引发的民事赔偿案件的若干规定》,然而针对内幕交易、操纵市场等不当行为的民事赔偿案件,司法仍呈现高度谨慎的受理姿态。2005年中国证监会、财政部和中国人民银行联合发布了《证券投资者保护基金管理办法》,其规定了中国证券投资者保护基金有限责任公司(以下简称保护基金公司)是我国唯一的赔付机构。从2013年至2017年,保护基金公司先后担任了"万福生科、海联讯、欣泰电气"3家上市公司虚假陈述的先期赔付专项基金的管理人,进行了对证券投资者保护机制的有益探索。

然而,证券投资者保护基金的功能仅局限于防范与处置证券公司风险,适用于证券公司关闭与破产的特殊情形,而单一的赔付机构和赔付基金难以适应复杂的千变万化的证券市场。党的十八大以来,习近平总书记多次强调"要尽快形成融资功能完备、基础制度扎实、市场监管有效、投资者合法权益得到充分保护的股票市场"。[②] 国务院办公厅《关于进一步加强资本市场中小投资者合法权益保护工作的意见》明确提出,"健全中小投资者赔偿机制,研究扩大证券投资者保护基金和期货投资者保障基金使用范围和来源"。[③] 中国证监会副主席阎庆民于2019年5月15日表示,要下大力气建设投资者保护大格局,研究建立投资者专项赔偿基金。[④] 此外,我国学者早已倡议,应建构投资者赔偿基金与保护基金并行的事后补偿救济机制。[⑤]

2019年12月28日第十三届全国人民代表大会常务委员会第十五次会议通过,2020年3月1日即将实施的证券法,作为保护交易投资者的基本大法在注册制改革、

---

① See Rafael La Porta, Florencio Lopez-De-Silanes, Andrei Shleifer and Robert W. Vishny, "Legal Determinants of External Finance", *The Journal of Finance*, Vol. 52, No. 3 (Jul., 1997), pp. 1131 – 1150.

② 祝惠春等人:《资本市场:愈发成熟与自信》,载中华人民共和国中央人民政府网:http://www.gov.cn/xinwen/2017 – 10/10/content_5230577.htm,最后访问日期:2019年7月20日。

③ 段丙华:《先行赔付证券投资者的法律逻辑及其制度实现》,载《证券市场导报》2017年第8期。

④ 参见阎庆民:《推动建立符合中国市场实际的集体诉讼制度》,载第一财经网:https://www.yicai.com/brief/100190642.html,最后访问日期:2019年10月7日。

⑤ 参见叶林:《证券投资者保护基金制度的完善》,载《广东社会科学》2009年第1期。

提高违法违规成本与保护投资者方面凸显制度创新,不仅新增投资者保护专章,明文规定先行支付机制,引入代表人诉讼制度,颇值称道。美中不足的是,《证券法》第222条规定“依照本法收缴的罚款和没收的违法所得,全部上缴国库”,这一规定将《证券法》第94条证券投资欺诈民事赔偿优先保护的落实再次成为隐忧,如何完善投资者赔偿保护基金制度成为证券法实施后时代下的重大现实课题。

基于此,本文聚焦投资者赔偿基金这一制度创新。第一部分,分析这一制度的内涵所在与功能价值,从理论层面分析投资者赔偿基金的理论基础;第二部分,经由比较域外国家与地区关于投资者赔偿基金的先行经验与制度得失,勾勒出相关制度的框架与设计;第三部分,梳理投资者赔偿基金的组织管理模式,论证分析投服中心作为投资者赔偿基金管理机构的优势与承载功能;第四部分及第五部分,分别探索投资者赔偿制度资金来源、赔偿基金运营模式与赔付程序,突破证券欺诈行政罚没款优先归入国库的既有制度“瓶颈”,创新性扩大赔偿基金的资金来源,规范赔偿基金的赔付程序与模式,最终形成赔偿基金与保护基金并行的多元化投资者保护体系,提升我国资本市场的营商环境竞争力与司法救济等软实力水平,促进证券市场公平正义。

一、投资者赔偿基金制度的基本原理

(一)投资者赔偿基金的正当性基础

何谓投资者赔偿基金?无论从学理还是实践层面来看,并无统一的清晰界定。在我国资本市场的证券欺诈赔偿的探索过程中,根据不同的语境,形成了不同的术语表达。例如,在平安证券和万福生科的虚假陈述案中,将用于赔付投资者损失的基金称为“投资者利益补偿专项基金”。将保护基金公司作为执行主体,设立财政专户,以内幕交易或操纵市场行为作为规制对象的基金,称为“中国式公平基金”。将效仿投资者保护基金运作模式,以弥补投资者损失的基金称为“投资者权益保障基金”。所谓投资者赔偿基金,即以赔偿个人投资者为首要目标,依据人民法院的生效判决或违法行为责任人作出的赔偿承诺,在投资者无法及时获得赔偿时,进行限额内的兜底赔偿。在虚假陈述、内幕交易、操纵市场等证券欺诈行为中,投资者诉讼成本高昂、追诉机制繁复且获赔率极低。

证券市场是一个客观存在的非对称信息市场,投资者试图通过与公司订立契约,但其期以发挥市场、经济与竞争作用的传统契约手段具有很强的局限性,法律调控模式才应是我国未来改革的发展方向。[①] 在金融市场繁荣与证券市场规模扩大的同时也伴随着诸多问题,例如,虚假陈述、内幕交易和操纵市场等违法行为的频发。尽管2019年《证券法》对此作了重大修改,但法院仍对内幕交易、操纵市场等违法行为引起的民事赔偿案件持谨慎态度。内幕交易的隐蔽性高、违法成本低,导致涉案人数和金额逐年上升。虚假陈述违背了信息披露的真实性原则,信息不对称将诱发道德风险,导致金融市场上出现"劣币驱逐良币"的逆向选择。[②] 操纵市场行为类型多样,其复杂性使操纵市场民事责任的落实存在诸多理论难点与实践障碍,投资者受偿往往止步于因果关系认定环节。[③] 我国的民事赔偿诉讼模式不足以保护投资者权益,需要丰富和完善私权救济渠道及方式。

学者指出,"任何个人或企业通常都需要为其不当行为所造成的损害承担相应责任,在责任承担的背后几乎总会涉及补偿与震慑两种法律价值的复杂融合问题"。[④] 证券民事赔偿责任优先,是私权优先在证券市场的具体体现,是实现证券法宗旨的重要机制。民事责任赔偿优先原则的落实,有助于增强投资者信心,提升投资者权益保护的法律获得感。虽然在法律层面,1997年修订的《刑法》早已确立了民事赔偿责任优先规则,随后多部法律也重申了该规定。然而,截至2018年,中国证监会罚没金总额达人民币106.41亿元,但行政罚没款先行必须全部上缴国库的既定安排,导致证券民事责任优先原则成为纸面上的空文,在实践中难以落实。投资者赔偿基金作为一种非诉讼式的权利救济机制,就在于解决上述证券欺诈民事责任无法落实的投资者救济问题,使投资者在法院判决后能够无迟延地获取应得赔偿金,同时,通过投资者赔偿基金的公益性管理机构推动这一赔偿机制的有序化公平运行,实现公力救济与私力救济的结合。

(二)投资者赔偿基金的功能定位

投资者是证券市场的参与者,是证券市场不可或缺的主体。依法保护投资者合法权益是各国关注的焦点。完善多种风险基金并存的投资者权益保护救济机制,已

---

① 参见叶林:《〈证券市场投资者保护条例〉立法研究》,2018年3月中证中小投资者服务中心课题研究报告,第5~12页。

② 参见郭锋:《证券市场虚假陈述及其民事赔偿责任——兼评最高法院关于虚假陈述民事赔偿的司法解释》,载《法学家》2003年第2期。

③ 参见阎维博:《操纵市场民事责任因果关系认定:类型化分析与利益衡量》,载郭文英主编:《投资者》(第5辑),法律出版社2019年版,第109页。

④ 窦鹏娟:《论证券行政和解的正当性及其制度功能》,载郭锋主编:《证券法律评论》(2015年卷),中国法制出版社2015年版,第242页。

经成为一种共识。投资者赔偿基金,同我国既有的证券交易所风险基金、证券结算风险基金、证券投资者保护基金一起共同构成风险基金体系,辅之以连带赔偿责任人的先行赔付制度规则,可从不同侧面保护投资者的合法权益。证券交易所风险基金,是为了保证证券交易活动正常运行,弥补证券交易所出现重大风险事故造成的经济损失的专项基金,以证券交易所收取的交易经手费、席位年费、会员费、新股申购冻结资金利差账面余额以及对违规会员的罚款、罚息收入作为基金来源。证券结算风险基金,是指用于垫付或者弥补因违约交收、技术故障、操作失误、不可抗力造成的证券登记结算机构损失的专项基金。证券投资者保护基金,是以众多证券公司为共同委托人,以基金公司为受托人,以合格投资者为受益人设立的他益信托。

投资者赔偿基金,在我国的实践中仅以专项基金的形式存在,尚未在规范层面上建立起一般性的规则,而且表现为特定案件中先行赔付投资者损失的特殊机制。笔者认为,未来投资者赔偿基金的功能定位,不能局限于一次性或临时性的个案补偿,而是基于先行赔付制度的成功运用以及证券行政执法和解制度的确立,由受托人进行基金筹集管理的常设基金。投资者赔偿基金作为与投资者保护基金性质迥异的基金,两者在设立目的、基金来源、基金使用等方面存在明显差别。从目的和功能上来看,投资者保护基金旨在防范和处置证券公司风险,以收购投资者对证券公司债权的方式,偿付投资者的损失;投资者赔偿基金则是在投资者无法及时获得全面赔偿时,对其进行限额内的兜底赔偿,以尽可能弥补个人投资者的损失。从基本理念和性质上来看,投资者保护基金是由法定来源的资金构成的信托财产,在制度设计上体现出保险制度的理念;而投资者赔偿基金以赔偿受害投资者为首要目标,资金来源中的行政和解金与民法上不当返还的理念相似,而罚款则与民法上的侵权损害赔偿理念相对应。从资金来源上来看,投资者保护基金将政府财政或者中央银行出资作为启动金,其存续依赖会员长期缴纳的会费、基金投资收益及各种交易税和手续费;[①]投资者赔偿基金是上市公司风险金与违法主体支付的各类赔偿款的集合,以上市公司初始上市与再融资的风险金作为固定来源,以行政罚没款、刑事罚金、诉讼追偿款、行政和解金、交易经手费作为补充来源。从运行机制上来看,投资者保护基金在证券公司因关闭、破产或被证券监管机构托管等情况出现时,对投资者进行赔付,在债权人获得赔偿后,由管理机构取得受偿权,参与后续的破产清算;投资者赔偿基金是在投资者

① 参见叶林、王琦:《证券投资者保护基金的法律性质——兼论“赔偿基金制度”》,载郭文英、徐明主编:《投资者》(第1辑),法律出版社2018年版,第31页;2005年《证券投资者保护基金管理办法》(2016年修订)第14条。

因虚假陈述、关联交易、操纵市场等违法违规行为遭受经济损失时,依据人民法院的生效判决或违法主体作出的赔偿承诺,由中证中小投资者服务中心(以下简称投服中心)进行先行赔偿,投服中心赔偿后取得代位求偿权。

二、投资者赔偿基金制度的比较观察

在我国证券民事诉讼执行难,民事赔偿责任优先原则落不到实处,投资者救济补偿机制不足的背景下,应综合考虑公共执法能力、资本市场发育程度、实体法规定与专业人士水准等证券法制度移植的综合考量因素,从执法理念、制度功用和机制协调等方面利用后发性立法优势,探索构建我国投资者赔偿基金制度的新模式。

(一)投资者赔偿基金的域外经验

美国公平基金(Federal Account for Investor Restitution Fund),英文直译为"美国联邦投资者赔偿基金",因其缩写为"Fair fund",所以又被称为"公平基金"。该基金制度的运行逻辑是,美国证券交易委员会(the U. S. Securities and Exchange Commission,SEC)通过没收违法所得及违法行为人所支付的民事罚金而起到保护投资者的作用。美国公平基金对行政罚款的处理技术,即究竟先上交财政部或优先抚慰受害者的立法态度与既定经验,对诸多国家乃至未来我国投资者赔偿基金的来源安排,均富有实质性影响与启迪作用。随着 SEC 执法权力的扩张和投资者保护理念的发展,公平基金的基金来源和赔偿范围在逐步扩大。1990 年《证券执法救济和小额股票改革法》规定 SEC 可在行政处理程序中直接对违法行为人处以民事罚款,惩戒监管对象,但民事罚款需上缴财政部,不可进行分配。2002 年美国的《萨班斯—奥克斯利法案》第 308 节明文规定,经法院审查,由证监会制定"投资者公平基金"的分配计划,以"抚慰受害者",专案式的公平基金制度正式确立。2010 年美国国会出台了《多德—弗兰克法案》,规定无论违法行为人是否被追缴违法所得,证监会均可将处罚所得的民事罚款、行政和解金全部分配给受损投资者,但在基金数额过小且受损投资者众多的情况下,出于成本与效率的考量,该笔罚没金将上缴至财政部。值得注意的是,作为全美持续时间最长、规模最大的补偿措施,公平基金仍存在投资者补偿率低、赔偿责任循环、证监会权力缺少有效制约等问题。[①]

① 有关美国公平基金的介绍,详见郭雳:《证券执法中的公共补偿——美国公平基金制度的探析与借鉴》,载《清华法学》2018 年第 6 期。

英国的证券投资者保护制度的成熟经验,被日本与我国台湾地区效仿。2001年英国成立金融服务补偿计划有限公司,建立起统一的金融投资者保护制度,当金融服务公司破产或证券公司因错误决策损害投资者利益时,该机构按照存款、投资和保险的不同赔付额度,给予个人投资者和小型企业限额内的赔付。1997年亚洲金融危机爆发,日本由于泡沫经济造成了大量的不良债务,整个金融体系已处于奔溃边缘,为缓和国内矛盾,日本国会借鉴英国经验制定了《金融再生法相关法案》和《金融商品贩卖法》。但随后爆发的"活力门事件",使日本政府认识到加强金融市场监管的紧迫性,并于2006年通过《金融商品交易法》,对投资人保护基金进行专章规定,要求管理机构在1000万日元的限额内对个人和非专业投资者的法人进行赔付。我国台湾地区参考英国《金融服务及市场法》和新加坡的金融业纷争调解中心制度,于2012年通过"金融消费者保护法"对保护基金的设立、基金来源和运用等作出详尽规定。但自我国台湾地区"财团法人证券投资人与期货交易人保护中心"成立以来,未发生一起保护基金偿付案件,其功能效果如何尚未可知。

(二)我国投资者先行赔付与行政和解机制的有益探索

我国资本市场中的先行赔付,是一项值得总结的投资者赔偿机制的本土成功尝试。从2013年至今,共有"万福生科、海联讯、欣泰电气"3家上市公司设立过专项的先行赔付基金,人们对于先行赔付机制的功效褒贬不一。肯定说认为,先行赔付是在虚假陈述民事赔偿案件中,在行政处罚和司法裁判作出前,当事人通过平等协商就赔偿事宜达成一致,由其中的1名连带责任人先行垫资,再由垫资人向其他责任人追偿的一种纠纷解决措施。这种模式能够使投资者及时维权,快速实现证券市场的安定,避免不良信息的扩散;还能够提高证券业界的经营能力和信誉水平,维持良好的证券行业形象。① 但在质疑说看来,先行赔付机制虽具有权益救济的快捷性,但面临行政滥权的法理质疑,②新修订《证券法》第94条规定"发行人因欺诈发行、虚假陈述或者其他重大违法行为给投资者造成损失的,发行人的控股股东、实际控制人、相关的证券公司可以委托投资者保护机构,就赔偿事宜与受到损失的投资者达成协议,予以先行赔付。先行赔付后,可以依法向发行人以及其他连带责任人追偿"。可以说,先行赔付机制是一项证券欺诈赔偿的创新机制,是一种在投资者赔偿基金尚未建立之前的个案解决方式,并非终局性解决投资者赔偿的系统性制度安排,仅有先行赔付机制

① 参见陈洁:《证券市场先期赔付制度的引入及适用》,载《法律适用》2015年第8期。

② 参见段丙华:《先行赔付证券投资者的法律逻辑及其制度实现》,载《证券市场导报》2017年第8期。

并不能取代投资者赔偿基金的制度功能。

我国资本市场中的证券行政和解机制,已经从法规文本的制度宣示,向首例的制度实践迈出了第一步。2013 年国务院颁布了《关于进一步加强资本市场中小投资者合法权益保护工作的意见》,首次提出"探索建立证券期货领域行政和解制度"。2015 年,中国证监会公布了《行政和解试点实施办法》及《行政和解金管理暂行办法》,详细规定了由保护基金公司负责行政和解金的管理使用、赔偿范围和补偿方案等内容。2019 年 4 月 23 日,中国证监会公布了"行政和解第一案"。中国证监会 2019 年 11 号公告称:2013 年 10 月 8 日至 2015 年 7 月 3 日,高盛亚洲自营交易员通过在高华证券开立的高盛经纪业务账户进行交易,同时向高华证券自营交易员提供业务指导。同时,双方于 2015 年 5 月至 7 月的 4 个交易日的部分交易时段,从事了其他相关股票及股指期货合约交易。中国证监会于 2016 年 7 月对其上述行为进行立案调查,最终达成行政和解协议:(1)申请人缴纳行政和解金共计人民币 1.5 亿元;(2)申请人加强公司内控管理,并在完成后向中国证监会提交书面整改报告;(3)中国证监会终止有关调查与审理程序。然而,在该案中并没有任何受损的投资者,上述行政和解金只能静悄悄地存在账户之中无法发挥赔偿投资者的功效。

在美国,上市公司、董事高管都会购买保险以分散并转移商业活动中的风险,进而保障公司及投资者的合法权益。我国资本市场的相关投资者保护的责任保险,也正在探索之中。在我国,针对企业商品交易所产生的风险、上市公司退市所造成的风险、企业并购中的交易风险、股票质押中的流动性风险、董事履职不当行为风险,出现了商业信用保险、上市公司退市险、企业并购险、专项保险资产管理产品以及从英美法系移植的董事责任保险。但是上述保险产品在实践中并未发挥效用,仅以董事责任保险为例,近 10 年来我国保险公司尚未支付过一笔赔付款。或许,保险公司因风险太大都不敢"试水",若试图将保险制度作为保护投资者的最后防线,必然要回答投保人是谁,保费如何筹集,数额如何确定以及保险金与理赔金的杠杆是多少等一系列的问题,种种难题将阻碍保险风险防范功能的实现。

三、投资者赔偿基金的组织管理机构选择

投资者赔偿基金的组织管理模式选择问题,往往取决于一国(或地区)资本市场的成熟程度、法律背景与投资者保护组织体系的建构程度。从国际趋势来看,除了传

统意义上的监管机关,近年来出现了公益性、专业化、独立性的投资者保护组织作为投资者的引领者与守护者。公益性投资者保护组织的蓬勃发展,不仅表明股东积极主义的觉醒,而且意味着各国和地区在构建多元化争端解决机制的组织层面的新尝试。

(一)组织管理模式的选择

投资者赔偿基金的组织形态,大体可分为两种模式,即独立模式和附属模式。独立模式,是指成立独立的投资者赔偿公司,负责投资者赔偿基金的日常运作,美国、英国、爱尔兰、德国采用了此种模式。附属模式,是由证券交易所或证券商协会等自律性组织发起成立赔偿基金,并负责基金的日常运作,加拿大、澳大利亚、我国香港特别行政区与我国台湾地区等市场采用了此种模式。对那些金融市场历史悠久、存在多个证券交易所的国家和地区来说,采取独立公司模式能够更好地覆盖全国(地区)的证券投资者,为投资者提供“一站式”的赔偿服务。对那些证券市场集中在一个证券交易所或者存在一个统一的自律监管组织的国家和地区,将投资者赔偿计划附属于证券交易所或者其他自律监管组织,操作更为方便,能够以较小的成本实现为所有投资者提供保护的目标。[①]

公益性的独立的投资者保护组织之所以获得各国和地区的共识,核心优势在于公益性,即其是在官方组织的统筹之下,且是以维护投资者利益为宗旨的。这些保护组织可能是纯粹的民间组织,也可能是具有市场参与者色彩的组织,还可能是官方色彩浓厚的组织;它们有的是按照一般社团或财团法人的规则设立,有的则是按照特别法的规定设立。[②] 我国在投资者保护的组织建设的顶层设计层面,成立专司中小投资者合法权益保护的公益性机构,即投服中心,形成了以中国证监会投保局、中国证券投资者保护基金公司和投服中心为“一体两翼”的专门负责投资者保护的工作体系。投资者保护局主要负责统筹规划、组织指导等,推动完善投资者保护的体制机制建设;保护基金公司主要负责投资者保护基金的筹集、管理和使用,在证券公司被撤销、关闭、破产或被证监会采取强制性监管措施时,按规定对债权人予以偿付;投服务中心主要负责持股行权、为中小投资者自主维权提供法律等服务,代表中小投资者向政府机构、监管部门反映诉求以及受中小投资者委托进行居中调解。由此可见,我国大陆投资者赔偿基金应采用附属模式,明晰不同机构之间的权责,防止机构之间相互推

---

① 参见傅浩:《证券投资者赔偿制度国际比较研究》,载《证券市场导报》2002 年第 1 期。

② 参见王艳梅:《企业信用信息传递机制构建中政府与市场的法律功能定位》,载《当代法学》2019 年第 5 期。

诿,提高工作效率。

(二)投服中心作为投资者赔偿基金管理组织的优势所在

我国投资者赔偿基金管理组织的未来设计,究竟配置给哪一组织机构更能发挥其功能呢?思路之一,配置给中国证监会。我国证监会在投资者保护方面,不仅不断推出规范上市公司的规章与行政指引,而且扮演着提供多元化的"准司法"机关的角色,但是,随着科创板与注册制改革的权利转移的试点,已经身兼数职的证监会难以专注解决投资者赔偿基金的公益性工作。思路之二,配置给投资者保护基金。参照我国先行赔付的实践,委托保护基金公司来执行基金管理与分配事项。然而,投资者赔偿基金制度和投资者保护基金制度在设立目的与功能、基金来源、运行机理层面均性质迥异,将投资者赔偿基金并入保护基金,不仅弱化了保护基金的解决证券公司风险的功能,而且难以实现公益性投资赔偿基金的初衷,无论从组织优势与功能互补角度来观察,均不宜将投资者赔偿基金并入投资者保护基金的既有模式之中。投资者赔偿基金与投资者保护基金两者并行不悖,共同构成投资者救济组织机制,这一互补模式更能发挥多元化投资者保护体系的构建,两者分而管之,更有助于权责的明晰,防止基金的滥用。

笔者认为,投资者赔偿基金的未来组织管理,在我国投资者保护机构的"一体两翼"模式下,配置给公益性功能定位的投服中心最妥当,投服中心作为投资者赔偿基金的管理机构,具有如下优势。

其一,投服中心作为政府主导下保护投资者的公益性组织者,有利于发挥投资者赔偿基金的维权功能。我国学者认识到,当下投服中心持股行使面临两个突出问题,即投服中心的自身特殊功能与制度优势并未得以发挥,以及投服中心市场化的维权特色无法得以体现。[①] 投服中心具有提供公共服务的天然优势,投资者赔偿基金的管理者必须能够提供公益性、效益性与目的正当性的维权功能。因此,从先行赔付、行政和解以及各项基金成功运行的实践来看,由指定的公益机构担任赔偿基金管理人,充分运用市场化方式对投资者遭受的损失进行补偿,已获得了投资者和证券市场的认可。[②] 投服中心作为投资者赔偿事务的管理人,应负责赔偿基金的管理、运行与赔付等工作,处理投资者提出的索赔请求,确定申请人是否有权获得赔偿基金的赔付,

---

① 参见陈洁:《投服中心公益股东权的配置及制度建构——以"持股行权"为研究框架》,载郭文英、徐明主编:《投资者》(第 1 辑),法律出版社 2018 年版,第 77 ~ 94 页。

② 参见黄子波、王旭:《证券市场投资者保护新机制探索》,载《证券市场导报》2015 年第 3 期。

从赔偿基金中拨款并取得代为求偿权,以及处理赔偿基金所有相关的行政工作。

其二,投服中心被《证券法(征求意见稿)》赋予了"积极股东"权能,有利于成为中小股东利益的守护者,最佳地实现投资者赔偿基金的赔付功能。2019年4月公开征求意见的《证券法(草案)》三次审议稿新增了"投资者保护"专章,在法律层面界定了投服中心作为"积极股东"的新权能,通过豁免持股比例和期限限制、征集提案权与表决权等方式,能够便捷、低成本地提起派生诉讼,并通过征集提案权和表决权等方式实质性地影响上市公司决策。投服中心作为中小股东的代表者和权利维护者,既不行使行政监管或自律监管的职责,也不代表监管机构的立场,更不是为了维护自身的利益。投服中心具有事前持股行权、事中纠纷调解和事后支持诉讼的投资者保护机制创新,是实现投资者赔偿基金的赔付功能最有利的法律武器。

其三,投服中心作为我国投资者保护的理论与实践探索者,已经积累了丰富且卓有成效的投资者保护经验,有利于投资者赔偿基金的支持诉讼与赔偿初衷得以实现。投服中心自成立以来,不断摸索,致力于打通解决权益受损救济"最后一公里"的创新模式。例如,投服中心公开征集"上海绿新包装材料科技股份有限公司虚假陈述案"中受损的中小投资者,代理首批75名中小投资者,向上海市第二中级人民法院起诉上海绿新及其实际控制人王某,这是我国资本市场首次通过公开征集方式形成的证券支持诉讼案件;全国首例"证券支持诉讼'匹凸匹'案",投服中心支持14名投资者全部胜诉;"康达信材案"全部胜诉;公开征集"鞍重股份赔偿案"和"ST大控赔偿案";首次以股东身份起诉海利生物等。截至2019年4月底,投服中心共持有3603家上市公司股票,累计持股行权4919次(场),登记纠纷案件9145件,调解成功4639件,投资者和解获赔金额人民币10.21亿元;提起支持诉讼案件17件,股东诉讼1件,诉求总金额近1亿元。因此,学者评价到,投服中心能够弥补执法质量不足,有望成为投资者保护领域的法案倡导者和纠纷解决者。①

其四,投服中心作为投资者保护执法机构之间的协调者,可以有效协调其与其他执法资源之间的关系,从而效率化地实现投资者赔偿基金的有效运转。投服中心隶属中国证监会管理,能与其他执法机构协同发展,高效协调不同组织机构间的关系,弥补现有执法机制的不足,避免执法资源的浪费。有目共睹的是,投服中心自成立以来,积极拓展与其他业务机构之间的联系,现已与多地法院、证监局、律师协会签署合

---

① 参见邓峰:《论投服中心的定位、职能与前景》,载郭文英、徐明主编:《投资者》(第2辑),法律出版社2018年版,第107页。

作备忘录,已成为国内证券期货纠纷调解的主渠道,能有效地促进赔偿基金制度与仲裁、调解等其他纠纷解决机制之间衔接贯通。因此,投服中心作为投资者赔偿基金的管理者,是探索我国投资者保护的"新理念、新体系、新制度、新方式、新平台"的主体之一,也是构建多层次资本市场体系下证券监管与营商环境制度创新的重要力量。

四、投资者赔偿基金的资金来源创新

投资者赔偿资金的资金来源,各国和地区筹集方式各异,但往往采纳会员自行承担、权利义务相互匹配、充足与适度以及灵活的备用融资等共同性原则。投资者赔偿资金的来源问题,不仅是确保基金设立与运行的财产基石要件,还体现了证券欺诈者承担义务与投资者享有权利之间的风险公平分配机制。从域外视野来观察,投资者赔偿基金的筹集方式源自会员缴纳的会费、所筹集资金的投资收入、欺诈者的违法所得与行政罚金、官方拨款等。其中,向证券欺诈行为人追缴的违法所得、民事罚款以及行政和解金,成为赔偿基金资金池的主要来源。例如,美国公平基金由SEC监管基金和法庭监管基金两部分构成,其中,SEC监管基金由58.2%的不当获利返还款和41.8%的民事罚款构成,法庭监管基金由33.2%不当获利返还款和66.8%民事罚款构成。[①] 澳大利亚的投资者赔偿计划资金来自6家交易所合并组成的国家担保基金。我国香港特别行政区的投资者赔偿基金按照交易所买卖投资产品成交额的0.002%征费。根据我国台湾地区颁布的"台湾证券投资人及其期货交易人保护法"的规定,证券人保护基金由证券交易所和几家协会共同出资设立,各会员缴纳的交易费、经手费、基金孳息和各项捐赠财产是其主要的资金来源。

我国现有的投资者保护体系存在局限性,难以为上市公司的良性发展保驾护航。在行政罚没款上缴国库的立法安排下,民事责任优先原则已成为证券法中的"睡美人条款",加之部分法院以各种理由推脱立案的情况仍旧存在,审理过程拖沓,执行的阻力重重,在缺少程序性保障的情况下,索偿无门时有发生。基于先行赔付机制现行规定较为笼统,行政和解金缺少受害人,与作为"将军头盔"董事责任保险制度"水土不服"的现状,学界形成以下几种观点:第一,建立行政罚款、刑事罚金暂缓入库规则,辅之以财政回拨制度作为配套措施;第二,由国务院批准设立证券公平基金财政专户,

① 参见郭雳:《证券执法中的公共补偿——美国公平基金制度的探析与借鉴》,载《清华法学》2018年第6期。

将行政罚没款的收入作为补偿投资者的专用资金，不再适用一律上缴国库的要求；[①]第三，执行法院有权根据胜诉投资人的请求，要求证券监管者将已没收的罚款支付给执行法院，再由执行法院将这些罚款交给胜诉投资人；[②]第四，建立追缴分配制度，在内幕交易和操纵市场案件中，证监会追缴的违法所得直接分配给受损投资者。[③] 关于我国投资者赔偿基金的资金来源，笔者建议，可以考虑将证券欺诈行政罚没款、刑事罚金与行政和解金一并纳入追索，同时考虑收取一定比例的会员交易费、上市公司初始上市与再融资的风险金作为我国赔偿基金的资金来源。

投资者赔偿基金来源之一，即行政罚没款与刑事罚金。自 2015 年起，证监会的执法力度大幅加强，监管理念的转变使行政罚没款数额从 2015 年的 54 亿元增长至 2018 年的 106.41 亿元。[④] 然而高额的罚没款未由受损投资者享有，相反，因为实行"收支两条线"，证监会没收的违法所得和判处的罚款全部上缴国库，投资者无法通过民事诉讼获得赔偿。[⑤] 证券违法行为之所以处以行政罚没款与刑事罚金，其功能具有双重性：不仅在于维护基于市场秩序的考量，即给予违法者相应的惩治与规劝其他市场主体的守信，更应用于填补受害投资者遭受的相应财产损失。在行政和刑事处罚后提出民事赔偿诉讼，再依据胜诉判决寻求行政机关的协助以获得赔偿，这一程序耗时久、风险大。既然《证券法》第 222 条规定将证券欺诈罚没款一律上缴国库，可以从国库将一定比例的上述罚没款纳入赔偿基金，便能够妥善处理民事赔偿金、行政罚没款和刑事罚金的衔接问题。

投资者赔偿资金来源之二，即行政和解金。在美国，由证监会作为和解主体和资金管理使用的主体，且公平基金的资金很大程度上就源于证监会从证券违法行为人处取得的和解金。然而，我国国情有所不同，仅有的对高盛证券 1.5 亿元人民币行政和解金的行政处罚，直接目的不是赔偿投资者，而是使公司免于行政处罚记录，以防后续在中国市场的发展受限。关于行政和解金如何赔付投资者，成为一个现实难题。

---

① 参见李明发：《论民事赔偿责任优先原则的适用——我国〈侵权责任法〉第 4 条第 2 款规定之解读》，载《南京大学学报》（哲学·人文科学·社会科学）2015 年第 2 期；李建华、麻锐：《论财产性民事责任优先承担规则》，载《社会科学战线》2011 年第 8 期。

② 参见刘俊海：《论证券市场法律责任的立法和司法协调》，载《现代法学》2003 年第 1 期。

③ 参见彭冰：《建立补偿投资者的证券行政责任机制 针对内幕交易和操纵市场行为》，载《中外法学》2004 年第 5 期。

④ 参见《2018 年证监会行政处罚情况综述》，载中国证监会网站：http://www.csrc.gov.cn/pub/newsite/zjhxwfb/xwdd/201901/t20190104_349383.html，最后访问日期：2019 年 9 月 10 日。

⑤ 参见洪艳蓉：《证券执法的制度价值及其实现——来自美国的经验借鉴》，载《北大法律评论》编辑委员会：《北大法律评论》（第 17 卷），北京大学出版社 2016 年版，第 146 页。

肯定说主张,在司法实践中,民事赔偿诉讼的因果关系证明和损失计算较复杂,可以通过行政和解制度绕开民事赔偿的诸多不便,不探讨行为人违法与否,而直接将物质性惩罚返还给权益遭受侵害的投资者。① 而质疑说认为,行政和解的制度风险在于证券执法过程中的行政权力"寻租",如何防止行政机关与相对人进行利益交换应该是未来规制的重点。② 笔者认为,行政没收款部分的性质与民法中不当得利的理念相似,行政罚款和刑事罚金部分的性质与民法中侵权损害赔偿的理念相似,证券行政和解制度则将民事自愿平等的私法理念引入证券执法实践中,通过证券监管机关与被监管者协商达成和解协议,以互利的结局完美收官。行政和解的一方主体为证监会,而行政和解金的管理和使用主体则应是投服中心。因此,将行政和解金纳入赔偿基金能够一举两得,既有利于落实民事责任优先原则,又能够防止公权力的滥用。

投资者赔偿资金来源之三,将会员费、交易经手费作为固定来源。目前,我国已有的风险基金均是由有法定来源的资金构成信托财产,是特定机构负责管理的财产集合,属于特殊目的财产。证券交易所风险基金、证券结算风险基金和证券投资者保护基金均有较稳定的现金流,与存款保险制度相类似,具有行业互保的性质。受3起先行赔付案件的影响,有学者认为赔偿基金是一种个案基金、临时基金,③但这并不是最终的投资者赔偿基金模型。笔者考虑补偿率过低,将影响投资者赔偿的最终效果,不建议完全采用美国公平基金临时性、一次性筹集资金的方式;而要将会员费及交易经手费涵盖其中。

投资者赔偿资金来源之四,基于公平合理以及权利义务相匹配的原则,将上市公司IPO和再融资的风险金作为固定来源。目前的投保基金主要由券商缴纳,只在券商关闭、破产或被证券监管机构托管等情况出现时才对投资者进行赔付。考虑基金池的稳定性、投服中心的常设性以及补偿率的适当性,解决新三板、科创板上市融资及上市公司进行再融资过程中的证券欺诈投资者保护问题,笔者认为,应由可能实施证券侵权行为的所有主体(包括主板、中小板、新三板和科创版的上市公司、律师事务所、会计师事务所等)按照一定比例缴纳风险金,由基金向符合条件的投资者给予适

① 参见窦鹏娟:《论证券行政和解的正当性及其制度功能》,载郭锋主编:《证券法律评论》(2015年卷),中国法制出版社2015年版,第240页。

② 参见罗慧明:《证券行政和解中投资者行使参与权与知情权的困境与出路——程序性规范的研究视角》,载黄红元、徐明主编:《证券法苑》(第15卷),法律出版社2015年版,第169页。

③ 参见叶林、王琦:《证券投资者保护基金的法律性质——兼论"赔偿基金制度"》,载郭文英、徐明主编:《投资者》(第1辑),法律出版社2018年版,第34页。

当偿付。鉴于差异化股权结构可能加大投资风险,可适当提高差异化表决公司 IPO 和再融资的风险金缴纳比率。当投资者赔偿基金拥有稳定的资金来源而形成固定资产时,便可以通过利息收入和投资收益实现基金的良性运行。

五、投资者赔偿基金的运行机制设计

法律制度的构建并不单纯地取决于经济理性,还受到政治力量、社会习惯、民族传统等其他因素的多重影响。① 投资者赔偿基金制度的构建是一个复杂的法律问题,不仅仅包括基金的基本原理、组织管理、基金来源等问题,还包括运行机制的设计、配套制度的衔接、诉讼制度的完善等程序性问题。但毫无疑问,投资者赔偿基金制度的良性运转离不开对运行机制的设计,即对于赔偿程序、赔偿条件、赔偿范围及赔偿限额的规定,能使我们对赔偿基金赔付制度的完善更进一步。

从赔偿程序来观察,鉴于各国和地区投资者赔偿基金的管理机构不同,其赔偿程序和时效期限必然有所差异。例如,加拿大投资者保护基金(Canadian Investor Protection Fund,CIPF)要求必须在破产之日起 180 天内向管理机构提交索赔证明以及支持索赔的所有文件和信息。我国香港特别行政区要求必须在违责事件申索通知发出的 3 个月内提交申索材料,如未刊登申索通知,则需在首度察觉该违责事项之后的 6 个月内提出申索,超期将不予受理。结合各国和地区的具体索赔期限来看,时效短则十几天,长则几年。笔者认为,我国内地应结合目前《民事诉讼法》关于时效的具体规定,在充分考虑受害投资者地域差异的情况下,给予管理机构一定的自由裁量权。

从赔偿条件来观察,各国和地区均将以下 3 个原则作为衡量标尺:一是投资者已经完成证券的交易和交割;二是中介机构经营失败;三是只对一些具有特殊身份的会员机构的投资者(或账户)进行赔偿,且通常适用于在违法主体无力赔偿投资者的情况。笔者认为,我国应充分考虑侵权持续的时间、受影响的证券种类、遭受侵权损害的投资者人数、证券市场本身存在的波动等因素,在证券侵权行为的责任主体无法赔偿或无法全部赔偿时,向符合条件的投资者给予额度限制内的偿付。在违法主体有条件赔偿时,为了减少耗时耗力的民事诉讼给投资者救济带来的风险,也可从赔偿基

① 参见邢会强:《内幕交易惩罚性赔偿制度的构造原理与现实选择》,载《中国社会科学》2018 年第 4 期。

金中预先支付,由投资者让渡求偿权,再由投服依法向发行人及其他连带责任人追偿(代位求偿权),避免"集体行动的困境"。

从赔偿范围来观察,加拿大魁北克省《金融产品发行与服务法》确立了一种专门针对登记中介组织欺诈、欺骗策略、挪用行为的受害者进行赔偿的金融服务赔偿基金。法国作为欧洲首个引入内幕交易法定监管的国家,在信息披露、内幕交易管制及市场操纵规制等方面,基本与欧盟的相关指令步调一致。1998年德国颁布《存款保护和投资者赔偿法案》,加上原有的各类银行设立的存款保护计划,共同构成了存款者保护体系;并在此基础上建立了存款投资者赔偿体系,将赔偿范围扩展至金融服务机构和存款信用机构等投资服务领域。① 美国公平基金最初仅适用于内幕交易,后逐步扩张至虚假陈述等领域。我国香港特别行政区的投资者赔偿基金由原交所赔偿基金和商品交易所赔偿基金合并而成,其涵盖的赔偿范围较为宽泛。结合各国和地区赔偿基金的发展历史分析,基金的赔付范围会随着时间的推移和市场需求的变化而进行适时的调整,起初会在几个方面试点,当基金来源平稳、运作效果良好时,再结合市场的需求进行扩大。在我国内地,虽有学者提议应先建立内幕交易公平基金,试点后再决定是否扩展至其他领域。但根据2018年的统计数据,证监会共作出行政处罚决定310件,其中信息披露违法、内幕交易和操纵市场等3类违规案件占比58%,属于证券违法行为中的"高压线"。笔者认为,仅以内幕交易作为试点可能导致基金的功能无法充分发挥,而范围过大可能导致基金的实践效果不理想,建议参考最高人民法院《关于为设立科创板并试点注册制改革提供司法保障的若干意见》的规定,②将虚假陈述、内幕交易、操纵市场等违法行为涵盖在内。

从赔偿限额来观察,大多数国家和地区都会规定赔偿限额,其金额根据各国和地区的实际情况而定。本国和地区经济与金融市场发展水平、"道德风险"的保护与防范、投资者的平均投资金额、金融市场效率的保证、赔偿计划的低成本性、赔偿基金的负担能力以及历史上的赔偿记录均是限额确定的考量因素。例如,有采取"单项限制"的我国香港特别行政区、塞浦路斯、加拿大和德国。我国香港证监会计划将每名投资者的赔偿上限从15万港元,提升至50万港元;③塞浦路斯的投资者赔偿基金将

---

① 参见张育军:《投资者保护法律制度研究》,人民法院出版社2006年版,第494~496页。

② 参见最高人民法院《关于为设立科创板并试点注册制改革提供司法保障的若干意见》第16条。

③ 参见王坤、王泽森:《香港证券投资者赔偿基金制度改革评析》,载《证券市场导报》2005年第9期。

20,000 欧元作为赔偿上限;[①]加拿大的投资者保护基金将 100 万美元作为赔付上限;德国的存款保护和投资者赔偿计划将 20,000 欧元作为赔付上限。[②] 还有采取“双重限制”的我国台湾地区,规定每个投资人的上限标准为 120 万新台币,每家证券商或期货商的全体投资人或交易人赔付上限为 12 亿新台币。在证券市场中,投资者享有自主选择权,可以理性判断决定投资的具体流向。根据风险自担的原则,全额赔付和不限制赔偿上限的做法只会在危机到来或极端事件发生时掏空整个基金池,削弱赔偿基金的稳定性。有学者认为,按照统一比例进行赔偿能够大幅提高管理机构的运行效率,省去繁复的甄别程序,避免投资者信心不足带来更深刻的市场动荡。[③] 笔者对此持赞同意见,在设置赔偿额度上限时,应由证监会确定统一适用的标准,投服中心经过调查后再进行个案认定。

从赔偿对象来观察,理论界存在几种观点。一种观点认为,应指代内幕交易人等证券市场上的直接交易对手,其需与欺诈行为有高度的关联性;另一种观点认为,应适当扩宽其赔偿范围,“同时交易者”是否会“受骗”具有偶发性,但何为“同时交易者”各国和地区立法中均未界定。[④] 我国证券业协会发布的《证券公司投资者适当性制度指引》第 10 条已将投资者分为专业投资者和非专业投资者,个人投资者作为我国证券市场最广泛、最活跃,也是最盲目的投资群体,主要指从事证券投资的社会公众个人。机构投资者指用自有资金或者从分散的公众手里筹集的资金专门进行有价证券投资活动的法人机构。机构投资者因为持股数量多、合作成本低,作为专业投资的完全理性人,具有投资市场的风险意识及抗风险能力。因此,赔偿对象应仅为个人投资者,而不包括机构投资者。

六、结　　语

《证券法》实施后时代下的投资者保护问题,因注册制改革的引入越发凸显其重要性,这一问题不仅关乎我国营商环境提升与资本市场的竞争力问题,而且关乎我国

① 参见《塞浦路斯证券交易委员会(CySEC)》,载 FX110 网:https://jieshao.fx110.com/authority/details/5,最后访问日期:2019 年 9 月 10 日。

② 参见黎四奇:《对我国证券投资者保护基金制度之检讨与反思》,载《现代法学》2008 年第 1 期。

③ 参见叶林:《证券投资者保护基金制度的完善》,载《广东社会科学》2009 年第 1 期。

④ 参见彭冰:《建立补偿投资者的证券行政责任机制　针对内幕交易和操纵市场行为》,载《中外法学》2004 年第 5 期。

构建多层次资本市场成败的基石即投资者信心问题。面对证券投资者保护的制度构建,我们既要充分借鉴域外经验,更要立足于我国资本市场证券投资者结构与投资者保护的现状,积极探索投资者保护的“新理念、新体系、新制度、新方式、新平台”。[①]构建中国特色的投资者赔偿基金制度,将有利于打击资本市场的违法违规行为,丰富和完善私权救济渠道及方式,完善我国投资者权益保护的多元救济机制;将推动我国证券法律制度改革,丰富证券投资者赔偿的追诉机制,完善我国投资者保护理论;将有利于落实证券投资者民事责任赔偿优先原则的推动,增强投资者信心及投资者权益保护的法律获得感;将有利于明确投服中心与保护基金公司之间的功能定位,共同发挥公益性维权组织的角色对接与职能发挥。

我国所要构建的投资者赔偿基金,在制度安排方面,不仅不会与先行赔付与行政和解发生冲突,而且先行赔付与行政和解将作为投资者赔偿基金赔付方式与资金来源的重要途径;投资者赔偿基金与现有的投资者保护基金具有相似性质,但在赔付范围上具有明显差异。在资金来源方面,应当将行政罚没款和刑事罚金纳入基金资金来源,改变直接进入国库的局面。除此之外,还应当收取一定的会员费、经手交易费及风险金作为固定的基金来源。在组织管理方面,将投资者赔偿基金的组织管理机构设定为投服中心更为妥当。在运行机制方面,赔偿对象仅为个人投资者,而不包括机构投资者;赔偿条件原则上限制于违法主体无力赔偿投资者的情形;赔偿范围应限制于虚假陈述、内幕交易及操纵市场三方面的违法行为;赔偿工具包括股票、债券、基金等基础性金融工具,也包括期权、期货等金融衍生工具;对赔偿限额和程序的认定,应当由有关部门确定一个统一的标准,再由管理机构经过调查后进行个案认定。当证券投资者赔偿基金先行赔付时,中小投资者有优先受偿权。

---

① 阎庆民:《以新理念引领新发展,投资者保护工作迈上新台阶——阎庆民副主席在首届“中小投资者服务论坛”开幕式上的讲话》,载中国证监会网站:http://www.csrc.gov.cn/pub/newsite/zjhxwfb/xwdd/201809/t20180927_344702.html,最后访问日期:2019年7月19日。

证券私人诉讼机制的现实问题与实践因应

鲍彩慧*

摘　要：证券私人诉讼机制的重要意义已成共识。当前投资者诉讼维权的自为意识消极且诉讼激励失效，证券私人诉讼中的司法目标存在局限，司法裁判方法反映出的低效问题也亟待解决。破解困局的实践因应需要追求私人诉讼机制的诸善权衡。为了激励投资者诉讼维权，投服中心主导的证券支持诉讼是证券私人诉讼机制的实践革新。厘定当前证券私人诉讼的目的是公正赔偿投资者，以此推进证券民事赔偿责任优先原则的落实。以诉讼效率作为证券私人诉讼司法的价值取向，并在此指导下进行以整体性估算方法为依托的司法裁判方法革新。

关键词：证券私人诉讼　证券支持诉讼　赔偿投资者　诉讼效率

当前我国关于证券法律制度的研究数量浩繁，人们已经达成了一个基本共识：在一个运作良好的证券市场法律制度中，监管公权力不可能也不必要垄断一切事务，私人主体在法律实施中可以且应当发挥一定作用，证券私人诉讼机制在整个证券法律实施机制中具有重要意义。对国内针对证券私人诉讼的研究作出概览，理论上主要围绕证券民事赔偿责任和证券民事赔偿诉讼机制两条主线展开。针对证券民事赔偿诉讼机制，学者们以是否需引进美国式证券集团诉讼以及如何借鉴集团诉讼的规则来改造我国的代表人诉讼制度为中心展开研究，①新近的研究也关注了德国式团体诉

---

* 华东政法大学经济法学院博士研究生，华东政法大学经济法律研究院研究人员。

① 参见范愉：《集团诉讼问题研究》，北京大学出版社2005年版，第98～99页；庄淑珍、董天夫：《我国代表人诉讼制度与美国集团诉讼制度的比较研究》，载《法商研究》1996年第2期；章武声：《论群体性纠纷的解决机制——美国集团诉讼的分析和借鉴》，载《中国法学》2007年第3期。

讼制度、[1]我国台湾地区式公益组织诉讼。[2] 而诉讼实践已经走在理论研究之前,非营利组织支持诉讼、示范判决等创新机制已然实现了"先行先试"。从总体来看,学者实际上更多地是进行具体制度细节的构想,拘于制度优化思维而缺少理论释疑;理论与实践间的互动失焦也应当引起注意。当前证券市场投资者通过诉讼来维护自身权益的实效仍然不足;针对司法实践,一个颇为基础的问题也被证券法律理论所忽视:在我们构想证券私人诉讼的新机制或革新路径之前,是否有中国式证券诉讼的诉讼目的、司法价值观一以贯穿?只有将目光落在问题上,从基础性、理念性问题出发,针对已经存在的、可以预见的关键问题,由问题引导新体系的建构并提出相应的解决方略,才能回应现实世界提出的问题。

一、我国证券私人诉讼机制中的现实问题

(一)投资者诉讼维权的激励失效

传统法学理论"有权利就必有救济"的结论隐含着对人的一个行为假定,即只要一个人的权利受侵犯,他必将寻求救济。证券私人诉讼机制作为民事诉讼在证券法律制度中的特殊一支,当以《民事诉讼法》和《证券法》作为制度基础。就《民事诉讼法》而言,证券投资者作为私人主体,当然地享有针对个体侵权行为单独提起民事诉讼的权利。依此,我们假设当证券市场违法行为使证券投资者的权利受到侵犯时,他们都会积极地走进法庭成为具名原告。但在我国的证券市场实践中,大多数受损害的投资者不会主动地提起诉讼抑或积极成为具名当事人。[3] 有学者统计,2001 年至 2014 年,中国证监会共作出了 517 份与证券违法行为有关的行政处罚决定书;[4]仅 2017 年证监会就作出行政处罚决定共计 224 件。[5] 而对于证券诉讼来说,针对数量

---

① 参见汤欣:《论证券集团诉讼的替代性机制:比较法角度的初步考察》,载张育军、徐明主编:《证券法苑》(第4卷),法律出版社 2011 年版,第 174~200 页;杨严炎:《示范诉讼的分析与借鉴》,载《法学》2007 年第 3 期。

② 参见薛永慧:《台湾证券团体诉讼制度:规范与借鉴》,载《台湾研究集刊》2016 年第 3 期;汤欣:《论证券集团诉讼的替代性机制:比较法角度的初步考察》,载张育军、徐明主编:《证券法苑》(第 4 卷),法律出版社 2011 年版,第 174~200 页;吴光明:《证券团体诉讼文化之探讨——美国与我国台湾地区比较法角度之观察》,载《交大法学》2014 年第 5 期。

③ 参见朱德堂:《集团诉讼制度的价值研究——兼评我国的代表人诉讼制度》,载《河北法学》2007 年第 2 期。

④ 参见邢会强:《证券欺诈规制的实证研究》,中国法制出版社 2016 年版,第 1~17 页。

⑤ 参见中国证监会:《2017 年证监会行政处罚情况综述》,载中国证监会网站:http://www.csrc.gov.cn/pub/newsite/zjhxwfb/xwdd/201712/t20171227_329694.html,最后访问日期:2018 年 1 月 12 日。

众多的证券市场违法行为,2002 年至 2012 年仅有 65 宗证券虚假陈述民事赔偿案件;[①]2012~2016 年涉证券虚假陈述民事诉讼的公司亦仅有 49 例。[②]

考察其间缘由,根源于证券私人诉讼的一般性原因,因为证券交易具有明显的"非面对面"和"非个体性"(impersonality)的特征,使证券侵权行为的受害投资者极为分散,因此与消费者维权诉讼、反垄断私人诉讼等近代团体诉讼一样,经济学界已经对此类群体诉讼之难作出了合理的解释——集体行动障碍的分析逻辑。集体行动困境虽普遍存在且无可避免,但美国式集团诉讼、德国式团体诉讼等群体性诉讼都旨在通过一个诉讼程序来保护众多受侵害人的权益,是集体行动困境的有效因应;包括我国《民事诉讼法》预留的人数不确定的代表人诉讼机制,其现实地源于我国解决群体性纠纷和司法机关处理共同诉讼的实际需求,本身也是参考美国集团诉讼模式以及日本等国的相关制度、结合中国的社会需求和制度条件所设计的。[③] 在个人诉讼畅通、群体诉讼制度已建立的基础上,投资者提起诉讼的动力仍然如此不足,这种问题意识、解决方式与实际效果之间的距离,让我们应当进入第二层思考。聚焦中国证券市场环境与诉讼制度之现状,除因为证券私人诉讼本身的集体行动困境所致外,是否可能存在其他的因素现实地影响了投资者的自为实现?

从投资者一端来考察,我国股票市场散户账户数量上占比极大,[④]而散户在证券市场中的非理性决策是极为突出的特征之一。投资者在行情上涨时疯狂追逐进场买入、又在下跌时逃窜,"追涨杀跌"的表象背后是投资者浓厚的投机动机。基于非理性决策和投机动机的心理状态,对投资者来说,证券市场的损失反而成为一种常态,因此,即使针对由证券市场违法行为造成的损失,投资者可能更乐于找寻下一个"投资机会"而"自担风险",而非提起诉讼。这种自为诉讼的"散户惰性"和较低的维权意识,是影响投资者自为实现的个体性根源。同时,我国证券监管体制的失衡配置现实地影响了证券私人诉讼机制之价值实现。具体而言,我国证券监督管理部门实际上具集审批者、产品创新者、监管者、证券业主管部门、市场稳定者与市场发展推进者等

---

① 参见黄辉:《中国证券虚假陈述民事赔偿制度:实证分析与政策建议》,载黄红元、徐明主编:《证券法苑》(第9卷),法律出版社 2013 年版,第 967~995 页。

② 参见鲍彩慧:《证券虚假陈述民事赔偿因果关系的规则再述——基于 806 份判决书的实证分析》,载黄红元、卢文道主编:《证券法苑》(第 23 卷),法律出版社 2017 年版,第 439~463 页。

③ 参见范愉:《集团诉讼问题研究——一个比较法社会学的分析》,载《法制与社会发展》2006 年第 1 期。

④ 根据中国证券登记结算有限责任公司的数据,2016 年我国股票市场中个人投资者账户数量占比 99.71%,机构投资者账户数占比仅 0.29%,而且在个人投资者中上市 A 股流通市值在 10 万元以下的账户占比达到 76% 以上。参见蒋健蓉等:《中国证券投资者结构分析》,载《中国证券》2016 年第 6 期。

诸多角色于一身,还承担着促进市场发展、平抑股市、"救市托市"等特殊职责。这种特定市场行政监管者重新整合立法、行政和司法权配置的现象:[①]对内,使证监会的不同角色之间存在职能冲突,其因为不堪重负而有力不从心之虞;对外,证监会的"三合一"权力配置和实际运行,妨碍了证券交易所、证券业协会这些自律组织的功能发挥,更现实地挤压了私人诉讼机制的空间。[②]

(二)我国证券私人诉讼中司法目标的局限

与英美普通法国家着眼于解决原发性纠纷的"事实出发型司法制度"不同,我国法官的主观能动性较弱,在受理证券民事赔偿案件、具体审判环节中尚还有诸多关键问题未能解决,现实地存在着证券司法机制的局限。

证券侵权赔偿纠纷的复杂性和敏感性明显,法院在选择合理的救济方式时需要充分考虑各方的合理需求,有的法院在"维稳重于维权"的理念下存在有的案件久拖不决、审而不执、审判质量不高等现象。[③] 同时,在诉讼形式方面,我国《民事诉讼法》第54条、第55条分别规定了人数确定的代表人诉讼模式、人数不确定的代表人诉讼模式,可以说为证券私人诉讼机制预留了制度空间。有相当一部分学者也认为,改造、激活我国人数不确定的代表人诉讼制度,是我国证券私人诉讼的最合理选择。[④]但当前针对证券市场违法行为的民事赔偿诉讼,绝大多数投资者选择单独诉讼;若投资者以共同诉讼方式提起诉讼,法院也会选择采用"分别受理、合并审理、分别判决"的方法来处理。当然,这种共同诉讼的"分拆"现状,并不是证券诉讼中的个别现象,而是整个共同诉讼机制中普遍存在的问题,这与"便利众多当事人进行诉讼,便利人民法院审理这类案件"的"两便理念"有关。[⑤]

(三)我国证券私人诉讼的审判低效问题

在审判理念之外,审判技术问题也是掣肘法院审判证券民事赔偿诉讼案件的原因之一。针对证券群体诉讼的赔偿金计算,司法实践都采个别性估算方法(individual

---

① 参见[英]M. J. C. 维尔:《宪政与分权》,苏力译,生活·读书·新知三联书店出版社1997年版,第265~270页。

② 参见缪因知:《中国证券法律实施机制研究》,北京大学出版社2017年版,第67~71页。

③ 参见岳冰:《证券欺诈民事救济的困境与出路》,载《河南财经政法大学学报》2016年第1期。

④ 参见汤维建、陈巍:《缝隙策略:我国集团诉讼制度的移植路径探析》,载《政治与法律》2008年第1期;朱德堂:《集团诉讼制度的价值研究——兼评我国的代表人诉讼制度》,载《河北法学》2007年第2期;肖建华:《群体诉讼与我国代表人诉讼的比较研究》,载《比较法研究》1999年第2期;陈莹莹:《浅议我国代表人诉讼制度的完善》,载《吉林省教育学院学报》2013年第1期。

⑤ 参见刘磊:《关于我国代表人诉讼制度的经济学分析》,载《法商研究》2007年第1期;吴英姿:《代表人诉讼制度设计缺陷》,载《法学研究》2009年第2期。

damages assessment)，即由法院逐一确定每个投资者受偿的数额的“单分法”。最高人民法院《关于审理证券市场因虚假陈述引发的民事赔偿案件的若干规定》就明确规定采纳个别赔偿方法。在此就需要法院个别地进行证明、个别地确定赔偿，具体需要每个投资者都有独立的赔偿请求，并对自己遭受的额损害加以证明；法院则要以追求每一位投资者都得到确定、具体的赔偿金额为目标，并满足各投资者不同的求偿请求。虽然个别性估算方法实现了有差别地将胜诉利益在各成员之间进行准确分配，也能合理准确地划定赔偿范围，避免诉讼利益分配的溢出效应。但是这种方法更会在计算赔偿数额方面加重法院的案件管理负担和诉讼投资者的证明负担，极大地拖延审判效率。

以虚假陈述案件为例，法院往往需要审查复杂的财务会计报表的合法、合规性，计算投资者损失时也需要复杂的金融计算，这对审判人员提出了交叉学科知识的需求和挑战；而且个别估算方法必然要求投资者提交一些索赔的凭据，复杂的程序运作极可能延宕诉讼，间接挫伤投资者诉讼维权的信心。而且个别性估算方法破坏了证券群体诉讼的诉讼经济价值，因为这样只是在作一系列单独诉讼的加法运算，巨大而又重复的计算将胜诉利益分配变得浩繁且昂贵，①甚至因原告请求不同赔偿额而产生不同的结果也有失公正且妨害诉讼团体间的团结。② 从诉讼利益的分配维度来看，更加麻烦的是，在违法行为公司向受损投资者给付赔偿金后，可能并没有产生弥补损失的结果，反而在持有系争股份的股东和不持有系争股份的无辜股东之间，或者在继续持有系争证券的股东和自己之间形成一种简单的财产转移活动。③ 换言之，证券诉讼的结果可能会对原被告之外的第三人、甚至原告受损投资者自己造成影响。这还只是考虑民事诉讼的赔偿成本，考虑诉讼过程中被告公司支付的诉讼成本、律师服务费，以及因为旷日持久的诉讼所导致的公司业务萎缩或市场消极影响，股东持有的股票价值此时定会急剧缩水。可能在此过程中获得纯利益的是当事人律师、从判决中获得信息的学者、围观的媒体和公众，但受牵连的第三方主体范围和财产损失实则愈加扩张。

从总体来看，针对我国的证券私人诉讼机制中的三大困局，其中有普遍性的制度难题，也有肇生于资本市场、证券监管体制和司法裁判机制的本土化问题，需要我们

① 参见汤维建：《美国民事司法制度与民事诉讼程序》，中国法制出版社2000年版，第412~413页。

② 参见[日]谷口安平：《程序的正义与诉讼》，王亚新等译，中国政法大学出版社2002年版，第268页。

③ 参见李激汉：《证券民事赔偿诉讼方式的立法路径探讨》，载《法学》2018年第3期。

将相关机制衔接和融贯一致,构成一个在逻辑上自洽而完备的系统。而意欲选或组合符合中国大陆现实的证券私人诉讼机制,以破现实之困局,在一些关键问题上需要进行理念和价值的选择,以实现“诸善权衡”。①

二、激励投资者诉讼维权的诉讼机制革新

理论上针对证券市场公共执法的指摘,并不是为了否定公共执法或证券监管机制,而更多地是为了探寻其他制度的可能性空间。关于司法局限性的阐释,也是为在发现问题的基础上更好地解决问题。在这整个证券法律实施机制中,基本的主体安排与结构制衡,似乎就是围绕着“投资者—监管机构—司法机关”这三方主体展开的,但是,通过对证券市场的考察发现,在整个证券私人诉讼机制中,实践中发展的非营利组织(Non-Profit Organization),已经在协调三方主体之间的权力结构关系、助力公共执法机关和司法机关的职能方面发挥了积极效应,而且应当为其介入寻得合理地位。

(一)非营利组织:主导证券私人诉讼的主体选择

通常而言,非营利组织是一种独立于政府的组织机构,其能控制自己的活动,不为设立者积累利润,开展活动和管理事务是为了服务某些公共目的,具有显著的志愿参与性。非营利组织作为公共执法的必要补充,系在实践中建立和发展的。而正是这些具有创造性的实践,几乎一举揭开了法律的新篇章或者创建了新的法律制度。②在世界范围内考察,日本律师和学者集合而成的“股东(权益)巡视员组织”,该组织几乎主导了该国的大部分股东代表诉讼;韩国的“参与民主人民联盟”,以非营利组织的身份定位开创了韩国股东代表诉讼实践之先河;③根据我国台湾地区“证券投资人及期货交易人保护法”,我国台湾地区“财团法人证券投资人暨期货交易人保护中心”(以下简称我国台湾地区“投保中心”)④具有公益性,其主要任务是专门办理证券

---

① [德]哈贝马斯:《在事实与规范之间:关于法律和民主法治国的商谈理论》,童世骏译,生活·读书·新知三联书店出版社 2003 年版,第 322 页。

② 参见[美]罗斯科·庞德:《法律史解释》,邓正来译,中国法制出版社 2002 年版,第 197 页。

③ 参见石晓波:《国外证券集团诉讼制度比较研究及启示》,载《国外社会科学》2012 年第 6 期。

④ 我国对台湾地区“投保中心”的研究,参见刘珂:《试论证券投资者民事诉讼救济模式择优选择》,载《河北法学》2015 年第 1 期;廖铭辉:《证券欺诈诉讼之比较法视野——以我国台湾地区证券投资人团体诉讼制度为核心之探讨》,载《贵阳学院学报》(社会科学版)2014 年第 2 期;吕成龙:《投保机构在证券民事诉讼中的角色定位》,载《民事程序法研究》2017 年第 2 期。

团体纠纷案件,根据最新的公开数据,我国台湾地区“投保中心”共协助投资人进行201件团体诉讼案件,其中60件全部或部分胜诉,求偿金额共计446亿元新台币,并惠及11.5余万投资者,且实现了大量案件的和解,取得了不错的成绩。[①]

我国于2013年成立了中证中小投资者服务中心有限责任公司(以下简称投服中心),其是由中国证监会设立的证券金融业专门非营利机构,是补充我国证券监管机制的重要一支,在持股行权、提起诉讼或支持起诉、调解纠纷、接受申诉并提供咨询职能、投资者教育方面已有建树。我国台湾地区“证券投资人及期货交易人保护法”第28条第1款规定,保护机构为保护公益,于本规定及其捐助章程所定目的范围内,对于造成多数证券投资人或期货交易人受损害之同一原因所引起之证券、期货事件,得由20人以上证券投资人或期货交易人授予仲裁或诉讼实施权后,以自己之名义,提付仲裁或起诉。当前,《证券法》第95条规定,依照法律、行政法规或者国务院证券监督管理机构的规定设立的投资者保护机构可以接受投资者委托,作为代表人参加诉讼,丰富了证券私人诉讼的形式。投服中心作为该等投资者保护机构,已经现实地助力证券私人诉讼且在持续推进。

(二)证券支持诉讼:激励投资者诉讼维权的诉讼机制选择

从诉讼理论角度来看,强调非营利组织在证券私人诉讼中的主导地位,是公益性诉讼实施权主体取得了私益性诉讼实施权,实际上是一种非直接利害关系人取得诉讼实施权的权利转移或派生,此即诉讼担当机制。诉讼担当在保留直接利害关系人享有实体权利的基础上依据法律的规定或者当事人的合意约定移转诉讼实施权,直接利害关系人还可以参加诉讼活动并能够参与对法院有约束力的诉讼行为。通过诉讼担当受让特定受害人诉讼实施权的消费者保护团体、财团法人或公益社团法人、保护机构在行使其固有公益性诉讼实施权的同时,集合行使私益性诉讼实施权,从而实现公益诉讼与私益诉讼的融合,可以同时发挥预防损害再次发生和填补损害的双重功能;同时,诉讼被担当人保有实体当事人法律地位,更有利于保护直接利害关系人权利。

公共利益可以看作各类私益的“蓄水池”,[②]公共利益与私人利益在一定程度上

① 参见石晓波:《国外证券集团诉讼制度比较研究及启示》,载《国外社会科学》2012年第6期。

② 参见罗豪才、宋功德:《行政法的治理逻辑》,载《中国法学》2011年第2期。

可以相互转化。[①] 由非营利组织补充公共执法的制度设计有其现实意义,对证券私人诉讼机制来说,非营利组织同样能发挥其制度价值。非营利组织的加入和主导,或许能缓释我国证券市场公共执行和私人诉讼中的弊病,但一个必须回应的问题是,该等具有公共利益属性的非营利组织,在证券私人诉讼中的诉讼地位以及诉讼功能应当如何定位?

非营利组织的证券支持诉讼在此至少有两方面内涵。其一,在理论上,支持诉讼是苏联法上社会干预主义的本土化,苏联法律用"社会干预人"一词指代适格支持诉讼主体,[②]我国则通过《民事诉讼法》第15条具体落实该原则,具体要求当国家、社会团体以及个人利益受到侵害时,受害者将会受到相应的诉讼支持,以便与违法犯罪行为作斗争,进而维护法律的尊严和公民的基本权益。证券诉讼中的支持诉讼是民诉法支持诉讼原则的证券法延伸。其二,在实践中,支持诉讼的具体方式基本有三种:一是鼓励和动员当事人运用司法手段维护民事权益;二是给予被支持起诉人一定的物质方面的支持,减少其因进行诉讼活动所造成的误工损失及其他损失;三是支持起诉人通过主动向人民法院介绍案情,积极配合人民法院对本案的调查活动、证据收集活动的方式,对人民法院的办案活动进行支持,转而成为对被支持起诉人的诉讼活动之支持。[③] 非营利组织在证券诉讼中的支持诉讼职责,也具有共通,专业的公益服务机构把中小投资者的问题集中起来,然后帮中小投资者到法院诉讼解决纠纷,[④]实现了公共利益与私人利益之融合,具有相当的优势。因此,支持诉讼可以成为我国证券诉讼中非营利组织主导的最佳定位。

(三)投服中心支持诉讼:证券私人诉讼的机制革新

针对我国证券市场投资者自为诉讼的困境,证券支持诉讼模式在司法实践中的推广势在必行。观以我国非营利组织的诉讼实践,投服中心自2016年起,结合自身公益机构的性质,通过选择典型案件、确定适格原告的筛选标准、委派公益律师作为代理人,支持符合条件的投资者提起诉讼,并由此构建了投服中心支持诉讼维权的机制。但是具体的机制设计和优化,需要充分考虑我国投资者生态和司法审判的现实

---

① 参见韩大元:《宪法文本中"公共利益"的规范分析》,载《法学论坛》2005年第1期;相似观点指出,在福利国家中二者往往也不能相互分离,参见[德]迪特尔·梅迪库斯:《德国民法总论》,邵建东译,法律出版社2009年版,第8页。

② 参见刘家兴:《民事诉讼中的"社会干预人"》,载《法学研究》1981年第4期。

③ 参见程延陵等:《民事诉讼法试行问题探讨》,法律出版社1985年版,第19页;陈刚:《支持起诉原则的法理及实践意义再认识》,载《法学研究》2015年第5期。

④ 参见吕成龙:《投保机构在证券民事诉讼中的角色定位》,载《民事程序法研究》2017年第2期。

情况,重视投服中心支持诉讼制度运行过程中的成本与收益考量。

一方面,投服中心支持诉讼本身并不是由投服中心取代投资者之诉权,而是对投资者诉讼意识的加持和诉讼过程的辅助,因此,证券支持诉讼的前提就是确定“被支持者”的范围。基于此,也出于对证券支持诉讼尚未完全展开的现状,相较美国式集团诉讼的“选择退出制”,[①]以“加入制”确定证券诉讼当事人是我国的最优选择。具体而言,当确定的证券市场违法行为发生时,投服中心可以通过公开征集公告的方式,对符合参诉条件进行公告,以便投资者可以自行核对和决定是否参加诉讼,再通过指定的方式提交相关材料选择“加入”诉讼。在确定起诉投资者的基础上,投服中心可以根据投资者的授权提起诉讼,鼓励投资者“搭便车”,使公共执法与私人执法的有效结合。

另一方面,针对证券支持诉讼的受理法院问题,当前,为缩短诉讼周期、降低维权成本、提高支持诉讼工作效率,投服中心与相关法院探索了证据认证的创新机制。同时,针对支持诉讼判决的效力问题,除对“加入”诉讼的投资者产生约束力外,当中级人民法院审理投服中心支持诉讼的证券纠纷案件后将其作为“示范案件”,并对之进行优先审判;当示范案件的判决生效后,该法院已受理但还未裁判的、未来新受理的所有以同一证券欺诈行为的案件,都将遵循示范案例的效力,有关共通部分的裁判不得与示范案件的裁判相抵触。通过示范判决的构想和实践,实现判决“由点到面”的扩散效应。[②]

三、公正赔偿投资者的司法目标厘定

从民事诉讼制度研究的框架来看,民事诉讼目的理论是学理中的重要理论板块,是关于“民事诉讼为何存在”的理论,其意义在于,将民事诉讼制度应实现的最高价值奉为解释论、立法论的指导坐标。[③] 将普通的民事诉讼的多元目的理论一体适用于证券民事诉讼,可以回应“一个善的制度应当是怎样的”的“制度正义”问题。但在制度

---

① 选择退出规则,是指在集团诉讼中,法院为了维护集团成员的诉讼权利,通知集团原告准许其在一定时间内向法院明确表示自己不愿意被包括在集团诉讼中,而被排除在集团诉讼之外,使集团诉讼的法律后果对其不具有拘束力。参见杜要忠:《美国证券集团诉讼规则及借鉴》,载《证券市场导报》2002 年第 7 期。

② 参见陈冲:《中国示范诉讼机制的法律构建——以证券欺诈民事纠纷为视角》,载郭文英、徐明主编:《投资者》(第 1 辑),法律出版社 2018 年版,第 68 ~ 73 页。

③ 参见[日]高桥宏志:《民事诉讼法制度与理论的深层分析》,林剑锋译,法律出版社 2003 年版,第 9 页。

目标的实现过程中,证券民事诉讼制度的目的不可能同时兼顾所有看似合理的目的,必须有所取舍,否则会导致目的的扩散而丧失其应有的核心作用,在制度实践中也将面临"目的多元等于目的不明"的目的悖论。① 此外,证券诉讼与证券市场相连的特性,也决定了其制度目的需要有其特殊价值。

(一)赔偿投资者目的之聚焦

从证券民事诉讼的实践来看,证券诉讼在功能上已逐渐被赋予了政策修正和行为矫正的附加目的。基于美国集团诉讼的实践,首先,证券私人诉讼可以令被告"吐出"违法所得,以阻止违法者获得不公平的财富并就违法行为造成的损失作出赔偿;其次,美国、加拿大和澳大利亚的证券集团诉讼实证表明,证券诉讼判决的作用在于满足众多集团成员的赔偿请求,其根本性作用在于通过禁止令状或宣言性判决等多样手段来影响和改变公共政策的功能,以防止同样或类似的行为给更多的人造成损害;②最后,众多受害者可通过集团诉讼对侵害行为轻易地提出损害救济,特别是美国的集团诉讼,成员选择性退出机制和惩罚性赔偿金的适用结合起来,可以达到威慑违法行为人的目的,正如小岛武司教授所评价的那样:"仅依靠集团诉讼便能使诉讼由经济的自灭行为变为经济的合理行为,由殉教者的英雄行为变为经济人的计划性活动。"③

笔者认为,我国现阶段证券私人诉讼的诉讼目的,乃着眼于救济已受侵害的权利并挽回损失,赔偿投资者损失,而不为其设置更多地"附加性任务"是更优的诉讼目的之选择。美国集团诉讼以制止不法行为为目的,投资者赔偿为次要目标,其制度的着眼点不在于对公民个人权利的维护,而是对违法者施加违法成本以维护法律秩序,其实际上成为动员个人利益动机来实现一定公共目的和公共政策的手段。④ 澳大利亚立法上和实践中认为,赋予集团诉讼以行为矫正的功能目的,是基于政治动机方面的考虑,法律救济途径的扩张可能导致在守法的情况下要承担更大的法律义务,这对于提供法律规定的救济途径这一首要目的来讲只是附带的目的。⑤

---

① 参见高兆明:《制度伦理与制度"善"》,载《中国社会科学》2007年第6期。

② 参见[日]谷口安平:《程序的正义与诉讼》,王亚新等译,中国政法大学出版社2002年版,第257页。

③ [日]小岛武司:《自律型社会与正义的综合体系》,法律出版社2006年版,第166页。

④ 参见肖建华:《群体诉讼与我国代表人诉讼的比较研究》,载《比较法研究》1999年第2期;美国学者也指出,美国的证券集团诉讼并不能有效地赔偿投资者,原告进行证券集团诉讼所花费的成本可能远远高于获得的赔偿救济。See Coffee, John C., "Reforming the Securities Class Action: An Essay on Deterrence and Its Implementation", *Columbia Law Review* 106.7(2006), pp.1534-1586.

⑤ 参见王福华:《集团诉讼存在的理由》,载《当代法学》2008年第6期。

聚焦中国的证券市场，在投资者诉讼维权意识甚微的情况下，投资者提起诉讼之目标就应当是救济已受侵害的权利并挽回损失，若这个目标无法达成或者不作为诉讼制度设计的首要目标，那么证券群体诉讼制度试图汇聚理性、经济、有效的集团力量以遏制和惩治不法行为的设想肯定会落空。证券民事责任制度作为证券民事救济制度的法律基础，其基本的价值目标就是填补投资者损害，给受到侵害的投资者以合理的补偿。对一些投资者来说，尽可能多地获得金钱上的赔偿比惩罚实际违法者更重要，①因此，证券私人诉讼的理念和目的应当将二者顺序颠倒过来，尽量提高投资者得到赔偿的比例。

（二）公正赔偿投资者目的之内涵

从民事诉讼法的角度来看，民事诉讼目的应兼顾国家设立民事诉讼制度的目的和当事人利用民事诉讼制度的目的，但又不能将二者简单相加而成为主体间利益的趋同性整合。② 将赔偿投资者损失作为现阶段证券私人诉讼的诉讼目的，是不同主体诉讼目的的协调整合。

当前，提高证券市场投资者的维权意识、保护投资者合法权益，仍然是今后很长时间内我国证券民事诉讼制度需要回应的社会需求，因此，权衡投资者权益保护、上市公司利益、国家或司法机关的裁判溢出效应等各种目的，不可兼得则必须有所取舍，赔偿投资者损失应当是目前中国民事诉讼制度应追求的较大正义，是法院行使审判权的目的和当事人行使诉权的目的二者的“最大公约数”。

如果投资者的主体地位得不到确认，投资者的财产无法受到法律的保护，那么我国证券市场就会赶走市场中的健康资本，演变为一个到处都是投机行为的“冒险家乐园”。证券市场，是一个依靠投资者建立起来的市场，投资者构成了市场的“供给”力量。为了重新回归到规范、公平、健康的市场财富分配秩序中，投资者就不应当再被“客体化”，而应作为市场主体得到应有的制度保障。为了尊重投资者的市场主体地位，应当为其提供明确的损害救济路径，即一种可行的、有效的证券群体诉讼机制。这也就充分地解释了为何我国当前证券群体诉讼的定位，还是应当主要围绕投资者赔偿而展开。③

---

① 参见陈岱松：《试论证券民事诉讼制度之完善》，载张育军、徐明主编：《证券法苑》（第1卷），法律出版社2009年版，第258～270页。

② 参见张卫平：《我国民事诉讼法理论的体系建构》，载《法商研究》2018年第5期。

③ 参见黄鹂：《中国证券群体诉讼：公共执法与私人执法的选择》，载《上海金融》2016年第5期。

(三)公正赔偿投资者目标的司法实践因应

将赔偿投资者损失作为证券私人诉讼制度的首要目标,其能否在赔偿投资者合法利益的同时也兼顾法律实现和政策目标?如果可以,赔偿投资者才不失为一种合理可行的民事诉讼目的。在此,我们并不是说在民事诉讼中具有威慑性的惩罚机制的建立不是诉讼所应追求的目标,而是旨在强调,如果我国应当将赔偿损失作为证券私人诉讼的首要目标,行为矫正或者政策修正仅是证券诉讼的客观效果,将其预设为立法目的可能不妥。① 同时,"公正"解决纠纷、防止私力救济中的"丛林规则"本身是国家设立司法制度干预社会纠纷的最重要理由。② 对赔偿投资者目标再加以修正,以"公正地"赔偿投资者损失为目标可能更为合宜,其间的尺度和公正标准则需要具体规则的设计和纠纷处理方式加以支撑了。

在我国,《证券法》在1998年甫一出台,就确立了证券民事赔偿责任优先的原则。但在实践中实现证券民事赔偿优先的最大障碍,是刑事财产刑、行政罚款已先于民事赔偿执行完毕上缴国库,因此,可以结合行政罚款、刑事罚金等暂缓入库制度,由法院指令被告将相关赔偿金支付到投服中心进行管理和分配工作。③ 在赔偿款有剩余时,则转入罚款库以冲抵行政罚金或刑事罚金;预交的民事赔偿款不足以支付实际投资损失的情况,此时则仍需以"赔偿投资者"作为要义,采取先由罚款库拨付、证券市场违法者再差额补足罚金的路径。

四、诉讼效率价值下司法裁判方法的变革

笔者强调证券私人诉讼的群体性纠纷解决机制,很大程度上就是因为它在诉讼效率上的比较优势。与投资者单独提起诉讼请求相比,群体性诉讼不但能提高司法效率,更能使法律制度从个别救济之法向整体救济之路迈进。④ 如前所述,利用个别性估算方法确定赔偿数额的方法,意味着高昂的计算成本和高度的法院专业性,从诉讼效率的角度来看,需要进行民事赔偿损失计算的方法和工具革新。

---

① 参见章武声:《我国证券集团诉讼的模式选择与制度重构》,载《中国法学》2017年第2期。

② 参见曹莉:《公正解决纠纷:司法体制改革下民事诉讼目的之定位》,载《南通大学学报》(社会科学版)2018年第9期。

③ 参见陈洁:《证券民事赔偿责任优先原则的实现机制》,载《证券市场导报》2017年第6期。

④ 参见章武声:《我国证券集团诉讼的模式选择与制度重构》,载《中国法学》2017年第2期。

（一）证券私人诉讼中诉讼效率的内涵

诉讼效率在某种程度上是速率，是司法投入与产出的比值关系。从时间维度出发，诉讼效率是诉讼进行的快慢程度，解决纠纷数量的多少，以及在诉讼过程中人们对各种资源的利用和节省程度。从主体的角度来看，诉讼效率是指在诉讼程序中各种主体行为的有效性。① 这是诉讼效率在证券私人诉讼中的第一个讨论层次。

从第二个层次看，佛里德曼指出，在使用效率作为有用性的概念时，其局限性之一即是它假设了结果才是重要的，而排除了用一些非结果性的标准，如正义，来判断的可能性。② 诉讼本身不生产物质产品，其本身是一种“负值交易”，很难用数量来衡量；其对生产力发展的促进是通过解决了人们权利、义务上的合理分配、维护公正实现的。③ 故而，强调诉讼效率要兼顾与公正之间的关系。在此，追求诉讼效益，而非单纯的诉讼效率，更为恰当。但效益作为一个综合性概念，其包含着效率与公正的双重含义，本身无法和公正、效率并列为一个单独的价值目标，④因此，笔者强调证券私人诉讼的诉讼效率，是指以诉讼效率为考量，实现能兼顾司法公正的诉讼效益。

作为解决纠纷的手段，诉讼效率必须涵摄程序性这一基本属性，这是对证券私人诉讼效率第三个层次的思考。有学者指出，诉讼经济效率与诉讼程序的合理化相关，尤其是指诉讼程序的加速和诉讼期限的缩短。⑤ 在诉讼的过程中，程序决定了法治与态意人治之间的基本区别，缺乏程序要件的法治极易与古代法家的严刑峻法同构化。⑥ 因此，追求证券私人诉讼的效率价值，不能刺破程序规则的底线，投资者只有基于正当程序行使权利而获得的赔偿，才能认同其正当性，对这种纠纷处理结果的认可是诉讼效率提高的结果评价指标。具体而言，从个案效率角度来看，对诉讼效率的评价标准需要考虑：诉讼制度是否为投资者提供了恰当的维权程序；是否为纠纷解决尽可能提供了便捷；当事人双方在诉讼过程中能否得到充分的证明和抗辩机会；当事人对于诉讼结果是否感到公正以及当事人的诉讼收益。⑦

总结而言，对于证券民事诉讼的诉讼效率价值之内涵，笔者认为，诉讼效率是诉

① 参见汤维建：《论司法公正的保障机制及其改革》，载《河南省政法管理干部学院学报》2004年第6期。

② 参见［美］大卫·弗里德曼：《经济学语境下的法律规则》，杨欣欣译，法律出版社2004年版，第19页。

③ 参见陈国富：《法经济学》，经济科学出版社2006年版，第232页。

④ 参见马贵翔：《刑事诉讼结构的效率改造》，中国人民公安大学出版社2004年版，第6页。

⑤ 参见姜世明：《民事程序法之发展与宪法原则》，台北，元照出版社2003年版，第31页。

⑥ 参见季卫东：《法律程序的意义——对中国法制建设的另一种思考》，中国法制出版社2004年版，第30页。

⑦ 参见沈德咏：《司法效率及相关问题》，载陈光中主编：《诉讼法理论与实践》（上），中国政法大学出版社2002年版，第2~6页。

讼主体在合理程序规则之下,诉讼当事人通过良性地协同互动,以最少的诉讼成本、在最短时间内实现投资者损失的公正赔偿。将证券民事诉讼的关注转向诉讼效率,关注诉讼程序设计的可能低效、法院诉讼过程的延宕、诉讼当事人权益的实现难题以及可能对潜在诉讼当事人产生的不良影响,在一定程度上关切司法在整个证券法律制度中的地位,也是转向关注证券市场维权制度的整体制度效率的必须。

(二)证券私人诉讼中诉讼效率价值的意义

从经济分析的角度出发,民事诉讼的收益是对实体法权利的保护和违法行为的威慑,[①]在进行证券私人诉讼制度(也是整个民事诉讼制度)的制度设置时,应尽力寻求正义与效率价值间的合理比例和最佳平衡点,但现实是最佳平衡总是难以达到。

我国的民事诉讼在立法和实践上一向都非常强调对绝对客观真实的追求以及在此基础上实现所谓实体正义,而对诉讼的效率则关注不够。而在证券私人诉讼范畴内,各国设置的证券群体诉讼制度,无论是集团诉讼还是我国的代表人诉讼,其基本立意都是将若干个别诉讼合并为一个诉讼,通过一个审判程序即可救济大量的被害者,以达至诉讼经济的目的。此外,随着立案登记制使案件涌入法院,加之证券民事赔偿诉讼案件的专业性和困难程度,案件审理周期极有可能被大幅拉长,诉讼效率在诉讼价值的序列中需要不断擢升。针对当前制度设计中加入制与退出制的迷思、行政处罚前置的存废争议、损失赔偿计算的审判难题,在证券私人诉讼的制度内赋予诉讼效率以新的内涵,并偏侧重之,对实现公正地赔偿投资者这一目标具有重要意义。

(三)诉讼效率价值指导下司法裁判方法的变革

厘定证券私人诉讼制度中效率价值的内涵,对指导我国证券私人诉讼的具体制度完善具有重要意义。在证券民事赔偿的计算方法方面,与个别性估算方法相对的是整体性估算方法(aggregate assessment),即法院在所作诉讼判决或所批准的和解协议中,先从总体上确定被告应承担的赔偿数额,然后再通过公式、等额或统计学的方法向诉讼集团的各成员分配,这种方式被认为是确定大型复杂集团诉讼和小额集团诉讼赔偿的有效方法。[②] 澳大利亚立法明确授权法院使用整体性估算方法作出支付赔偿金的判决;加拿大也在实践中将其作为一个计算赔偿额的有效手段;美国的立法虽对整体性估算方法未置可否,但在实践部门中却对其合法性和适当性大加肯定,并

① 参见宁静波:《法经济学视野下的民事诉讼效率及其实现途径》,载《求索》2013年第7期。

② 参见王福华:《如何向集团赔偿》,载《法律科学》(西北政法大学学报)2009年第1期。

将其推广于反倾销、保险等特定集团诉讼中。[①] 如果说个别性估算方法是一种“加法”求和的计算,那么整体性估算方法是一种“除法运算”,是一种“先集体、后个人”的赔偿金计算和分配思路。

使用整体性估算方法对我国证券私人诉讼来说具有合适性,因为如果诉讼团体成员的损失或伤害具有独特性,例如,环境污染的群体性诉讼,每个成员受污染的程度、所患病症状等往往不尽一致,那么整体性估算方法无用武之地,否则是不适当地程序保障。但证券民事赔偿诉讼中受损失的投资者,在受损失的类型方面高度合致,法律规定仅能赔偿投资者既有的金钱损失,尽管受损失的具体金额不同,但因为没有个性化因素影响损失赔偿额的计算,整体性估算方法可以在证券民事赔偿诉讼的赔偿金计算中,高效而又不失公平地解决繁重、恼人的“算账理赔”难题;法院也得益于这种估算方法,因而减轻了审判负担,从而凸显出其工具优势。正如有日本学者指出,“群体诉讼显著的共性就是对带有个人的特质的因素在制度上往往不予斟酌。即使个别成员的具体情况有所变动,只要不影响整体的诉讼进行,在程序上并不一一反映出来也是有其道理的”。[②] 此外,考虑我国证券私人诉讼的制度目的,整体性估算方法强调的是集体受偿,在一定程度上是降低(甚至是免除)了起诉投资者的个体举证要求;同时,在先确定了损害总额的情况下,被告方拖延诉讼时间或妨碍诉讼,都不会影响其偿付赔偿金,从而加大了投资者损害获得赔偿的可能性。

在我国证券私人诉讼中适用整体性估算方法时,应当分为总体确定被告的赔偿数额以及向原告投资者分别分配赔偿金两个主要步骤。在具体适用时,应当注意以下要点:(1)在计算被告的整体赔偿数额时,法院或制度设计所追求的最佳状态,当然是能够对赔偿数额作出合理且准确的计算。但整体性估算方法往往存在计算不够准确的弊端。对此,普通法各国强调在适用整体性估算方法时不能走得太远,澳大利亚在判例中就确认了“合理精确度”标准,认为赔偿金的计算并非仅仅是使用数学公式的问题,而是计算必须达到“合理精确度”程度。[③] 在我国,当前投服中心在深度研究既往判例和总结证券虚假陈述支持诉讼审理经验的基础上,委托专业公司开发了一套专业、智能、灵活的证券虚假陈述案件投资者损失计算通用软件,为司法机关以及

① 参见王福华:《如何向集团赔偿》,载《法律科学》(西北政法大学学报)2009年第1期。

② [日]谷口安平:《程序的正义与诉讼》,王亚新等译,中国政法大学出版社2002年版,第236页。

③ 参见王福华:《如何向集团赔偿》,载《法律科学》(西北政法大学学报)2009年第1期。

相关市场主体计算确认投资者损失。[1] 因此,我们可以尝试由投服中心在支持投资者进行诉讼时,整体估算一个"合理精确"的赔偿数额,法院对相关计算公式和记录文件进行形式审查之后,可以作出确认或者发回重新计算的指令。此种安排是对投服中心既有资源的有效利用,也是实现诉讼效率价值的需要。(2)在向投资者具体分配赔偿金额时,通常的做法是直接分配(Direct Distribution),是指在扣除律师报酬等相关诉讼费用后,由法院或法院指定的人员将集团诉讼判决确定的赔偿金额直接、逐一地分配给集团成员。同时,美国、加拿大安大略省和澳大利亚的集团诉讼借鉴公益信托法上"近似分配"的机制,[2]由被告将赔偿金支付到法院设定的基金账户中,然后由法院指定代表人或集团律师负责进行管理和分配工作。

此外,诉讼效率当在整个证券诉讼程序中得以体现,当前提起证券民事诉讼之前的行政前置程序不可偏废;诉讼当事人的确定,仍然不适宜"退出制"的全面铺开;而在对损失赔偿额进行计算时,"个别计算法"是诉讼效率的悖反,应当通过集合性计算加以改革。在诉讼制度之外,诉前和解、诉中调解是提高纠纷解决效率的应然体现。

---

① 参见《投服中心公开发表〈证券虚假陈述案投资者损失计算软件的运行逻辑〉》,载投服中心微信公众号,https://mp.weixin.qq.com/s/is-S4b1p1iySfTpkwQBxhw,最后访问日期:2018 年 11 月 30 日。

② 近似分配是一个源自公益信托法上的概念,特指在基金最初的慈善目的无法实现或不具备可行性时,允许法院将财产按照最接近于慈善目的的方法进行分配。

当前中国独立董事制度的困境与对策

朱列玉[*]　郑怡玲[**]

摘　要:独立董事制度作为一项舶来品,在我国的《公司法》中得到了应用。此项制度在我国的移植与改良中,必然存在一系列的"水土不服"问题。本文从独立董事制度的发展历程入手,通过从独立董事的选任、薪酬发放、权责承担等角度对比中美两国独立董事制度的差异,揭示独立董事需要维持自身独立性特性的重要之处,从而指出当前我国独立董事制度在实际应用中展露的相关问题,旨在为发展和完善我国独立董事制度寻找相应对策。

关键词:独立董事制度　独立性　困境　对策

一、前　　言

当前,独立董事并未拥有一个完整、公认的定义。独立董事又被称作外部董事或非执行董事,其最核心的特征为独立性。我国的独立董事制度是一项舶来品,其最初存在意义在于完善公司的治理机制,提升公司的运营环境,以及防止非正当关联交易,维护中小股东的利益。

独立董事制度以在美国的发展及应用最典型。在20世纪60年代左右,当时的美国政府陷入了"水门事件"、越南战争等一系列政治上的丑闻,同时,各大公司与官员沆瀣一气,对官员行贿等恶质违法案件层出不穷,加之当时针对董事会的各项权责模糊不清,于是一项旨在克服公司和管理层贪腐,维护全体股东和公司利益的制度——独立董事制度应运而生。此制度产生的更深层次的背景是受英美法系国家

* 广东国鼎律师事务所主任。
** 上海锦天城(广州)律师事务所合伙人律师。

"三权分立"原则的影响,英美法系独立董事的设立宗旨,是在公司内部达到一种权利的制约和平衡,从而保障公司的经营管理秩序和各股东的权益。正所谓是:"独立董事因治理结构而生,为制衡权利而来。"

独立董事制度在中国的运用"先是为了满足香港联交所的上市规则,尔后成为中国公司'境外上市'的普遍惯例,最后发展成一项对于全部上市公司和部分金融公司的法定要求"。[①] 1997年,我国的《上市公司章程指引》第112条首次规定了"公司根据需要,可以设独立董事",此后,关于独立董事的种种规定应运而生。随着各项规定的出台,逐渐形成了我国的独立董事制度的框架体系。2006年《公司法》第123条明确了上市公司设立独立董事的制度,[②]中国的公司制度自此正式引入独立董事和监事会的双重监督机制。关于独立董事制度的种种法律法规和规范性文件的出台,也昭示着我国一步步走向为了推动公司健康发展以及营造良好商业环境的内源立法目的。

尽管独立董事制度在我国推行的过程中有"阵痛",但不可否认的是,独立董事制度在我国的引入为完善上市公司的治理作出了巨大贡献,尤其在健全董事会的功能,制衡内部人控制和利益集团博弈,保障中小股东权益方面功不可没。

二、中国独立董事制度的主要特点

我国引入独立董事制度是为了保护中小投资者利益,完善上市公司监管机制,最终达到优化公司的治理结构的目标。目前,我国独立董事制度的主要特点如下:

(一)明确设置独立董事人选的选任条件,强调独立董事的独立性

我国要求担任独立董事的合格人选,必须要拥有基础的条件。一方面,独立董事作为公司董事,需要满足我国《公司法》关于董事的全部任职资格条件;另一方面,独立董事还应具备特殊的资格条件,例如,具有独立董事资格证书,具备指导、辅助公司上市的知识技能,熟悉相应的规章制度等,同时,对其工作经验也有相应要求,甚至规定在法律、经济或相关领域的工作年限以5年为最低标准。针对独立董事的选任,中国独立董事制度设置中考虑了大股东的影响力。强调独立董事与股东之间应保持独立性。对独立董事的独立性,我国在实务操作中也极为重视。证监会发布的《关于在

① 参见方流芳:《独立董事在中国:假设和现实》,载《政法论坛》2008年9月第26卷第5期。

② "上市公司设立独立董事,具体办法由国务院规定。"

上市公司建立独立董事制度的指导意见》(以下简称为《指导意见》)中主要从摆脱独立董事与公司利益集团间的人员和经济联系的角度出发,对不得担任独立董事的人员的条件进行了相关的规定。

(二)赋予独立董事特别的职权

中国的独立董事除具备公司法规定的董事的一般权利之外,《指导意见》还规定了独立董事在某些方面享有特别的职权。独立董事作为董事会成员,可以直接以个人名义参与董事会并直接发表意见,并且独立董事就证监会的业务规则以及证券交易所的交易规则,如关联交易、重大资产重组等也可以发表独立意见。就独立董事承担的义务,公司法中关于董事的忠实和勤勉尽责义务当然适用于独立董事,并且《指导意见》中还规定了独立董事对上市公司的重大事项应发表独立意见,如上市公司董事、高管任免和薪酬、关联交易等。

独立董事直接发表独立意见一方面可以保证工作效率提高,另一方面也有利于促进独立董事个人关注所发表意见事项的合法合理性。但也有出现个人情感倾向的可能性,或因独立董事个人对发表事项意见的信息不对称、知识局限等原因,导致对于中小投资者利益保护可能产生不利影响。

(三)上市公司直接承担并支付独立董事的薪酬

我国证监会发布的《指导意见》中规定了独立董事可以拥有适量津贴,津贴由上市公司支付,除此之外独立董事不可通过其他途径,以任何方式,向上市公司及其主要股东或其利害关系的机构和人员取得额外的、未予披露的其他利益。中国的独立董事制度设立的初衷更多地是为了维护股东特别是中小股东的利益,独立董事作为中小投资者的代表参与上市公司董事会的决策过程。从目前薪酬制度设置的初衷来看,独立董事工作的受益者是上市公司,有上市公司支付报酬具有一定的合理性。但基于中国的上市公司主要还是由大股东控制的局面,继而独立董事的津贴标准很大程度与大股东或实际控制人息息相关,独立董事的薪酬实际上的决定权还是掌握在占大多数票数的大股东或实际控制人手中,从上市公司直接领取的报酬的方式难免会与独立董事保护中小投资者利益的初衷相违背。

笔者认为,中国的独立董事代表的是中小投资者的利益,是中小投资者的代言人,然而报酬是上市公司直接发放,而中小投资者很难参与独立董事的选聘和决定其薪酬的决策,如何确保独立董事在此种情况下履行好职责以及保持独立性,是我国独立董事制度急需解决的问题。

三、国内独立董事制度面临的困境

(一)困境之一:独立董事难以保持独立性

独立性是独立董事设立的主要目标,独立董事因具有独立性而存在,其独立性主要表现在法律地位及意思表示上的独立。独立董事由股东大会选举产生,依照其专业能力为公司的发展和运营作出独立判断。尽管看起来有很多规定为独立董事发挥其独立性保驾护航,但在现实的操作中却存在很多挑战。

一方面,对独立董事任职资格的审查往往只是在任职前,任职中以及履职后均无相应的监督评价体系,导致一部分独立董事存在在任职期间丧失独立性,而外界并不得知的情形。例如,在"张某平与某股份有限公司公司决议撤销纠纷案"①中,二审争议焦点为:张某平是否丧失了独立董事的独立性,导致该案系争董事会召集程序、表决方式违反了公司的《公司章程》。上诉人认为:在该案系争董事会召集前,张某平早已成为与此上市公司存在关联交易及关联关系单位的负责人,早已丧失独董的独立性;作为两届连任独董,张某平不但未依照公司章程的规定在本次会议之前的几次董事会上作相关关联交易报告及提出辞职,而且并未如公司所述张某平回避了该案系争董事会,而是全程参与了该次系争董事会,包括会议表决阶段,甚至作出了产生歧义的表决。在"袁某与万科企业股份有限公司公司决议撤销纠纷案"②中,案件的争议焦点与上一案例相同,也对独立董事的独立性提出了质疑;在"丘某某与厦门三维丝环保股份有限公司公司决议撤销纠纷案"③中,原告认为董事会已被大股东所控制,独立董事已丧失其独立性,并恶意违反了上市公司的章程和董事会议事规则。

另一方面,有些独立董事任职是基于人情推荐产生,任职后虽然形式上保持独立性,但是实际上并未真正起到代表中小股东监督上市公司、大股东和管理层的作用。独立董事未能发挥职能,反而沦为公司治理"花瓶"。

我国目前对独立董事的选聘及薪资的发放存在"人情董事"的情形,是独立董事难以保持独立性的主要因素之一。

---

① 案号为(2017)粤03民终8665号。

② 案号为(2017)粤03民终8666号。

③ 案号为(2017)闽0213民初2018号。

1. 独立董事的“出身”不独立

我国《公司法》规定,在公司章程没有明确约定独立董事的聘任由董事会实行的时候,董事由股东会选举、更换。基于资本多数决的选聘方法,由于公司的大股东或管理层将选聘独立董事的票握在了手里,于是“在任董事们倾向于根据自己的意愿来提拔和选任新的董事,这就使得选举出来的独立董事与董事会共进退,从而使董事会最终发展成为一个利益交易的‘俱乐部’,一个自我永存的团体(A Self-perpetuating Body)”。[①] 这一点并不难理解,人们总是倾向于选择“听话”的人员来确保自己的权益不会受到威胁。但是这一做法的后果就是使公司内的利益集团逐渐固化并壮大,影响正常的管理机制,最终损害公司和股东的利益。

虽然目前规定上市公司在选举 2 名以上董事的情况下,必须采用累积投票制度,也明确约定独立董事选举和普通董事选举单独进行,从而削弱中小投资者在票数上的劣势,尽量使中小投资者能够选出代表其利益的独立董事。然而,选举制度的改革似乎作用并不大,因为公司独立董事的提名往往掌握在公司的控制人手中,中小投资者投票选举出来的独立董事也并非代表其利益的董事,只是在既定的候选人名单里面选举独立董事而已。

2. 独立董事的“抚养”不独立

独立董事津贴的发放主体是上市公司。我国独立董事产生原本是为了制衡大股东以及其控制的董事会和上市公司,而在制度设计上却恰恰将独立董事薪酬的制定权交给了董事会,并最终由股东会决定,并从上市公司领取相应报酬。正是董事会将独立董事的选聘及薪资发放抓在了手里,独立董事的独立性就存在了可疑之处。股东会的把关并未使“人情董事”的数量减少,甚至我国独立董事进入上市公司的门票基本上都由上市公司的领导人分发。这些“人情董事”难免在进入公司之时即存在了与介绍人利益上的粘连关系,在起到上市的宣传、广告和一些作用之后普遍就会陷入沉寂。甚至在利益的驱使下,很难保证这些独立董事在处理事务之时不会动用人情,运用手中的权力对选聘人员的“知遇之恩”进行报答,这对保障独立董事的独立性是一个隐患。在此种情形下,对独立董事能够代表中小投者的利益的希望几乎不可能实现。

---

① 林凌、常城:《独立董事制度研究》,载《证券市场导报》2000 年第 9 期。

(二)困境之二:独立董事的薪酬标准与其承担风险、履职能力和情况缺少相应的客观评价

从履职风险来看,独立董事需要对董事会决策失误的结果"买单"。我国的独立董事制度发展还不完备,尽管有规定"上市公司可以建立必要的独立董事责任保险制度,以降低独立董事正常履行职责可能引致的风险",[①]但是此项规定并不是一项强制性的规定,我国并无对独立董事的责任搭配相应的强制保险制度。这就意味着,独立董事需要对自己以及董事会的全部决策负责,这无疑是对独立董事履行职责的积极性的一个重大打击。2002年的"ST郑某某状告中国证监会案",突出表明我国独立董事的责任承担问题存在需要补救之处。尽管该案的审判机关——北京市第一中级人民法院根据《行政诉讼法》的规定认定该独立董事因起诉时已超过法定起诉期限而裁定驳回起诉,但该案仍是我国首例涉及上市公司董事、独立董事对公司违规者行为应当承担何种责任的行政诉讼案件,意义重大,对我们反思独立董事制度的规定有促进作用。

从收入来看,"上市公司独立董事的津贴因公司而异。2007年的行市是3万元到5万元不等。特定的行业会高些,如2008年房地产类公司独立董事的报酬多在10万元左右"。[②] 综观上述数据,尽管给独立董事的薪水看上去可观,但须知,从这些承担独立董事职责的人员构成来看,"他们往往是知名学者,成功并有较高声望的经理人、投资者,政府退休高官,或者其他社会名流"。[③] 因此,担任独立董事的高门槛也使这些能够胜任此职的人士本身在市场上的价值水涨船高。故而,评价独立董事津贴报酬的标准绝不能盲目根据大众的认知来判断,而要根据同等学力、地位人士的薪资水平来看。同时,独立董事的收入往往是固定的。独立董事从公司领取的津贴与公司的治理情况毫无关联,也不能通过购买股票等方式激发独立董事履行职责的积极性。更因为社会大众缺乏对独立董事的认可,相应市场建制的缺失,不能让独立董事通过担任这一职位将相应的社会声誉变现。这样比较下来,此份薪水也只能说是差强人意。并且,一旦将独立董事需承担的风险因素纳入考量范围,则受聘人员对此份薪水的满意度可能更要打折扣。

客观地说,独立董事的薪酬与所承担的风险的确不成正比。"另外,由于制度上

---

① 中国证券监督管理委员会《关于在上市公司建立独立董事制度的指导意见》(证监发〔2001〕102号)第七(六)条。

② 姜朋:《独立董事相对论》,载《中外法学》2015年第6期。

③ 张茂元:《独立董事制度如何成为一个理性神话》,载《学术研究》2016年第8期。

欠缺,对独立董事的'不作为'尚无有效处罚措施,约束乏力,导致独立董事的法律责任缺失。"[①]可以说,目前我国缺乏对独立董事薪酬、履职情况和能力的管理和评价体系,一方面,独立董事履行情况的好坏与其薪酬标准严重脱节;另一方面,上市公司选任独立董事也缺少相应的评价标准。

(三)困境之三:独立董事的知情权难以得到保障

《指导意见》中对独立董事获取信息的来源进行了规定。[②] 然而,在实际中,上市公司提交董事会决策事项之前虽然会将相关会议资料提交给独立董事进行审查,但由于独立董事通常只能通过书面资料进行形式上审查,某些隐含信息独立董事往往很难从书面审查中发现端倪。加之往往独立董事自身的工作烦琐以及某些事项超出了其自身的专业范围等原因,导致独立董事在作决策时并不能准确对所决策事项作出判断,更多的时候是为了配合董事会的工作签署相关的决策文件。

此外,《指导意见》虽然规定独立董事在履职时享有特别职权,如可以聘请外部审计机构和咨询机构为其履职提供专业意见,相关的费用由上市公司承担,但在实际中鲜有独立董事使用该项特别职权。原因在于,如果独立董事要聘请外部机构对公司进行审计或咨询时,独立董事不会自掏腰包,而需要上市公司支付相应费用。而作为被审计对象,上市公司或其管理者对外部机构对其进行审计的行为通常存在抗拒心理,该项规定在现实中的可行性可想而知。

规定的缺失也在现实生活中有所反映:在"陶某诉中国证监会四川监管局、中国证监会行政处罚和行政复议案"中,[③]原告陶某诉称,被告中国证券监督管理委员会四川监管局于2016年9月6日作出川〔2016〕1号《行政处罚决定书》(以下简称处罚决定),该处罚决定将原告认定为成都前锋电子股份有限公司信息披露违法行为的其他直接责任人员,给予其警告并罚款3万元的行政处罚,属于认定事实错误、适用法律不当。重大诉讼和担保事项均非公司的经营行为,是个别高级管理人员的个人行为。这两起事项,未经公司经营管理决策流程,也未在公司财务及经营记录上有任何显示,实际上是个人刻意隐瞒而牟取私利的行为。原告以"不知情"为由辩称对该事

---

① 李宁:《我国公司独立董事制度浅析》,载《海峡科学》2007年第10期。

② 参见《指导意见》第七(一)条,"上市公司应当保证独立董事享有与其他董事同等的知情权。凡须经董事会决策的事项,上市公司必须按法定的时间提前通知独立董事并同时提供足够的资料,独立董事认为资料不充分的,可以要求补充。当2名或2名以上独立董事认为资料不充分或论证不明确时,可联名书面向董事会提出延期召开董事会会议或延期审议该事项,董事会应予以采纳"。

③ 案号为(2017)京02行终1461号。

项不知情如何"披露"、如何"遗漏",因而,被诉处罚缺乏事实及逻辑。中国证券监督管理委员会作出的〔2017〕8号《行政复议决定书》(以下简称被诉复议决定)认为,不知情不是免责理由,无法律依据,故请求法院判决撤销被诉复议决定和处罚行为。

尽管法院认为独立董事"不知情""未参与"不属于法律责任的豁免范畴,而仅作为责任大小的考量因素,但也为我们敲响了警钟——独立董事的知情权是否得到了保障?

(四)困境之四:独立董事履行勤勉尽责义务的认定标准过于原则

独立董事作为公司董事会成员,依法应该履行董事应尽的勤勉尽责义务和忠实义务。对上市公司董事的勤勉尽责义务,《公司法》第147条、《上市公司信息披露管理办法》第58条第1款对公司董事的应该履行勤勉义务进行了规定,但是该等规定属于原则性的规定。在司法实践中,在上市公司存在信息披露不实的情形下,对独立董事是否尽到勤勉尽责和注意义务,是否应承担相应责任方面,法官拥有一定的自由裁量权,并要求独立董事承担充分举证责任。

在"胡某某与中国证券监督管理委员会二审行政判决案"中,[①]在判断上市公司独立董事是否履行勤勉义务的问题上,两审法院均对考量标准进行了释明。一审法院承认法律对公司董事的勤勉义务规定较原则,没有相应的细化标准,但是也表明没有可操作性的细化标准不等于没有标准的态度,并在判断董事的勤勉尽责义务之时采取了适度标准。即董事在履行职责时,应当尽到处于相似位置上的普通谨慎的人在相同或类似情况下所需的注意义务,而且当董事会决议违反法律法规规定的时候,董事如果认为自己尽到了勤勉尽责义务,应当就自己善意、合理、审慎地履行了职责承担相应的举证责任。面对胡某某对一审法院的认定标准的异议,一方面,二审法院强调,在判断时应当考虑独立董事不在公司担任董事外的其他职务,不直接参与公司具体经营的客观实际状况;另一方面,亦应关注独立董事在公司治理结构中所具有的独立履行职责、进行独立客观判断,不受上市公司主要股东、管理层及利害关系人影响的特性。同时,对一审法院释明的适度性标准进行了确认,并补充说明了作为判断义务履行的客观外化标准是,有充分证据证明独立董事已经履行勤勉尽责义务,此亦为公司存在违法行为前提下董事的免责事由。

值得注意的是,尽管我们可以从现有司法判例中找寻、分析出当前法院对独立董

① 案号为(2018)京行终6567号。

事的勤勉尽责义务的判断标准,但由于我国司法判例不能当然作为法官判案的依据,难以确保不同地区法院对认定标准能够保持一致性,这显然不利于判定独立董事履职是否符合相关规定。认定标准过于原则,也会使担任独立董事的风险大大增加,进而打击有能力有才华的人士担任独立董事的积极性。

四、完善我国独立董事制度的应对之策

(一)建立独立董事履职专项津贴基金,改革独立董事选任和津贴发放制度

现有独立董事的津贴由上市公司发放,是我国独立董事难以保持独立性的主要原因之一。如前所述,一方面,独立董事的选任多由人情关系产生;另一方面,中小投资者难以参与独立董事津贴标准的决策,独立董事的津贴由上市公司发放。在这种情况下,独立董事如何保持独立性?

笔者认为,想要将独立董事与公司以及大股东等有控制力的影响因素之间的利害关系削弱,首先要确保独立董事的选任非公司主导,切断公司对独立董事的“孵化”和“抚养”。

笔者建议,可以考虑设立独立董事履职专项津贴基金,专门用于上市公司独立董事津贴的发放。基金的资金来源,一方面,可以考虑由国家财政拨付一定比例的启动基金;另一方面,可以在公司首次公开发行并申请上市或上市公司再融资发行股份的募集资金里面提取一定比例划入该基金,专项用于独立董事的津贴发放。基金管理人可由维护中小投资者利益的专门机构(如投服中心)担任,其负责管理和运营基金,并由该机构根据不同行业以及独立董事的专业水平制定独立董事的津贴发放标准,并由该机构向独立董事发放报酬。

此外,独立董事的选任制度也应作出相应改革。目前,我国独立董事选任流程通常是上市公司寻找到合适人选后,将候选人名单提交董事会提名委员会审核,提名委员会通过后将拟任独立董事的基本情况介绍上报给证券交易所审查,审查无异议后交由董事会审议,审议通过后提交股东大会选举产生。结合独立董事履职专项津贴基金和分类管理与评价管理体系的建立,应在制度上规定上市公司独立董事候选人应在独立董事分类型管理库中产生,津贴基金管理人在独立董事候选人资格审查上具有相应的审查建议权,并对其津贴发放标准具有建议权。同时,上市公司股东大会选举产生独立董事后应将独立董事名单和津贴标准报送基金管理人备案,在任期内

由津贴基金向独立董事发放津贴。

(二)建立独立董事分类管理与评价管理体系,探索独立董事职业人才市场构建工作

目前,我国的独立董事都是专家型董事,大致分成行业专家、财务专家和法律专家。根据上市公司治理要求,独立董事在任期内,每年需在上市公司股东大会上进行年度述职,但是这种述职报告往往流于形式,对独立董事是否勤勉尽责,是否履行其应尽义务,以及履职情况的好坏并没有相应的评价和判断。当然根源还在于独立董事是由各家上市公司的股东大会选举产生,股东大会没有专门的职责对独立董事的履行情况进行评价和判断,我国也没有专门的机构对独立董事任职和任期内的行为进行监督管理和履职评价。

因此,为加强对独立董事的全方位管理,笔者建议应建立一套独立董事分类管理和履职评价的管理体系,体系的建立者应由代表中小投资者利益的机构担任。

首先,建立独立董事分类型专家库。除目前的独立董事任职资格培训和考试制度外,相关机构应根据独立董事的不同专业方向对独立董事进行分类型管理,建立行业、财务和法律独立董事专家库,并向社会公众公开专家库人员名单。建立分类专家库有利于上市公司以及中小投资者寻找合适的独立董事人选,避免盲目性和人情推荐。另外,对具有财务和会计专业特长的独立董事,可进行分类型管理。对财务方面的董事可以进行更高标准的要求,如取得会计资格证书、注册会计师资格证以及从事财务和会计经验和一定长度的履职时间等,鼓励和培养财务和会计专长的职业独立董事群体的产生。综观上市公司层出不穷的财务造假案例,独立董事在财务审计方面的精力、时间以及专业的缺失,也是造成独立董事难以洞悉上市公司财务造假的原因之一。对独立董事进行分类型管理,也可为上市公司和有关机构在考察独立董事是否具备任职资格时提供可参考的评价标准。

其次,建立独立董事履职评价体系。基于独立董事津贴发放制度的改革,津贴发放机构应同时建立对独立董事在任期内的履职情况的考核和评价体系。规定独立董事在任期内除向股东大会和津贴发放机构提交年度述职报告之外,还应在每个季度向津贴发放机构进行工作报备,相关机构还应根据上市公司的公告、舆情变动等情况随时关注和记录独立董事的履职状况,一旦发现独立董事怠于行使职权,或有违规情况,可以向独立董事发出关注函、警告函,在涉及违法违规的情况下,应将相关情况报告给证券监管部门,由证券监管部门进行查处。独立董事在履职过程中的评价,将与

其津贴发放标准挂钩，将相关的考核评价结果作为独立董事是否能够续任的参考标准。通过一整套动态履职评价系统，改变以往独立董事履职情况不透明，没有参考标准的情形。在此基础上，笔者认为，可以探索对独立董事经理人市场的构建，从而确保独立董事有足够的时间、精力担任独立董事工作，提升独立董事的专业水平和工作能力。

（三）保障独立董事知情权，进一步完善独立董事履职制度

独立董事的知情权，是独立董事履职的重要保障措施之一，然而在现实中，独立董事在履行职责过程中，一方面，受到自身知识和专业的限制；另一方面，由于信息的不对称的影响，最终在现实中难以对拟决策事项发表意见。

目前的制度规定，独立董事享有独立聘请外部审计机构和咨询机构的特别职权，相关聘请费用由上市公司承担。如前所述，此项规定在实际中几乎不具备可操作性，从而导致独立董事即使对上市公司的某些问题想进行专门的审计或咨询时，往往因为费用承担问题而作罢。因此，笔者建议可以考虑建立专门机构作为独立董事的外部专家咨询制度，专门为独立董事在履职过程中碰到的专业问题，在符合上市公司信息披露和保密制度规定的前提下，提供专业咨询意见，并由专门机构支付相应咨询费用。如果独立董事认为需要对上市公司进行审计调查，也应先由专门机构代为垫付相关费用，而非由独立董事自行向上市公司交涉，待专门机构垫付费用后再由上市公司承担。一方面，这样可以保障独立董事积极行使职权，在获取相关信息上更快捷和全面；另一方面，也让外部调查机构更具有客观性和独立性。

（四）强化独立董事组成的专门委员会的作用

我国上市公司在公司治理机构中所设置的审计、提名、薪酬等专门委员会，在层级上属于董事会的专门委员会，独立董事和公司日常董事在专门委员会中均有任职。在目前的实际操作中，专门委员会并未起到真正的治理作用，更多是为了迎合上市公司的规范治理规则而产生，独立董事在专门委员会中的职权也不能得到充分表现。笔者建议，可以借鉴美国独立董事需通过专门委员会行使职权的方式，改革专门委员会的设置，建议专门委员会成员全部由独立董事担任，独立董事在对董事的提名、任免、关联交易等重大事项发表意见时，应通过独立董事专门委员会集体决策后再发表独立意见。这样就可以弥补独立董事个人在决策上的专业能力判断缺失，也有利于避免独立董事因个人原因作出的情感决策，同时，集体决策程序有利于降低独立董事个人承担责任的风险。

(五)细化独立董事勤勉尽责义务的认定标准

基于独立董事履职管理体系的建议,对独立董事的勤勉尽责义务应细化认定标准,并由相关的管理部门出具操作指引。针对独立董事履行公司法规定的一般董事应尽的勤勉义务,可以制定具体可量化的标准。在目前规定独立董事每年参加会议次数的基础上,可要求担任上市公司的独立董事每年要保证至少10天到公司履职的现场时间。上市公司在出具年度报告、半年报告和季度报告之前,独立董事(尤其是财务专业的独立董事)应进行问询、复核等。对相关法律法规规定的独立董事享有的特别职权,如上市公司的关联交易、对外担保、并购重组、重大投融资、中小股东权益保护、高管薪酬等方面,应明确规定独立董事应尽特别注意义务,此类特别注意义务包括独立董事应就专门事项出具独立意见,就特别事项进行问询和调查,以及保留相应的底稿等。

五、总　　结

要建立具有中国特色的独立董事制度,并非一蹴而就的事情,需要在不断的探索和实践中前行。笔者相信,在习近平总书记新时代中国特色社会主义思想理论的指导下,我国的独立董事制度终将充分发挥其作用,更好地为广大中小投资者服务。

I 市场实务

INVESTOR

我国证券纠纷多元化解决机制构建：实施困境和优化进路

沈　伟* 　林大山**

摘　要：证券纠纷的解决困境反映了集体行动难题。证券诉讼时间长、成本高、专业性强，司法解释对其适用进行了限制，中小投资者难以有效维权。集体诉讼改革不足以解决证券诉讼的问题。体系化建设多元化的证券纠纷解决机制能促进证券纠纷的解决。现有证券调解制度存在调解机构权威性不足、调解协议效力不足等问题，可以通过发布证券调解示范案例、将示范判决与委托调解相结合等措施加以完善。现有证券仲裁的规定并不完善，可以通过强制仲裁方式推广证券仲裁。

关键词：证券调解　证券仲裁　证券诉讼　多元化纠纷解决机制

我国证券市场在改革开放的进程中得到了长足发展。截至2019年9月25日，沪深两市上市公司3702家，总市值61.83万亿元。① 2019年上半年，已披露中报的3648家上市公司实现营业收入23.44万亿元，占同期全国GDP的51.98%。同时，我国资本市场是以中小投资者为主的市场，个人投资者已达1.38亿人，其中95%以上为持股市值在50万元以下的中小投资者，其在专业知识、信息获取、风险承受等方面存在天然弱势。② 数量众多的中小投资者的合法权益如何得到保护，直接影响着投资者的切身利益和中国经济的发展。

---

* 上海交通大学凯原法学院教授、博士研究生导师。

** 上海交通大学凯原法学院硕士研究生。

① 参见侯捷宁：《资本市场"脱胎换骨"踏上新征程》，载《证券日报》2019年10月1日，第A1版。

② 参见朱宝琛：《证监会副主席阎庆民：让人民群众对投保工作看得见摸得着感受深》，载《证券日报》2018年5月23日，第A1版。

一、解决证券纠纷的集体行动难题

我国资本市场目前发展不够成熟,投资者合法权益的保护尚不够,救济渠道较为缺乏。目前,我国对投资者的保护,基本依靠相关监督管理部门的行政处罚和金融机构的内部纠纷解决制度。不难发现,这种情况导致了一个严重的后果,即金融机构的民事责任得不到追究,纠纷并没有真正得到解决。

传统纠纷解决机制可以概括表述为三个大类,即私力救济、社会救济和公力救济。具体而言,纠纷解决方式包括和解、调解(包括人民调解、行业调解、行政调解、诉讼调解)、仲裁、诉讼等。[①] 其中,证券诉讼是公力救济的途径,证券调解和证券仲裁是非诉讼纠纷解决机制,又被称为多元化纠纷解决机制(Alternative Dispute Resolution, ADR)。

证券纠纷作为一种群体性纠纷,具有如下特征:

1. 群体性。伴随着资本市场的产生和发展,在成熟的西方国家资本市场证券欺诈行为也一直存在,这也是证券纠纷产生的重要诉因。目前,数万中小股东共同持有一家上市公司的股票的情形并不罕见,因此,证券纠纷往往涉及众多投资者。

2. 专业性。证券市场上证券的买卖不同于日常生活中的商品买卖,也不同于商业上的合同交易。从标的物上来看,证券交易买卖标的物不是肉眼可见的具体商品,而是抽象的证券;从交易对象上来看,证券交易是不是两三个熟人之间的买卖,而是数量众多的陌生人之间的高频、大数额交易。证券侵权行为与生活中常见的侵权行为也存在许多区别:从损害结果上来看,生活中常见的侵权结果是具体人身或者财产的损害,看得见摸得着,而证券侵权的结果是无形财产的损失,与股票价格密切相关,看不见摸不着;从侵权行为上来看,生活中常见的侵权行为是物理上的行为,例如,排放污水的环境污染行为,证券侵权行为则集中体现为扰乱市场公正的证券买卖行为或者虚假陈述行为,侵权人通过股价的涨跌获利。由于存在上述区别,对中小投资者来说,证明损失、侵权行为与损害结果的因果关系,需要花费大量时间精力,而且取证难度大。

---

① 参见江伟:《民事诉讼法》(第3版),高等教育出版社2007年版,第1~2页。

当某个证券侵权行为发生时,便产生了集体行动的难题。集体行动难题,是指纠纷解决中部分当事人采取行动而无法排除他人“搭便车”,最终导致部分当事人行动的积极性降低,没有人采取任何有利于集体的行动。① 在经济学的共用品理论中,判断物品经济属性的依据,为是否具有竞争性(rivality)和排他性(exclusiveness)。经济学的公共物品理论也可以用来解释证券纠纷解决制度乏力的问题。私人诉讼类似私用品,其“排他性”体现为私人诉讼是由一个原告提出,自负成本,自担风险,但也独享收益;其“竞争性”则是指在获偿额度有限的情况下,先起诉者就会先受偿,后起诉者可能就无法获偿。与此相反,集体诉讼更像“非排他性 + 非竞争性”的共用品,都可以被全体受害者无偿享有。② 运用私人诉讼来解决公地悲剧问题,存在严重的“搭便车”和信息不对称问题。每个投资者的实际损失并不大,赔偿金也不高,但个人的诉讼成本较高,若有一人通过诉讼维权成功,则其他受害者可以直接获偿,而无须承担诉讼成本,“搭便车”问题会挫伤维权者的积极性,造成“三个和尚没水喝”的窘境。

传统的观点认为,集体行为能够有效维护成员的共同利益。但也存在与此截然相反的观点:以一个人具备自利和理性的特性为前提,在没有利益驱动的情况下,他不会主动发起集体行动。至于个体拿出公共物品来满足大家的需要,是非常罕见的情形。因此,采取一些措施来适当激励个体,是非常必要的。这一观点的代表者是美国著名经济学家奥尔森。③ 将这一观点适用于证券纠纷,个人缺少足够的激励来提起诉讼,导致证券纠纷的集体行动难题。法律具有激励作用,需要恰当地分配风险和收益,破解证券纠纷中的集体行动难题,激励受害者积极维权,促进证券市场的健康发展。

二、证券诉讼制度的困境

随着资本市场的发展,越来越多的投资者投身于股票交易,因此产生的证券纠纷数量也逐渐大幅增长,并且争议类型新颖、专业性强、难度大。要想真正解决这一问题,仅仅依靠证券诉讼还是不够。我国对证券诉讼法律法规如表 1 所示。

---

① 参见李激汉:《证券民事赔偿诉讼方式的立法路径探讨》,载《法学》2018 年第 3 期。

② 参见孙放:《公地悲剧理论下集体诉讼的经济逻辑与制度构建》,载《学术交流》2019 年第 7 期。

③ 参见[美]奥尔森:《集体行动的逻辑》,陈郁、郭宇峰、李崇译,上海人民出版社 1995 年版,第 8 ~20 页。

表 1　我国证券诉讼制度立法相关情况

文件名称	发布时间	发布主体	相关内容
《民事诉讼法》	1991 年 4 月 9 日	全国人大常委会	规定了人数不确定的代表人诉讼,构建类似集体诉讼规则
《关于受理证券市场因虚假陈述引发的民事侵权纠纷案件有关问题的通知》①	2002 年 1 月 15 日	最高人民法院	证券虚假陈述民事赔偿纠纷案件的行政前置程序
《关于审理证券市场因虚假陈述引发的民事赔偿案件的若干规定》②	2003 年 1 月 9 日	最高人民法院	证券虚假陈述民事赔偿纠纷案件具体程序:受理与管辖、诉讼方式、虚假陈述认定、因果关系认定、归责与免责事由等
《公司法》(修订)	2005 年 10 月 27 日	全国人大常委会	规定了股东代表诉讼制度
《关于适用〈中华人民共和国公司法〉若干问题的规定(四)》③	2017 年 8 月 25 日	最高人民法院	完善股东代表诉讼制度
《证券法》(第二次修订)	2019 年 12 月 28 日	全国人大常委会	按照"明示退出""默示加入"的诉讼原则,探索证券集体诉讼制度

根据上述司法解释规定,投资者对虚假陈述行为人提起民事赔偿诉讼,应当以行政机关(证监会或财政部)的行政处罚决定或者人民法院的刑事裁判文书为前提,事实上确立了证券诉讼的前置程序制度。

(一)现实困境

我国目前的证券诉讼机制难以发挥保护投资者的作用,主要有以下原因。

第一,证券诉讼的时间成本和金钱成本较高。对普通投资者来说,证券诉讼对时间金钱和专业知识的要求超出其所能承受的范围。

在美国,诉讼投资已经成为一个行业。诉讼投资,是指与诉讼无关的第三方向参与诉讼的原告提供资金,最终从原告的经济赔偿中获得一部分收益的投资方式。造成商业诉讼成本高昂的因素有很多:律师费、研究费、口供费、讯问费、动议费、会议费、证人相关费、审判费、传票费、上诉费,以及诉讼费、顾问费和调查有关的费用。诉讼投资基金与原告在合同中约定如果胜诉,双方分配收益的比例,不要求支付利息。

① 法明传〔2001〕43 号。

② 法释〔2003〕2 号。

③ 法释〔2017〕16 号。

诉讼投资基金给原告和律师提起诉讼提供了激励机制。

第二,目前我国证券诉讼制度存在不足。囿于传统司法结构的代表人诉讼制度与现代诉讼结构下的群体诉讼制度在价值取向与功能定位两个方面发生冲突,无法适应现代群体诉讼特别是证券市场群体纠纷解决的需要。[①] 首先,代表人诉讼制度适用于传统情形,即法院基于公正的立场,对原被告双方一视同仁,原被告没有明显的地位差别。然而,在证券纠纷的解决过程中,必须时刻贯彻投资者保护这一理念,这是证券领域的基本精神和价值取向。一方面,不贯彻和落实激励性措施,将使集体行动难题无法得到解决;另一方面,从程序来看,民事诉讼法相关规定在实际运用过程中,效率低下、可操作性不强。众多当事人的学历背景、投资经验等主客观条件不尽相同、利益取向也未必一致,选出代表人十分困难,而民事诉讼法关于如何确立代表人的规定也十分烦琐,不利于有效解决纠纷。其次,根据最高人民法院在2002年出台的两部司法解释,律师风险代理和集体诉讼模式不得适用于我国证券侵权诉讼,形成了制度性障碍。最后,我国《公司法》规定的股东代表诉讼的适用情形,主要是上市公司的损失由董监高等造成,同时监事会不尽到相应职责。这时股东才可以为了公司的利益,进行股东代表诉讼。因此,股东代表诉讼主要维护的是上市公司的利益。虽然上市公司的利益也涉及股东自身的利益,但集体诉讼与股东代表诉讼有较大区别。集体诉讼制度与个人投资者利益息息相关。

第三,由于证券诉讼制度相关制度还不够完善,律师在办理证券诉讼案件中,常常会遇到程序上与实体上的问题。律师在办理证券虚假陈述案件时,前置程序往往成为双方之间诉讼程序的争议焦点。[②] 根据司法解释的规定,受害人在提起虚假陈述证券民事赔偿诉讼时,需要提交行政处罚决定或者公告,或者人民法院的刑事裁判文书。[③] 在证券虚假陈述行为尚未实际受到行政或刑事处罚的情况下,受害人如果直接向法院起诉,被告则会主张前置程序抗辩。受害人要等到行政或是刑事处罚结果出来才能提起民事诉讼,往往需要等待很长时间。

律师在办理证券虚假陈述案件时,会遇到如下实体上的难题:如何认定上市公司实施了证券虚假陈述行为?如何认定投资损失与证券虚假陈述行为存在因果关系?这对个人投资者来说,举证责任非常难以承受。

---

① 参见李文莉、黄江东:《美国并购集团诉讼的剖析与借鉴》,载《证券市场导报》2015年第8期。

② 参见邱琳、刘新波、田古:《律师想解决证券纠纷办案难?先得知道这4个程序问题》,载对赌实务公众号,2019年9月19日。

③ 最高人民法院关于《审理证券市场因虚假陈述引发的民事赔偿案件的若干规定》第6条。

虚假陈述的表现形式分为两类,积极的虚假陈述和消极的虚假陈述。积极的虚假陈述指的是,上市公司及其他信息披露义务人在披露文件中故意作出虚假陈述。消极的虚假陈述指的是,信息披露义务人未在法定期限内或者未以法定方式公开披露应当披露的信息。在法定期限内未予以公告者,即构成消极的虚假陈述,法定期限的最后一个期日即为消极虚假陈述的实施日。义务人信息披露的期限,均有较明确的规定,如上市公司的年度报告,须在会计年度结束之日起4个月内公告;①可能对上市公司的股票价格产生较大影响的重大事件的信息,须立即公告。② 法律规定义务主体进行信息披露的期限,比如,实施某项行为后的一段特定时间内、每个年份的某个日期等,而义务主体未遵守这一规定。在通常情况下,这种期限具有重要意义,尤其影响投资者的信息获取和证券市场秩序。

因果关系的证明也是一个难题。依据最高人民法院《关于审理证券市场因虚假陈述引发的民事赔偿案件的若干规定》第18条的规定,投资损失与虚假陈述之间的因果关系采推定方式,原告只需证明其在虚假陈述实施日后买入证券、揭露日或更正日后卖出或仍持有证券而产生损失,法院即推定存在因果关系。同时,司法解释对此也明确列举了几种抗辩情形,第4种情形为损失或者部分损失是由证券市场系统风险等其他因素所导致。系统风险系最常见的抗辩理由,对系统风险的存在及其大小的认定本身较为复杂,司法解释并未作出进一步规定,致使司法实务存在各种不同裁判。这导致了尽管有上述因果关系推定规则,被告仍然能够进行有效抗辩。③

(二)集体诉讼难以解决证券纠纷的所有问题

面对现有证券诉讼制度存在的问题,证监会提出对证券诉讼进行改革,推动建立有中国特色的证券集体诉讼制度。④ 以当事人选择退出和加入为标准,集体诉讼可以分为加入制和退出制两种模式,有专家学者建议我国应当引入退出制集体诉讼。⑤ 在证券集体诉讼试行初期,可以积极发挥国家设立的证券投资者保护机构以及机构投

---

① 《上市公司信息披露管理办法》第20条。

② 《上市公司信息披露管理办法》第25条、第26条。

③ 参见邱琳、刘新波、田古:《律师想解决证券纠纷办案难?先得知道这4个程序问题》,载对赌实务公众号,2019年9月25日。

④ 参见《保护投资者,中国特色证券集体诉讼制度渐行渐近》,载https://mp.weixin.qq.com/s?src=11×tamp=1575893690&ver=2024&signature=DydEobXUeNad8aHm4FtIv*BXdUfsxR7jAq*9ZgKteVRmkHNZ67JL02f*K0uD0PZJMlOb8rNLaOkrtvk*BixZXIsoRe0DK-qD2jEWw9ogc0RBFmrXwrQvWVvHoHC ZRZIC&new=1,最后访问日期:2019年12月9日。

⑤ 参见章武生:《我国证券集团诉讼的模式选择与制度重构》,载《中国法学》2017年第2期。

资者作为“首席原告”的引领作用。[①] 2019 年修订的《证券法》第 95 条规定了代表人诉讼制度,借鉴了“默示加入,明示退出”的美国集团诉讼经验。证券集体诉讼制度的确立,必将聚集中小投资者力量,有助于维护他们的合法权益。然而,集体诉讼制度能在多大程度上保护中小投资者,仍然存在疑问。在集体诉讼制度的发源地——美国,这一制度已有几十年的历史,[②]但也暴露出了许多问题。

美国集体诉讼在实施过程中存在如下问题。第一,小公司无人诉。美国式的集体诉讼机制本质上是利用股东,尤其是股东代理律师的趋利之心来组织上市公司众多的股东,解决他们面临的集体行动问题。起诉、举证、和解或者庭审等诉讼过程涉及的成本往往相对固定,面对大体相当的诉讼成本,原告及其律师选择起诉的往往都是有可能获得较高赔偿的案件。与大公司相比,小公司支付赔偿的能力显然要弱得多。因此,在成本收益的理性计算之下,原告及其律师明显会倾向于起诉大公司,即使小公司的违法程度更严重。美国的经验研究表明,与处于同行业的其他公司相比,遭遇股东集体诉讼的公司,无论资产规模、销售规模、市场占有率还是总市值都明显更大。[③] 换言之,集体诉讼无法有效遏制小公司的违法、欺诈行为。[④]

第二,频繁发动集体诉讼,滥诉现象十分严重。为了解决这一问题,美国政府决定采取立法的方式对其作出各种限制,以回归正常的证券诉讼秩序,于 1995 年通过了《私人证券诉讼改革法》。根据该法,证券诉讼的证明标准被抬高,杜绝之前证明标准低导致的无辜的中介机构向原告承担民事责任的现象,以此保护证券市场的信息披露;同时,将连带责任转变为比例责任并增加责任限额;另外,明确集体诉讼中原告代表的资格要求并禁止出现职业化的原告代表。此外,特拉华州衡平法院也于 2016 年创设了一项重要先例,禁止原告律师在没有引发重大信息披露修正的股东集体诉讼和解中取得律师费(Inre Trulia Stockholder Litigation)。美国国会和法院的这一系列改革恰好与目前我国对引入集体诉讼机制、扩大赔偿责任范围的呼吁背道而驰。[⑤]

---

① 参见祝惠春:《为什么建立中国特色证券集体诉讼制度势在必行?》,载《经济日报》2019 年 11 月 16 日,第 16 版。

② 美国《衡平法规则》首次明文确立所谓“集体诉讼制度”。170 年来,这部法律几经修订,目前,美国联邦集体诉讼制度的主要法律依据是 1966 年《联邦民事诉讼规则》第 23 条,而这一条款在 1998 年和 2003 年又经过两次修订,2005 年独立为《集体诉讼公平法》。

③ See Stephen Choi,“The Evidence on Securities Class Actions”, *Vanderbilt Law Review* 2004.

④ 参见张巍:《抱团未必取暖:股东诉讼,未必要靠“集体”》,载比较公司治理公众号,2019 年 9 月 8 日。

⑤ 同上。

为了减少滥诉,新修订的《证券法》规定由投资者保护机构代替律师来主导诉讼,然而,投资者保护机构将面临人力物力不足、缺乏激励机制等问题。

三、我国证券调解制度建设

(一)调解制度的优势

调解制度在东方的历史最为悠久。子曰:“听讼,吾犹人也,必也使无讼乎。”这句话反映了传统社会追求无讼的价值理念,强调从源头上减少矛盾纠纷。这种由第三方主持下的纠纷化解制度被我国大众接受和认同。[①] 这一制度存在的重要基础就在于它的私密性,即争议双方在调解过程中,所承认的事实、作出的让步不作为在未来的其他纠纷解决程序中对其不利的依据。[②]

英国著名社会学学者达仁道夫基于利益分配理论,指出纠纷产生的原因在于权利分配。他强调多元化纠纷解决机制形成的非诉格局,对现代社会的稳定具有巨大的重要性。

如前所述,随着资本市场的发展,越来越多的投资者投身于股票交易,因此产生的证券纠纷数量也逐渐大幅增长,并且新颖、专业性强、难度大,仅仅依靠证券诉讼无法根本解决纠纷。因此,在拥有成熟的资本市场的国家,纠纷调解机制作为诉讼制度的补充,是必不可少并且十分完善的制度补充。例如,在英国,隶属于金融服务监管局金融行业的调查专员公署,是负责处理多种金融纠纷的专职机构,其中包括证券纠纷。投资者在此可以选择证券诉讼以外的多种方式解决纠纷,比如,调节、协商等。在美国,证券纠纷的处理机构是金融业监管局争议解决中心,而在纠纷处理过程中,调解这一纠纷解决形式受到重视,往往被该机构优先推荐。

(二)证券调解制度的法律规定

我国证券调解制度相关法律法规如表 2 所示。

---

① 参见郑重:《中国传统调解理念的现代价值》,载《人民法院报》2019 年 4 月 19 日,第 5 版。

② 参见《调解何以成为一种独立的纠纷解决方式?》,载申明亭法律调解微信公众号,https://mp. weixin. qq. com/s/6uS-DNBZ1gqhp5_tW2TrpQ,最后访问日期:2019 年 11 月 10 日。

表 2　我国证券调解制度立法相关情况

文件名称	发布时间	发布主体	相关内容
《证券纠纷调解工作管理办法(试行)》	2012 年 6 月 11 日	中国证券业协会	"推进调诉对接努力化解证券纠纷",对调解的组织架构、受理范围、调解协议效力、经费来源及调解案件的程序
《证券纠纷调解规则(试行)》	2012 年 6 月 11 日	中国证券业协会	规范证券纠纷调解行为,明确证券纠纷调解程序,促进证券纠纷合理解决
《证券纠纷调解规则》	2016 年 1 月 22 日	中国证券业协会	规范证券纠纷调解行为,明确证券纠纷调解程序,促进证券纠纷合理解决
《证券纠纷调解工作管理办法(试行)》	2016 年 1 月 22 日	中国证券业协会	"推进调诉对接努力化解证券纠纷",对调解的组织架构、受理范围、调解协议效力、经费来源及调解案件的程序
《关于在全国部分地区开展证券期货纠纷多元化解机制试点工作的通知》	2016 年 5 月 25 日	最高人民法院和中国证券监督管理委员会	试点地区人民法院与证券期货监管机构、试点调解组织加强协调联动,充分发挥纠纷多元化解机制作用,取得积极成效。在总结试点工作经验的基础上,决定在全国联合开展证券期货纠纷多元化解机制建设工作
《关于全面推进证券期货纠纷多元化解机制建设的意见》	2018 年 11 月 13 日	最高人民法院和中国证券监督管理委员会	证券期货纠纷多元化解机制范围、调解协议的司法确认制度、强化纠纷多元化解机制保障落实

为了更好地解决证券纠纷,2011 年《中国证券业协会证券纠纷调解工作管理办法(试行)》(以下简称《管理办法(试行)》)等文件出台。作为行业自律组织,证券业协会颁布该部规范的重要目的是推进调诉对接。据此,组织架构得以正式确立,通过正向列举和反向排除两种方式明确了案件的受理范围。在调解这一纠纷解决方式中,双方当事人达成协议调解协议是最终结果,而该协议具有何种法律效力是制度设计的关键,对此《管理办法(试行)》也有明确规定。除上述实体问题外,证券调解的相关程序也被纳入该部文件。2011 年 7 月,证券纠纷调解专业委员会设立,2012 年 2 月,中国证券业协会证券纠纷调解中心成立。

2016 年,中国证券业协会正式通过《中国证券业协会证券纠纷调解工作管理办法》(以下简称《管理办法》)和《中国证券业协会证券纠纷调解规则》(以下简称《规则》)。根据两部文件的规定,中国证券业协会证券纠纷调解中心是我国的证券纠纷调解组织,一般被简称为"调解中心"。

从《规则》来看,证券调解对金融创新下的纠纷解决有着诸多优势。

第一,调解可单方或双方发起。《规则》第4条规定:"调解申请可由当事人单方或共同向调解中心提出。"

第二,调解期限较短。《规则》第15条规定:"……普通调解应当在确定调解员之日起20个工作日内调解完毕。另行确定调解员的,调解期限自调解员另行确定之日起重新计算。如遇特殊情况需延长时限的,须调解中心批准,延长不得超过10个工作日。"

第三,调解协议具有约束力。《管理办法》第23条规定:"调解协议经各方当事人签字盖章后具有民事合同性质,各方当事人应当遵守。当事人可以申请调解员及调解组织在《调解协议书》上签字和盖章。《调解协议书》经调解员签字和调解组织盖章后,当事人可以申请有管辖权的人民法院确认其效力。"

第四,调解依据较为灵活。《管理办法》第4条规定:"调解组织开展证券纠纷调解,应当依据法律、法规、规章、其他规范性文件及自律规则,也可以参考行业惯例。"

第五,调解费用低。《管理办法》第18条规定:"证券纠纷调解工作经费来源于协会建立的证券纠纷调解专项基金。证券纠纷调解专项基金来源包括协会自有资金、协会接受会员单位及社会其他有关组织、机构、个人的合法专项捐赠。调解工作对当事人不收取任何费用。"

第六,调解员专业程度高。证券纠纷调解中心调解员任职资格要求包括:在协会会员单位(含特别会员)担任中层以上领导职务或有10年以上证券行业工作经历的人员;有5年以上证券监管部门、自律组织工作经历的人员;有5年以上纠纷解决经验的律师、仲裁员或调解员;在当地有一定影响和威望的离退休法官、检察官和政府工作人员;具有中高级职称,直接从事法律、经济教学或研究的专家学者。

2018年最高人民法院、司法部发布《关于扩大律师调解试点工作的通知》,[①]提出健全诉调衔接机制。人民法院在推进调解程序前置改革试点过程中,要充分发挥律师调解优势,建立记录考核制度。完善工作激励机制,对表现突出的律师调解组织和律师调解员,人民法院、司法行政机关、律师协会给予奖励,调动律师参与调解的积极性。

我国资本市场中的中小投资者权利保护缺少制度性安排。国务院办公厅于2013

① 司发通〔2018〕143号。

年出台《关于进一步加强资本市场中小投资者合法权益保护工作的意见》(国办发〔2013〕110号,以下简称《意见》),针对投资者保护存在的突出问题,构建了资本市场中小投资者权益保护的制度体系。中国证监会为了落实《意见》提出的"完善组织体系,探索建立中小投资者自律组织和公益性维权组织"的要求,成立了投服中心这一证券金融类公益性维权和服务组织,为中小投资者权益保护提供服务。

投服中心是公司制法人单位,于2014年12月5日在上海注册成立。上海证券交易所、深圳证券交易所、上海期货交易所、中国金融期货交易所和中国证券登记结算有限责任公司作为股东单位,构成了股东会。董事会是决策机构,行使股东会授予的权利。投服中心主要业务是持股行权、纠纷调解、诉讼与支持诉讼、投资者教育等。来自投服中心的信息显示,以35个辖区调解站为基础,通过调解网络发挥"申请便捷、程序简化、专业权威、效力保证"的优势。2018年投服中心一共受理1793件证券纠纷,调解成功1711件,投资者和解获赔金额达到5.14亿元。①

(三)证券调解制度实施现状与存在问题

一方面,证券调解制度取得了一定的实施效果。根据2018年相关研究与评估报告,证券纠纷多元化解决机制试点工作在全国范围内开展,取得了明显的成果。② 首先,从范围来看,证券纠纷多元化解机制试点从局部扩大到全国范围;其次,从试点组织的数量来看,试点组织的数量近几年已经从8家增长到55家;再次,从调解员来看,调解员的专业水平不断提高,数量不断增加;最后,从调解效果来看,在过去的两年多受理的9000余件调解中,办结率91%,其中,调解成功率高达81%,支付金额近15亿元。地方行业协会在发挥行业自律组织作用的同时,也不断和其他组织加强合作,例如,其与投资者服务中心共同成立的调解工作站已有33个。

2018年证券业协会调解中心共受理纠纷调解申请约450起,争议金额合计近3亿元,全年共办结案件426起,调解成功360起纠纷,达成协议金额共近计2.4亿元,和解率达85%;督促证券公司主动化解了其与投资者群体之间的资管产品纠纷,解决了100多位投资者的诉求,达成2亿多元的和解协议。投保基金公司共接受北京市第一中级人民法院委托调解案件270件,调解成功率高达90%,金额达3000余万元。③

---

① 参见《中证投服中心一年中干了啥》,载《深圳特区报》2019年3月14日,第A14版。

② 参见最高人民法院:《证券期货纠纷多元化解机制试点工作评估报告(摘要)》,载最高人民法院微信公众号,最后访问日期:2018年11月30日。

③ 参见中国证券投资者保护基金有限责任公司:《2018年度证券投资者保护制度评价报告》。

另一方面,证券调解制度在实施过程中也存在一些问题。

首先,作为行业自律性组织,证券业协会这一调解机构权威性不足。除调解协议仅相当于民事合同的约束力外,还表现在参与主体方面,调解参与主体主要由证券业协会会员构成,在实践过程中可能会倾斜于证券公司等会员的利益。另外,双方当事人力量不对等,证券公司具有明显的优势,然而目前并不存在倾斜于投资者的相关政策,因此不利于投资者保护。在中国证券业协会公布的调解员名册中,70%的调解员来自证券公司,而来自律师事务所、高校科研机构等领域的调解员不足10%。[①] 这将造成纠纷当事人对调解机构缺乏信任,最终导致调解机构公信力下降,调解机制的功能实现受到较大限制。

其次,调解协议效力不足。调解协议的作用难以有效发挥。具体表现在调解协议的效力不足,即经双方达成一致的调解协议仅仅具有相当于民事合同的约束力,还表现在确认调解协议效力的环节复杂、程序烦琐,需要经过公证机关、人民法院等机构确认,再强制执行,往往花费较长时间。另外,如果当事人一方对调解协议的内容和效力有异议,可以向人民法院提起诉讼,因此,调解协议不具有终局性,降低了调解协议的公信力,不利于调解功能的发挥。

再次,调解方式与其他纠纷解决方式的衔接不顺畅,具体表现在程序烦琐、环节复杂、效率低下,比如,调解协议的执行往往需要通过司法程序依靠法院。此外,衔接不顺畅还表现在调解方式在证券纠纷领域还未取得大众的广泛接受。相比整个证券市场的资金量,现有证券调解制度解决的只是一小部分的证券纠纷。

最后,调解衔接机制不畅。证券纠纷的调解衔接机制,指的是调解方式与其他纠纷解决方式在证券纠纷处理过程中的对接和合作。由于证券纠纷在"解决链条"上分别与证券机构自身投诉反馈机制、诉讼(仲裁)解决机制相连接,因而处理好与这两种纠纷解决机制的衔接问题也有助于调解机制本身的高效运行。从目前实际情况来看,证券纠纷调解的衔接机制并不完善。[②]

(四)证券调解制度改进建议

1. 发布证券调解的示范案例,为深化多元化纠纷解决机制改革提供样本。比如,

---

① 参见《调解员名册》,载中国证券业协会官网:https://www.sac.net.cn/hyfw/zqjftj/tjymc/201904/t20190416_13838 5.html,最后访问日期:2019年12月10日。

② 参见陈明克:《我国证券纠纷调解机制研究》,载《武汉金融》2018年第4期。

2018年12月,最高人民法院发布了证券期货纠纷多元化解十大典型案例,其中涉及:[①](1)保荐机构先行赔付投资者损失的首次尝试;(2)深圳证监局、调解中心、深圳国际仲裁院通力协作,解决长达4年的上市公司控制权争夺纠纷的案例,充分体现了"专业调解+商事仲裁+行业自律+行政监管"四位一体争议解决机制在化解资本市场复杂矛盾纠纷方面的优势和成效;(3)最高人民法院委托调解的第一起商事案件;(4)交易系统故障引起纠纷的案例;(5)资本市场纠纷调解中首次使用资金提存公证手段促成调解的案例;(6)投资者与证券营业部佣金调整纠纷案例;(7)首例适用小额速调机制纠纷案例;(8)基金业协会会员间债券交易纠纷第一案,具有重要的行业示范意义。笔者认为,示范案例的发布主体还可以扩大到其他机构,例如,行业自律性组织、相关监管部门等,这些机构可以从自身的角度发布一些案例来分享实践经验,为证券纠纷调解提供借鉴意义。

2.要调动调解组织调解积极性和纠纷化解率,可以借鉴基层人民法院的调解经验。为了提高纠纷化解率,云南省昆明市富民县法院建立了"以奖代补"的调解激励制度,并且根据信访案件的程度,将奖金金额分档,起到了激励作用,调动了民间调解组织的积极性;在调解激励制度的落实下,该县的调解工作取得了显著成效,2018年处理近2900件民间纠纷,其中调解成功率超过99.9%。同时,富民县法院诉调对接,双向联动持续发力。[②]

3.完善司法确认制度。最高人民法院于2009年7月公布《关于建立健全诉讼与非诉讼相衔接的矛盾纠纷化解机制的若干意见》,该意见对做好"诉调对接"工作,为人民群众提供更多可供选择的纠纷解决方式指明了努力方向与奋斗目标。而后,全国人大常委会于2010年8月通过的《人民调解法》作为对"枫桥经验"的传承发展,其中第33条规定:"经人民调解委员会调解达成调解协议后,双方当事人认为有必要的,可以自调解协议生效之日三十日内共同向人民法院申请司法确认,人民法院应当及时对调解协议进行审查,依法确认调解协议的效力。"该规定首度对司法确认制度创设的实然性作出了法定评价。《民事诉讼法》(2012年修正)第194条将"法院确认调解协议案件"作为"诉调对接"的程序性安排进行了规定,明确调解协议双方当事人可向调解组织所在地基层人民法院申请司法确认,为基层人民法院"司法确认"的

① 参见最高人民法院:《证券期货纠纷多元化解十大典型案例》,载最高人民法院微信公众号,2018年12月5日。

② 参见富民县人民法院:《司法确认制度的基层实践与发展进路——以昆明市富民县人民法院为例》,载多元化纠纷解决机制公众号,2019年5月17日。

实践进路提供了制度依据。

"诉调对接"是对"枫桥经验"的传承发展,融合司法裁判权与民间调解力量为一体,与专指诉讼外非诉解纷的"域外替代性纠纷解决机制"(ADR)相比,成为中国特色社会主义司法制度的重大创新。在"调解在先,诉讼断后"的情境下,司法确认制度作为调解的补强支撑与后盾力量,论证了"当事人合意+司法确认有效+强制力保证执行=案结事了人和"的简单表达。"司法确认"以能为当事人提供便捷高效的司法服务,确保当事人有效协议得以强制执行以及免收诉讼费用等特点成为定分止争方式之优选。①

4. 在推进中国证券调解制度的过程中,可以引入在线矛盾纠纷多元化解平台。中国在线矛盾纠纷多元化解平台(http://yundr.gov.cn)于2017年3月正式上线,坚持"先试先行、边用边改"的原则在杭州市西湖区先行试点。2018年6月,浙江省全面推广。截至2018年12月31日,平台注册用户达647,589人,注册调解员34,341人,申请调解案件391,573件,结案385,627件,调解成功350,302件,调解成功率为90.83%。其中法院委派调解案件61,885件,申请司法确认案件10,018件。② 证券调解线上平台的建设,将有助于化解证券纠纷。

5. 将示范判决与委托调解相结合。2018年11月30日,最高人民法院和中国证券监督管理委员会联合印发《关于全面推进证券期货纠纷多元化解机制建设的意见》,规定证券期货监管机构在清理处置大规模群体性纠纷的过程中,可以采用示范判决+委托调解制度,引导其他当事人通过证券期货纠纷多元化解机制解决纠纷。③ 2019年8月7日,全国首例证券纠纷示范判决二审宣判,这是落实中国证监会与最高人民法院《关于全面推进证券期货纠纷多元化解机制建设的意见》的一项重大举措,标志着"示范判决+纠纷调解"这一具有中国特色的投资者维权机制落地实施。④ 在判决生效后,法院把判决结果告知平行案件当事人。对已经进入诉讼程序的相关当事人,法院将通过代理人等方式进行告知;对还未立案的相关当事人,法院将在立案窗口告知他们示范判决信息,从而促使相关当事人按照示范判决的裁判原则,委托或

① 参见富民县人民法院:《司法确认制度的基层实践与发展进路——以昆明市富民县人民法院为例》,载多元化纠纷解决机制公众号,2019年5月17日。

② 参见陈辽敏:《在线纠纷解决机制的创新与思考》,载多元化纠纷解决机制微信公众号,2019年1月2日。

③ 参见孙航:《最高法 证监会联合印发意见:全面推进证券期货纠纷多元化解机制建设》,载《人民法院报》2018年12月1日,第1版。

④ 参见阎庆民:《切实保护好投资者合法权益努力构建资本市场良好生态》,载证监会发布公众号,最后访问日期:2019年9月6日。

委派第三方专业机构进行核算后,进行调解,实现该类纠纷的快速解决。

上海金融法院采用"示范判决+委托调解+司法确认"的全链条机制。针对已立案的相关案件,上海金融法院将发挥示范判决的示范效应,促使当事人委托调解;针对尚未立案的案件,上海金融法院促使当事人委派调解后,根据当事人意愿,进行司法确认,从而确保该全链条机制覆盖各个阶段的纠纷,[①]实现证券虚假陈述群体性案件的整体、全面化解。[②] 此前,上海金融法院出台了全国首个证券纠纷示范判决机制的规定——《关于证券纠纷示范判决机制的规定》,首次明确了示范案件与平行案件的范围标准、示范案件的选定程序和审理规则、示范判决的效力扩张与取消原则、平行案件的衔接处理与简化程序。[③] 上述规则的明确,可以为全国法院建立证券纠纷示范判决机制提供可复制、可推广的经验。证券调解和示范判决进行对接,将大大有利于解决日益增长的诉讼纠纷。

刚通过的《全国法院民商事审判工作会议纪要》(以下简称《九民纪要》)第81条也规定,对于不采用《民事诉讼法》第54条规定的方式审理的案件,可以选取在案件事实和法律适用方面具有典型性和代表性的案件,作出示范判决,采取先行判决典型案件,其余案件委托专业机构调解的工作方式,及时有效地解决争议。

6.调解收费的部分开放。免费调解是我国《人民调解法》坚持的原则,免费调解的弊端显而易见,截断了调解员从调解服务市场运作中获取自我经营成本的渠道,结果是发展受到限制,无法在规模上突破发展。[④] 调节收费的部分开放,能满足自己职业发展的"被肯定"认知的需求;同时,提供资金支持调解员系统训练,提高调解员的专业水平。纽约初审最高法院商事庭的特邀调解员制度,规定调解的前3小时免费,之后按时间收费。我国可以借鉴于纽约州法院的经验,在特邀调解实施之初,担心调解收费原则无法吸引当事人进行调解,可采取免费原则;在实施一段时间后,根据实施效果和具体情况,尝试引入部分调解收费原则,例如,前几个小时为免费,后续收费。[⑤]

---

① 参见余东明、黄浩栋:《上海金融法院一周年:打开中国通往世界的"金融司法之窗"》,载法治长三角微信公众号,最后访问日期:2019年11月28日。

② 参见严剑漪:《全国首例证券纠纷示范判决案二审宣判:方正科技上诉请求被全部驳回》,载最高人民法院报微信公众号,最后访问日期:2019年11月28日。

③ 参见林晓镍、单素华、黄佩蕾:《上海金融法院证券纠纷示范判决机制的构建》,载《人民司法》2019年第22期。

④ 参见周建华:《论调解的市场化运作》,载《兰州学刊》2016年第4期。

⑤ See ADR Panel, in Journal of Court Innovation, 2009, Vol. 2, No. 1, p. 101. http://www.nycourts.gov/court-innovation/Spring-2009/JCISpring-2009.pdf.

7. 设立全国性的纠纷调解机构。随着多层次资本市场快速发展,投资者和市场经营主体之间的纠纷越发增多。权益受损的投资者通过仲裁、诉讼等方式维权成本高、周期长。2017年,"12386"热线受理的有效投诉7.3万起,监管系统内多家单位开展纠纷调解工作,每年5000件的调处量与实际需求尚有非常大的差距。原因是,地方性行业协会分行业和分区域的割裂式调解效果不佳。由于这些单位的法律身份是会员单位代表,调解并非主业,中立性容易受到质疑,需要设立一个受案范围覆盖证券、期货、基金、上市公司等全市场的全国纠纷调解机构。

设立全国纠纷调解机构是解决投服中心现有职责互相冲突的途径。投服中心为全市场3500多家上市公司的股东和虚假陈述等案件的原告和原告代理人,与调解中立第三方的定位冲突。将纠纷调解业务独立出来,能够解决内部职责互相冲突的问题。

8. 可以学习欧洲非诉机制的经验。在过去40年里,欧洲各国的非诉讼纠纷解决机制有了长足发展。欧洲司法委员会联盟与欧洲法律研究所建立了联合项目组,针对相关问题开展了深入细致研究,这项专题研究的另一个重要部分就是欧洲各国的法院和法官应当如何对待ADR机制、如何将诉讼案件通过ADR处理、如何保护和监督ADR合法运行、如何保障当事人的诉讼权利等问题,并提出了21项原则,被称为欧洲法官力挺ADR的"21条军规":(1)法院和法官如何鼓励ADR;(2)法院和法官如何掌控ADR机制的标准;(3)法院和法官如何保障当事人的诉权。[①]

进一步完善举证责任、赔偿数额确定等相关制度,侧重投资者权益保护。《九民纪要》第五部分对金融消费者权益保护纠纷案件的审理进行了规定。即卖方机构未尽适当性义务,卖方机构未尽适当性义务使消费者受到损害的,受害者既可以请求金融产品的发行人、销售者单独或者共同承担赔偿责任。[②] 同时,卖方机构对其是否履行了"将适当的产品(或者服务)销售(或者提供)给适合的金融消费者"义务承担举证责任。卖方机构不能提供证据证明其已经具备完善的管理制度、有效的风险评估体系等,应承担举证不能的法律后果。[③] 可见,为了更好地保护投资者的合法权益,金融机构承担了十分严格的责任。因此,为了更好落实《九民纪要》的规定,证券调解制度中应相应地进行更具体的规定。

---

① 参见蒋惠岭:《欧洲法官力挺非诉机制的"21条军规"》,载多元化纠纷解决机制公众号,最后访问日期:2019年9月7日。

② 参见《九民纪要》第73条。

③ 参见《九民纪要》第75条。

四、结　　语

习近平总书记在2015年11月召开的中央财经领导小组第十一次会议上指出，要防范化解金融险，加快形成融资功能完备、基础制度扎实、市场监管有效、投资者权益得到充分保护的股票市场。[①] 随着我国多层次资本市场的逐步建立，高效解决证券纠纷、保护中下投资者的权益，是资本市场健康发展的重要任务。为此，有必要对中国的实践深入调研，探索出中国特色证券期货纠纷解决之道。

集体诉讼的引入，会导致大公司诉讼频繁、小公司无人诉的失衡结果，不仅不足以保护众多中小投资者利益，而且可能带来新的问题。证券纠纷的化解，有赖于多元化纠纷解决机制的建设。

① 参见《习近平主持召开中央财经领导小组第十一次会议》，载新华网：http://www.xinhuanet.com/politics/2015-11/10/c_1117099915.htm，最后访问日期：2019年11月28日。

我国上市公司股东提案权制度的实证分析及完善路径

刘卫锋[*]　周　甜[**]

摘　要：股东提案权制度是保障公司股东尤其是中小股东权利的一项基础性法律制度，这项制度使股东能够更加积极地参与公司治理活动，然而，现行法上采用了"宜粗不宜细"的立法策略，对股东提案权制度只作了笼统性的规定，受制于相关理论基础和法律规定的缺失，我国的股东提案权制度并没有发挥出其应有的制度功能，在实践中往往流于形式。鉴于此，通过对我国股东提案权制度进行实证分析，检视我国股东提案权在股东主体资格条件、提案排除规则和程序、争议解决和救济等方面存在的困境，再结合域外实践经验，对我国上市公司股东提案权制度提出完善建议。

关键词：股东提案权　提案排除规则　救济制度

一、问题提出

现代公司中存在多方利益主体，股东提案权制度能够有效平衡公司高管与投资者利益、平衡大股东与中小股东利益，应对现代公司出现的一些新特点，起到了完善公司治理结构的作用。股东提案权制度最先在美国建立，我国在2005年《公司法》修改时才正式引入了股东提案权制度，在实践中还存在一些问题。

首先，该制度体现在我国《公司法》第102条第2款的规定，该条文的规定较为模糊，对提案权主体资格条件限定过严、提案程序要求不合理、缺乏救济制度等，导致该制度在实践中无法发挥应有的功能，截至2019年5月29日，笔者在open law以"股

---

*　西北政法大学民商法学院助理教授，法学博士。

**　西北大学法学院硕士研究生。

东提案权”为关键词，以与公司、证券、保险、票据等有关的民事纠纷为案由，搜索全部判决书，共有479份，文书判决时间统计情况如图1所示。而在这些案件中，实质涉及股东提案权制度的案件少之又少。在中国裁判文书网上，以“股东提案权”为关键词，检索到的案件只有14条。由此可见，股东提案权制度在实践中可操作性不强，并未发挥出应有的作用，并没有成为保障中小股东利益的有效途径，这与我国提案权制度仍不完善有很大关系。

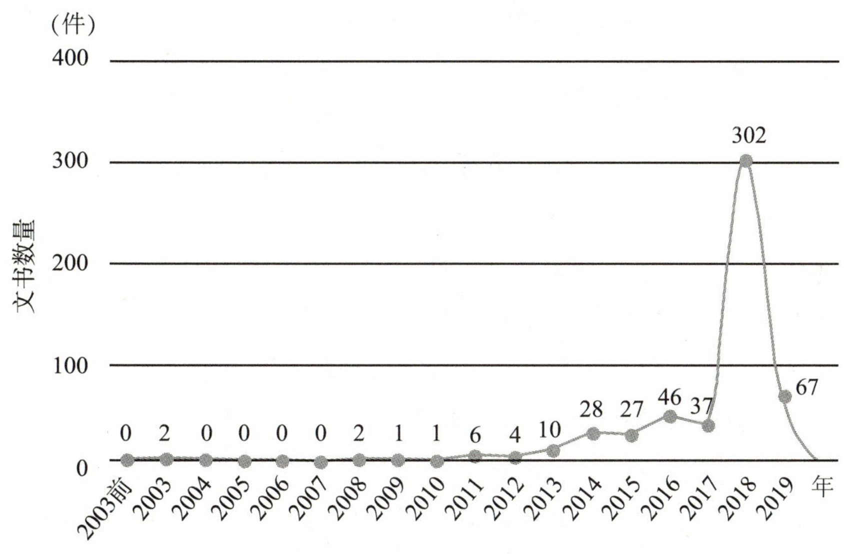

图1 文书判决时间统计

其次，由于我国法律缺乏对提案内容的合理限制，缺乏提案排除规则，对提案数量也没有限制，导致时间中“垃圾提案”过多，不仅不能为公司治理提供有效提案，反而影响了公司的经营决策效率，甚至成为股东进行投机，操纵市场、谋取不法利益的工具。上市公司提案股东可能利用其提案权在参与公司治理的过程中会在证券市场产生附加影响的特性，将本用于公司治理的提案权转用于影响公司股价，以满足自身私人收益。2011年3月18日，凯诺科技(600398)小股东曾向公司股东大会提出高送转议案，提议公司向全体股东每10股送10股派现1元。2011年3月24日凯诺科技公告，该提议被列为股东大会临时提案。此后短短三天，凯诺科技股价暴涨。[①] 鉴于我国证券市场投机性较强，提案股东与其他投资者之间存在严重的信息不对称现象，股东提案权滥用甚至引发内幕交易嫌疑问题值得警惕。

---

① 参见《凯诺科技：人为操纵股价 精心设局拉高出货》，载新浪财经网：http://finance.sina.com.cn/stock/s/20110410/11549663805.shtml，最后访问日期：2019年7月15日。

最后,提案权制度的不完善在实践中也引发出新问题。2017年年初,广西慧球科技"1001"项提案时间引发热议,其实质是董事会成员为了争夺公司控制权,意图利用这些奇葩提案延缓临时股东大会召开。① 虽然这一事件表面上和股东的提案权无关,但实质上正是由于董事会滥用提案权损害了股东的提案权。公司股东的提案可能因为董事会的股东大会提案过多的原因被忽视,无法得到股东大会的有效审议。2017年5月12日,中国证监会对广西慧球科技股份有限公司及有关董事会成员作出处罚决定书,但其中并未有丝毫涉及股东提案权这一方面,这说明,在实践中,我国股东提案权制度已经出现了新问题。

二、股东提案权制度功能

(一)平衡股东与公司经营管理层利益

随着公司经营活动趋于高度复杂化和专业化,现代公司的显著特征是所有权与经营控制权分离。公司股东作为投资者享有公司的所有权,但并不参与公司的经营管理,而是由股东大会选举董事会,由董事会聘任高级管理人员对公司进行管理。公司机关制度由股东大会中心主义向董事会中心主义变迁。② 从公司治理结构上来看,股东大会名义上仍然是公司的最高权力机关,但公司的运营的支配者和控制者是管理层。股东大会中待表决的议题大多由董事会提交,体现董事会的意志和利益。同时,由于证券市场高度发达,股票发行高度分散化,由此导致了公司股东集中持股比例的大幅下降。在股份高度分散的情况下,股东及股东大会权限的弱化使公司董事会更容易把持公司的经营权。万科董事长王石与股东宝能系之争显示出现代公司管理高层与公司股东之间的利益冲突。

平衡公司所有者与经营者之间的权利利益成为现代公司治理制度改善的一大目标。股东提案权是股东维护自身利益的重要途径。在以往,股东会议有权对有关公司重大事项作出决议,但通常都是被动的,因为议案都是董事会提前准备好的,股东无法决定决议的内容,只能在会议上作出表决,这就极有可能导致董事会垄断公司经营决策权,逐渐使股东大会成为"橡皮图章"。但在提案权制度下,股东通过股东提案

---

① 参见《ST慧球"1001项议案"动机曝光 鲜言或承担多种法律责任》,载新浪财经网:http://finance.sina.com.cn/roll/2017-05-22/doc-ifyfkkmc9976261.shtml,最后访问日期:2019年7月15日。

② 参见肖金锋:《上市公司股东提案权制度研究》,载郭锋主编:《证券法律评论》(2014年卷),中国法制出版社2015年版,第234~245页。

权的行使,有机会参与公司业务的经营决策,能够积极参与公司治理,调和股东和经营者之间的利益关系,并在一定程度上避免董事会专权。[①] 在美国著名的"人权医学委员会诉美国证监会案"("Medical Committee for human rights v. SEC")中,上述法院即宣称,"股东提案权的首要目的是保证股东能够行使其权利以实现其作为公司所有者对公司重要决策的控制……股东提案权有助于国会在1934年证券交易法中所提倡的股东民主"。[②]

(二)平衡大股东与中小股东利益

股份公司具有极强的资合性性质,股东对公司经营决策的影响力取决于其所持公司股份。因此,中小股东在公司经营管理中的话语权十分微弱,他们在股东大会中只能对董事会所定议题进行表决,公司的意志体现的是大股东的意志,中小股东利益难以得到保护。

而股东提案权制度有助于保护中小股东的利益。赋予股东提案权使中小股东可以在公司经营管理中发表自己的建议和意见,维护自身利益,避免公司大股东垄断公司经营。

在资本多数决原则下,赋予股东提案权可以使中小股东有机会参与公司经营管理,为中小股东提供表达自身诉求的有效途径,平衡大股东与中小股东之间利益失衡。因此,股东提案权能平衡公司各方主体的利益,实现公司组织的稳定。

(三)公司的社会责任

股东提案权诞生之初,提案主要聚焦于公司内部事务,如管理层的薪酬、分红派息、股份回购等。但自1970年以后,在各大型公司尤其是跨国公司股东大会中,有关人权、环境保护、种族歧视、商业道德、消费者权益保护等公共议案逐步增多,这些公共议案公司对政策拟定及营运展开产生了重大影响。与此相适应,国际上掀起了上市公司披露社会责任报告的潮流。股东提案权制度对公司践行社会责任发挥了重要的推动作用。

---

① 参见汤春来:《公司正义的制度认证与创新》,载《法律科学》2003年第3期。

② 伍坚:《股东提案权制度:美国的立法与启示》,载《证券市场导报》2012年第1期。

三、我国上市公司股东提案权制度的实证分析

(一)上市公司股东会会议资料披露

由于在裁判文书网中关于股东提案权过少,而股东大会会议资料是上市公司披露事项之一,因此,本文试图通过上市公司关于股东大会会议资料的披露来考察我国股东提案权制度在实践中的问题。截至2019年6月30日,在深圳证券交易所网站,以“股东提案”为关键词,检索到上市公司披露信息共414条。本文以2018年1月1日至2019年6月30日的51条数据为样本进行分析。

1. 提案股东持股份额分析

根据我国《公司法》的规定,有资格提案的是单独或合计持有公司3%以上股份的股东。根据上市公司在证交所网站披露的信息,在51条数据中,其中有19位提案股东是公司控股股东,有5位是公司第一大股东,有4位股东的持股份额占50%以上,有27位股东的持股份额占10%以上,有50项提案是由1名股东单独提出,只有1项提案是由2名股东合并提出。

2. 提案审查情况分析

我国《公司法》并没有规定股东提案的审查制度以及排除规则。在审查方面,根据所披露的内容,在51条数据中,只有一条股东提案未经审查,其余50条股东提案都受到审查。在审查主体中,有44条提案是由董事会召开会议进行审议;有2条提案是由独立董事发表意见;有1条提案先经董事会、监事会审核通过,再由独立董事发表意见;有4条提案是先经董事会审议通过,并有独立董事发表意见。

在提案排除方面,在51条提案中,有4条提案被排除,47条提案被通过。在被排除的提案中,有2条提案是因为未在股东大会召开前10日提出,有1条提案是因为文件不完备,有1条是因为不符合公司经营管理现状。在47条被通过的提案中,有1条未经审查;有44条审核条件是提案股东持股份额、提案内容是否属于股东大会职权范围、提案程序是否符合法律及章程规定;有2条除审核上述内容外,还将是否损害其他股东利益作为审核条件,这一审核是由独立董事发表意见的,这2条提案内容与提名董事会候选人、监事会候选人、独立董事候选人有关。

3. 提案救济情况分析

我国《公司法》并未规定提案权救济制度。在上述被排除的4项提案中,因提案

程序也就是提案时间不符合法律规定而被排除的2项提案,该上市公司表明会将股东提案交由后续股东大会审议;因文件不符合而被排除的提案,该上市公司表明股东完善相关文件后会对提案进行审议;因不符合公司经营管理现状而被排除的提案,上市公司并未表明该股东有救济程序。

(二)上市公司章程

在深圳证券交易所网站查询到的上市公司章程中,随机选择100份对公司章程中规定的股东提案权进行分析。

在100份公司章程中,全部规定了股东提案权,并且存在共性。在股东资格方面要求单独或合并持股3%以上;在提案内容方面要求与法律、法规和章程不相抵触,并属于公司经营范围和股东大会职责范围;在形式上要求以书面形式提出;在程序上要求在股东大会召开10日前提出;在性质上,股东提案均属于临时提案。除这些共性规定外,有6份公司章程作出了特殊要求。

1. 对提案股东资格的特别要求

远程电缆股份有限公司要求单独或者合并持有公司3%(不含投票代理权)以上股份的股东有权提出提案。广西柳工机械股份有限公司章程规定,单独或者合并持有公司股份15%以上股东有权向股东大会提名董事候选人及非职工代表担任的监事候选人。

2. 对提案内容的特别要求

广西柳工机械股份有限公司章程规定,股东提出董事、监事候选人的,提案内容应当包括:提名人的姓名或名称、持有公司股份的数量、被提名候选人的名单、候选人的简历及基本情况等,提案应附所提名的候选人同意被提名的声明及章程要求的承诺书、提名人的有效身份证明和持股证明。

3. 对提案审核的特别要求

在审查主体方面,武汉高德红外股份有限公司以及潍柴动力股份有限公司、通源石油科技集团股份有限公司规定,董事会有权对股东提案进行审查,江苏哈工智能机器人股份有限公司章程规定,召集人有权对股东提案进行审查。

审查标准,是提案是否属于股东大会职权范围、是否有明确议题和具体决议事项、是否符合法律法规和章程的有关规定。其中,武汉高德红外股份有限公司、通源石油科技集团股份有限公司的章程还规定董事会还应当以公司和股东利益为行为准则,对股东提案进行审查。

在审查程序方面,潍柴动力股份有限公司章程规定,董事会应对股东提案进行审核,如果不符合标准,董事会可不将股东提案提交股东大会表决,但应当在该次股东大会上进行解释和说明。在董事会闭会期间,由公司董事长联合其他不少于 2 名董事组成临时审核委员会对股东临时提案进行审核。若临时审核委员会认为临时提案涉及事项重大,也可以召开临时董事会审议,该会议提前通知董事的时间可以少于 2 天。

4. 对救济程序的特别规定

潍柴动力股份有限公司的章程规定,提出临时提案的股东对董事会不将其提案列入股东大会议程决定持有异议的,可以按照章程相关规定程序和要求另行召开临时股东大会。

四、国外股东提案权制度的实践

(一)美国

根据美国《1934 年证券交易法》第 14 条的授权,美国证券交易委员会制定了《委托书征集规则》,其中在 14a 中规定了股东提案规则。

第一,在提案主体资格方面,美国在股东持股数量和持股时间方面均作出了限制。根据美国《1934 年证券交易法》14a－8 之规定,提案股东必须持有公司 1% 或市值 2000 美元以上的有表决权的股票,并要求提案股东必须持续 1 年以上持有公司股份并在股东大会期间持续持有,股东应提交证据证明持股时间持续 1 年以上,并作出在股东大会期间继续持股的声明。

第二,在提案形式方面,委托书规则对提案的数量及字数均作出了规定。美国委托书规则 14a－8(c)规定每位股东在每次股东大会上只能提交一件提案。此外,14a－8(d)规定,包括请求支持的说明在内,提案不得超过 500 字。

第三,在提案程序方面,委托书规则 14a－8(e)(2)对提交提案的期限作出了详细规定。(1)若想将提案在年度股东大会表决,则提案提交的最后期限可参考上一年度确定提案提交的最后期限。如果上一年度没有举行定期股东大会或者今年的股东年会的召开时间与去年相差 30 天以上,则可以在公司所提交的季度报告中查询。(2)若想将提案在定期召开的年会中表决,则提案必须在上一年度公司向股东寄送表决权征集材料的同一时间的前 120 天送达公司管理层。若上一年度没有召开股东大会或者该年召开股东大会的日期已经与前一年年相差30天以上，则提交提案的日期应为公司开始印刷和邮寄其代理权材料之前的合理时间。(3)如果向临时股东大会提案，则提交提案的日期应为公司开始印刷和邮寄其委托书征集材料之前的合理期间。

第四，在提案排除规则方面，美国委托书规则14a－8(i)详细列举了公司可以排除股东提案的13项情形：(1)根据公司所在地法律(州法)，该议题被认为"不适当"；(2)一旦提案被执行，将会使公司违反州法、联邦法或外国法；(3)提案违反了美国证券交易委员会制定的委托书征集规则；(4)提案涉及个人恩怨或特别利益；(5)提案涉及的营业低于上一会计年度公司总资产的5%，并低于净利润与销售总额的5%，并与公司营业没有重大关联；(6)公司缺乏实施提案的权限；(7)提案有关公司日常经营管理；(8)提案涉及董事会或类似机构的选举；(9)提案与公司将提交给同次股东大会的提案相冲突；(10)公司已经实质上实施了提案；(11)提案事项与其他股东的提案实质上重复，且公司已计划将其他股东的提案列入委托书征求材料中者。(12)实质上相同的提案在过去5年内曾经被提出过1次，经表决后赞成票低于3%的；或提出过两次，经表决后赞成票低于6%的；或提出过3次，经表决后赞成票低于10%的，公司可在该提案最近提出的3年内排除与其相同的提案；(13)提案涉及特定数额的股利分配。此外，委托书规则14a－8(j)还规定了公司排除股东提案的程序。公司若想排除股东提案，必须在表决代理权征集前80日向美国证券交易委员会提供股东提案副本并说明排除理由，经美国证券交易委员会出具"无异议函"后，公司才能排除股东提案。

第五，在提案权救济方面，美国采取行政和司法双重救济机制。美国证券交易委员会对股东提案争议享有司法审查权。对不适格的提案，证券交易委员会通知提案股东修改以符合委托书规则的要求，并告知提案股东如不修改提案，该提案将会被排除。公司排除股东提案必须获得证券交易委员会的"无异议函"，如果在未获得"无异议函"的情形下排除股东提案，证券交易委员会可以禁止该公司公布征集委托书，并要求公司董事会向公司股东重新发送含有该股东提案的委托书征集材料。如果股东或者公司不服证券交易委员会的行政决定，可以申请复核或者向法院提起诉讼。

(二)日本

日本《公司法》第303条至第305条规定了股东提案权。其最大特点是，区分议题提案权、议案提案权与议案受领通知权，以及区分公司是否设置董事会以及是否公开发行股份。①

第一,在提案主体资格方面,对于议案提案权,只要股东享有公司一个表决权就可以在股东大会上提出议案。对议题提出权和议案受领通知权,未设置董事会的普通股份有限公司的股东只要享有公司一个表决权就可以在股东大会上提出议题;设置董事会的公司股东则要求单独或合并拥有总股东表决权1%以上或持有300个以上表决权。此外,日本《公司法》也对股东持股时间作出了限制。对议案权,对持股持续时间没有要求,但要求提案股东在股东大会召开期间继续持有股权。对议题权与议案受领通知权,如果是设置董事会的公众公司的股东,必须连续持有公司股权6个月以上,对设置董事会的非公众公司的股东,要求之前已持续6个月持有公司股权。

第二,在提案数量及字数上,日本并没有作出限制,导致在实践中股东滥用提案权,影响公司经营管理决策的效率。而这也成为日本公司法对提案权制度修改的趋势之一。

第三,在提案排除规则主要包括两项:一是提案不属于股东可以行使表决权的事项;二是议案违反法令或公司章程。日本《公司法》明确规定,由董事会对提案进行审核。

第四,在提案权行使程序方面,议题权需要提前6个月行使的权利,议案要领通知权也需要提前8周行使,而议案提案权,是针对本次股东大会的议题在股东大会上当场提出的。

第五,在提案权救济制度方面,如果受到侵害的是议案提出权,通说认为股东大会在召集程序上存在瑕疵,股东可以请求法院撤销股东大会决议,这是一种司法救济。如果受到侵害的是议题提出权,通说和判例认为,此时不存在可以取消的股东大会决议,只可对董事处以行政罚款。

五、我国股东提案权的困境及实现路径

(一)我国提案权制度存在的困境

1. 提案股东资格条件的问题

首先,持股数量限制比例过高、持股标准过于僵化。如前文所述,很多国家为避

① 参见梁上上、[日]加藤贵仁、朱大明:《中日股东提案权的剖析与借鉴——一种精细化比较的尝试》,载《清华法学》2019年第2期。

免单一比例性标准过于僵化而兼采了比例性标准或绝对数标准。比如,美国、日本、韩国。但我国不区分公司规模、公开程度等因素规定了单一性标准,不符合实践发展的需要。此外,对很多上市公司来说,持股3%以上的股东已经算是公司大股东了,通常在董事会、监事会或高级管理人员会有自己的代表,从而对公司的经营决策施加相当的影响,股东提案权相对来说不是很重要。对广大中小股东来说,更加需要这一制度的保护,但这些股东很难从持股比例上达到要求。从上述对上市公司披露信息的分析来看,提案股东大多数属于大股东,中小股东的话语权和自身利益仍旧不能体现在股东大会上,我国的提案权制度实际上并未发挥应有的功能。

其次,缺乏持股时间的规定。提案权制度的目的在于让股东有效地参与公司治理,我国《公司法》并未对提案股东持股时间作出要求,而很多公司章程也并未对此作出特殊要求,使提案权制度有被部分股东利用从而谋取自身短期利益的倾向。例如,上市公司海润光伏(600401)原股东紫金电子、九润管业、杨某某于2015年1月23日(在法定业绩预告截止日期前的敏感时点),在事先未披露公司业绩亏损公告的情形下,提出向全体股东每10股转增20股的高送转利好提案,引发公司股价暴涨。① 上述三股东在提案后不到1周的时间内便大规模减持股份,其提案动机不是以通过股东大会决议为目的,而是利用股东提案权误导投资者,谋取自身利益。

2. 缺乏对提案数量及提案字数的限制

提案权设置的目的,是平衡公司股东与管理层、大股东与中小股东之间的利益。但如果对股东提案数量不作限制,一方面,将会影响股东大会表决效率;另一方面,有的大股东将会利用自身优势地位提出过多提案,使小股东的提案得不到股东大会表决。虽然信息化发展可以节省股东提案产生的印刷费、邮寄费等,但过于冗长的提案会影响公司审核提案的效率,也会增加其他股东了解提案的时间成本。

3. 提案排除规则和审查制度不明确

在提案的排除规则方面,我国现行《公司法》只要求提案的内容属于股东大会职责范围并有明确和具体的决议事项,未规定提案排除的具体情形,也未规定明确的排除程序,也未规定提案的审查主体及审查原则。在实践中,提案权审查主体不统一,多由董事会进行审查,但在"中国农业生产资料集团公司与广州东凌国际投资股份有限公司公司决议效力确认纠纷案"中,法院认为,董事会应当对符合形式要件的提案

① 参见《拟每10股转增20股海润光伏涨停——市场》,载上海证券报·中国证券网:http://stock.cnstock.com/stock/smk_gszbs/201501/3321460.htm.,最后访问日期:2019年7月15日。

提交股东大会审议,并无权决定不予提交。①

4. 缺乏提案救济制度

无救济则无权利,很多国家在股东提案权制度中规定了救济程序。美国采取行政和司法救济双重救济机制。在日本和韩国,学界通说和判例都区分股东提案的内容进而给予不同的救济方式。《加拿大商业公司法》赋予了法院事前介入的权力。根据该法第 137 条第 8 款、第 9 款的规定,对是否应将股东提案列入会议日程的争议,股东、公司或者利害关系人可以向法院起诉解决。

但目前我国股东提案权在此方面属于空白。如果股东的正当提案被董事会滥用权力排除,无法提请股东大会审议,那么被侵害的股东只能援引我国《公司法》第 22 条有关瑕疵股东大会决议无效或可撤销的规定。但该条款并非专门为股东提案权制度而设立,针对性不强,且这一救济措施的成本过高。

(二)我国股东提案权制度的实现路径

1. 提案股东资格条件的完善

首先,由于上市公司和非上市公司经营规模、股权分散程度不同,因此,应当对提案权主体的限制有所区别,我国可以借鉴韩国模式。且对上市公司的持股比例要求应当适当降低。很多学者认为,我国应当兼采比例性标准和绝对性标准。但笔者认为,正是由于公司之间规模差异很大,如果规定具体数额,很难符合公司间的差异。就美国而言,2000 美元的标准对小公司的股东来说或许很严格,但对大公司的股东来说,是很容易满足的。另外,由于货币价值本来就会波动,如果法律规定具体的持股市值,将难以适应经济变化。因此,笔者认为,对上市公司只规定比例性标准即可。

其次,应当增加持股时间的要求,避免股东利用提案权进行短期交易,误导投资者、谋取非法利益。

2. 对提案数量及提案字数作出限制

过于繁多的提案和过于冗长的提案将会影响公司效率,因此,我国应当对提案的数量和字数作出限制,在此方面可以借鉴美国的规定。拥有提案主体资格的股东每次只能提出一项提案,并将字数限制在 500 字以内,股东仅需简明扼要地说明提案内容,对提案正当性及合理性不应过度阐述。

① (2018)粤 0105 民初 761 号。

3. 完善提案排除规则和审查制度

由于股东提案的质量决定了公司决议的效率。因此,应当建立提案排除规则及审查制度,明确审查主体和审查原则。

各国对提案排除规则的规定不一。在韩国,股东提案的内容不得违反法令或者公司章程。美国委托书规则 14a－8(i)逐详细列举了公司可以排除股东提案的 13 项情形。由于美国采取“董事会中心主义”,很多权力是董事会享有的,股东无权对此提出提案。比如,首先,在美国,董事会享有公司日常经营管理的权力,股东大会不得介入一般性的管理事务,因此,股东提案如果与公司一般性管理事务相关将被排除;其次,在美国各州公司法中,利润分派属于董事会的权限,股东对此也无提案权;最后,董事提名权一般由董事会下属的提名委员会掌控,股东仅有同意权而无提案权。因此,提案排除规则是建立在美国特有的公司治理模式之中的,我国在建立提案排除规则时可以有选择性地借鉴。

对我国来说,应当区分一般提案与特殊提案。对一般提案来说,应当由董事会进行形式审查。首先,董事会是股东大会的召集者,由董事会审查股东提案能避免不必要的程序,避免影响公司经营决策效率。其次,董事会是公司日常经营主体,对股东提案的审查更具优势。对涉及董事会候选人、监事会候选人、独立董事候选人等事项的提案,应当还由监事会、独立董事发表意见。

4. 建立提案权救济制度

对提案权的救济,应当采取双重救济模式。首先,行政救济具有成本低、效率高的优点,很多国家都规定了行政救济模式。比如,在美国,如果公司不顾 SEC 的要求,拒绝将股东提案列入委托书征求材料,SEC 可以命令禁止公司征求委托书,并向公司股东重新寄送包含股东提案的征求材料。在股东大会召开前,可以命令会议延期召开;已经召开的,在股东大会决议施行前可以请求法院宣告决议无效,并命其重新召开股东大会。其次,在司法救济层面,如果股东提案遭到董事会否决,股东大会尚未召开,股东可以诉请法院将提案纳入股东大会待决议事项;如果股东大会已经召开,股东可以依据我国《公司法》第 22 条提起股东会决议撤销之诉。

5. 我国公司分类制度改革

我国《公司法》对提案权的规定是在第四章“股份有限公司的设立和组织机构”中,从体系上可以推出,我国法律中规定的提案权只适用于股份有限公司。在司法实践中,法官也排除了有限责任公司股东的提案权。比如,在“魏某某与北京京鲁伟业科技发展有限公司等公司决议撤销纠纷案"一审的民事判决书中,法院认为,"从现行《公司法》的其他规定内容来看,作为股份有限公司单独或者合计持有公司百分之三以上股份的股东,可以在股东大会召开十日前提出临时提案并书面提交董事会。由此看来,股东临时提案权的合法行使问题,仅系与股份有限公司依法召开股东大会的程序有关"。[①] 但笔者认为,这种制度设计已经不符合实践发展需要。

首先,国外对公司分类的标准大多数是封闭性和公开性,而我国有限责任公司与股份有限公司的分类已经被许多学者所诟病,按照这种分类来决定提案权的适用范围显然是不合理的。从实践来看,很多国有企业和家族企业为了追求公司治理的灵活性,都是采用有限责任公司形式,对这些公司的中小股东来说,他们也需要提案权来避免公司经营权被大股东垄断,损害自身利益。而股份有限公司中有很多都是小规模、非上市公司,对这些公司来说,赋予股东提案权显然是没有必要的。其次,从比较法上来看,各国提案权制度的设计都是和公司分类有密切关系的。因此,我国借鉴其提案权制度的时候,必须考虑本国公司分类的现实,否则难以保证借鉴的制度在我国发挥价值。比如,日本根据议案权、议题权、议案受领权三种权利的不同特点和不同种类公司的特点来划分提案权的适用范围。议案权可以即时行使,不会影响公司经营效率,适用于所有公司;议题权、议案受领权适用于股份公司。而在股份有限公司中,普通的股份公司、设置董事会的公众公司、设置董事会的非公众公司对提案主体资格、持股时间的要求也是不同的。在美国,公司分为公众公司和闭锁公司,其股东提案权制度适用于公众公司。因此,提案权制度的完善靠借鉴别国的提案权制度是不够的,它是以公司分类为基础的。为了充分发挥提案权制度的价值,我国应当根据实践需要,改革公司分类制度,进而完善股东提案权制度。

---

① (2014)海民初字第14841号。

投资者保护机构在中国式证券集体诉讼的主体构想

鲁小木[*]　夏雯雯[**]

摘　要：完善证券群体性诉讼机制一直是理论与实务界的重要议题。目前，我国证券诉讼案件量较大，但维权成本高、专业知识欠缺等问题严重阻碍了投资者诉讼维权。虽然投服中心的证券支持诉讼已初有成效，但支持诉讼方主体地位缺失导致诉讼效果仍十分受限。2019年12月通过的《证券法》明确规定投资者保护机构可作为诉讼代表人参加"默示加入、明示退出"的中国式证券集体诉讼，有必要对其从案件受理、原告、被告、审理裁判、执行赔付等各方面进行全方位设计，使该制度顺利启动实施。本文旨在通过充分发挥公益投资者保护机构的作用，探究中国证券群体性纠纷解决新模式。

关键词：新《证券法》　证券集体诉讼　投资者保护机构　投服中心

自2002年"大庆联谊民事赔偿案"开始，证券群体性诉讼机制如何完善的讨论在理论与实务界便从未间断。2018年，中国证监会启动境外集团诉讼调研；2019年5月15日，中国证监会副主席阎庆民在"5·15全国投资者保护宣传日"启动仪式上宣布："推动建立符合中国市场实际的集体诉讼制度，完善证券侵权民事赔偿诉讼制度，健全示范判决等机制，研究建立投资者专项赔偿基金。"①2019年8月31日，国务院金融稳定委员会第七次会议强调，"要大力保护投资者合法权益，健全资本市场法治体

* 中证中小投资者服务中心有限责任公司维权事务部总监。

** 中证中小投资者服务中心有限责任公司维权事务部经理。

① 《强化责任担当　发挥各方合力努力构建资本市场投资者保护新格局——阎庆民副主席在"5·15全国投资者保护宣传日"启动仪式上的讲话》，载中国证券监督管理委员会官网：http://www.csrc.gov.cn/pub/newsite/zjhxwfb/xwdd/201905/t20190515_355804.html，最后访问日期：2019年12月12日。

系,加快修订相关法律法规,强化法律责任追究,大幅提高违法成本,严厉查处近来出现的各种欺诈违法案件,为满足人民群众财富保值增值等多元诉求营造良好的市场生态”。[①] 2019年12月召开的中央经济工作会议指出,“要完善金融基础设施,强化监管和服务能力。资本市场在金融运行中具有牵一发而动全身的作用,要通过深化改革,打造一个规范、透明、开放、有活力、有韧性的资本市场,提高上市公司质量……”[②]2019年12月28日,修订后的《证券法》(以下简称新《证券法》)正式出台,其第95条第3款规定,“投资者保护机构受五十名以上投资者委托,可以作为代表人参加诉讼,并为经证券登记结算机构确认的权利人依照前款规定向人民法院登记,但投资者明确表示不愿意参加该诉讼的除外”,“默示加入、明示退出”的“中国式证券集体诉讼”制度正式确立。

一、当前证券群体诉讼概况

自2003年最高法院出台《关于审判证券市场因虚假陈述引发的民事赔偿案件的若干规定》(以下简称《司法解释》)以后,虚假陈述民事赔偿逐年增多,尤其是近几年增长较快,但操纵市场民事赔偿诉讼寥寥无几,[③]内幕交易民事赔偿几乎空白。[④]

(一)总体诉讼情况

据了解,全国法院共受理的各类证券民事赔偿2015年5026件,2016年5798件,2017年7358件,2018年14,698件;其中绝大部分是虚假陈述纠纷案件,如2018年受理虚假陈述纠纷案件13,580件,审结9700件,受案增长近一倍。另据不完全统计,历年虚假陈述案件原告总数超过4万人,诉讼标的总额超过60亿元,有200余家上市公司面临索赔。在证券支持诉讼之前,此类案件多为社会律师代理,诉讼成本较高,且同一案件原告投资者及代理人较为分散,耗费大量司法资源。如在2019年7月湖南尔康制药案件中原告代理律师就达100多位,法院开庭审理时从中选出的律

---

① 《国务院金融稳定发展委员会召开第七次会议》,载中央人民政府网:http://www.gov.cn/guowuyuan/2019-09/01/content_5426334.htm,最后访问日期:2019年12月12日。

② 《中央经济工作会议举行 习近平李克强作重要讲话》,载中央人民政府网:http://www.gov.cn/xinwen/2019-12/12/content_5460670.htm,最后访问日期:2019年12月31日。

③ 2017年8月,中国证监会对恒康医疗市场操纵违法违规行为进行行政处罚,投服中心针对该市场操纵违法违规行为提起支持诉讼,并于2019月8月6日正式立案,目前该案正由成都市中级人民法院审理中。

④ 2013年8月16日,“光大乌龙指”事件发生,2013年11月1日,中国证监会认定光大证券的对冲行为构成内幕交易并作出行政处罚决定,投资者对该内幕交易行为提起诉讼。2015年9月30日,上海市第二中级人民法院判决首批6名投资者胜诉,相关一审判决书可参见(2013)沪一中民六(商)初字第30号等。

师代表也达10位。

（二）证券支持诉讼

2014年12月，中国证监会设立直属公益投资者保护机构——中证中小投资者服务中心（以下简称投服中心），2016年7月，投服中心向“匹凸匹”公司提起全国首例证券虚假陈述民事赔偿支持诉讼，[①]开启了公益投资者保护机构帮助中小投资者维权的全新模式，先后经历了公开征集、支持个别适格投资者两个阶段。在公开征集阶段，共提起支持诉讼8件，征集投资者970人，涉诉金额近人民币1.13亿元。至2019年12月底，共提起支持诉讼24件（其中法院受理19件），股东诉讼1件。[②] 在支持诉讼实践中，为解决证券虚假陈述案件损失计算的“痛点”“难点”，投服中心于2017年着手开发损失计算软件，2019年2月受上海金融法院委托对全国首例示范案件——“方正科技虚假陈述案”出具损失核定意见，法院采纳了核定意见并作出全国首例示范判决。至2019年12月底，全国已有9家法院就14起虚假陈述案件委托投服中心进行核定，涉及投资者超3000人，核定损失金额超4亿元人民币。[③]

（三）存在的问题

从投资者角度来看，证券侵权民事诉讼中的突出问题有四个：一是维权成本高。诉讼费和律师费两大门槛阻碍了一些投资者通过司法救济途径维权；起诉阶段提交公安机关或公证机关出具的身份证明材料费时费力，许多投资者因手续烦琐而放弃维权。二是专业知识欠缺。此类诉讼需要投资者证明因果关系及损失金额，其中对被告经常抗辩的存在系统或非系统风险，绝大多数的原告投资者难于应对。三是审理效率不理想。被告会用尽程序权利拖延时间，加之损失计算的数据调取、计算方法繁杂导致证券民事诉讼案件比其他民事案件耗时更长。另外，同一违法事实、同一诉求会被多个律师在不同时段代理起诉，客观上更拉长了诉讼周期。四是个别地区仍然存在地方保护主义。表现为立案难、权利保障难，有些管辖法院甚至经常以不具重大性为由排除一定区间的受损投资者。

从证券支持诉讼实践来看，还反映出另外两个问题：一是“追首恶”理念尚未取得

① 2016年3月15日，中国证监会上海监管局对“匹凸匹”公司信息披露违法行为进行行政处罚，2017年7月，投服中心针对该信息披露违法行为提起全国首例证券支持诉讼。2017年5月19日，上海市第一中级人民法院作出原告胜诉判决，14名投资者全部获赔。

② 参见中证中小投资者服务中心的维权服务内容介绍，载中证中小投资者服务中心官网：http://www.isc.com.cn/html/wqfw/，最后访问日期：2019年12月30日。

③ 同上。

共识。“首恶”主要包括上市公司法定代表人、控股股东、实际控制人、大股东、董事、监事、高级管理人、有关中介机构法定代表人、执行事务合伙人以及主要负责人等。虽然投服中心证券支持诉讼以“追首恶”为首要原则,但裁判及执行未完全予以支持,客观上对上市公司及其他投资者造成了“二次伤害”,极大地降低了“首恶”的违法违规成本。二是公益救济机制亟待完善。投服中心作为公益支持诉讼方的主体地位缺失导致诉讼效果不理想。虽然投服中心为投资者提供无偿律师服务及诉讼服务,但作为支持诉讼方在诉讼过程中没有明确的法律地位,无法就案件事实、裁判结果等提出程序或实体方面的正当主张,无法真正发挥投资者保护机构在证券维权诉讼中的公益、示范、引领作用。

二、证券群体性诉讼制度架构

2019年6月,最高人民法院、上海市高级人民法院与上海金融法院相继出台科创板及试点注册制司法保障文件,[①]提出妥善适用诉讼代表人制度,探索证券公益诉讼。新《证券法》明确,投资者保护机构可以作为诉讼代表人参加诉讼,确定了“默示加入、明示退出”规则。如何落实法律规定,构建中国式证券集体诉讼机制,加大上市公司及实际控制人违法违规成本,提高投资者保护力度已经成为必须破解的课题。

(一)域外经验

新《证券法》第95条规定的中国式证券集体诉讼借鉴了美国集团诉讼与我国台湾地区团体诉讼的制度优势。两种诉讼模式的核心区别是原告的范围,也即是“主动加入”还是“主动退出”,基本含义如下:

1. 集团诉讼,以美国为代表。美国最早以制定法形式系统规定了集团诉讼制度,是发达证券市场中证券集团诉讼制度最为发达的,其在证券集团诉讼方面的实践,全面展示了证券集团诉讼的必要性、面临的矛盾、化解矛盾的方法等。[②]受损投资者提起证券集团诉讼,在法院对集团诉讼确认之前,法官应对诉讼是否必须以集团诉讼加以考虑并作出初步判断,如果有必要,法官可以要求进行证据开示,就集团诉讼代表

---

① 参见最高人民法院《关于为设立科创板并试点注册制改革提供司法保障的若干意见》、上海市高级人民法院《关于服务保障设立科创板并试点注册制的若干意见》、上海金融法院《关于服务保障设立科创板并试点注册制改革的实施意见》。

② 参见杜要忠:《美国集团诉讼基础程序规则研究》,载深圳证券交易所第0061号研究报告,第8页。

人的人数、集团范围等问题要求当事人提出相关证据加以证明等。[①] 经过这些程序，法官才会通过裁定方式对集团诉讼进行确认，并明确集团代表人，作出集团界定，并发出集团确认的通知公告。[②] 符合条件（受损交易区间）的证券投资者若非主动声明退出即被视为该诉讼之原告，具有同一种类诉讼标的所有原告由法院指定的诉讼代表人代表并受该案最终裁判之约束，即符合条件（受损交易区间）的受损投资者只有主动声明退出才会从适格原告中排除，大大拓宽了原告的数量与范围。[③] 因此，原告是否声明退出及代表人的选择成为集团诉讼最关键也是最有争议的问题。[④]

2. 团体诉讼，以我国台湾地区为代表。根据我国台湾地区“证券投资人及期货交易人保护法”（2015 年 2 月 4 日修订）规定，保护机构为保护公益，于本规定及其捐助章程所定目的范围内，对于造成多数证券投资人或期货交易人受损害之同一原因所引起之证券、期货事件，得由 20 人以上证券投资人或期货交易人授予仲裁或诉讼实施权后，以自己之名义，提付仲裁或起诉。[⑤] 根据我国台湾地区“证券投资人及期货交易人保护法”的规定，我国台湾地区设立了“证券投资者人及期货交易人保护中心”（以下简称“投保中心”），由我国台湾地区“金融监督管理委员会”主管，除负责向投资者提供关于证券、期货相关规定的咨询及申诉服务、买卖有价证券或期货交易民事争议调处外，还可以为投资者提起团体诉讼。我国台湾地区的团体诉讼制度主要涵盖了4 种证券民事诉讼类型，包括财报不实、公开说明书不实、操纵股价和内线交易等。[⑥] 我国台湾地区明文规定台湾地区“投保中心”作为证券群体性诉讼的代表向法院提起损害赔偿诉讼，是该诉讼的唯一原告，其所代表的投资者基于“申请加入”机制产生，即符合条件（受损交易区间）的受损投资者只有主动声明加入方能成为适格的“原告团体成员”，相对来说是有限范围内的有限投资者，其他社会律师也可就证券侵权损害赔偿提起一般侵权之诉。[⑦] 截至 2018 年年底，我国台湾地区“投保中心”正在办理的案件共计 123 件，涉及 14.5 万余名投资者，请求金额共计 519 亿元新台币，已和解或执行结案的案件共计 122 件，涉及 2.2 万余名投资者，涉及金额为 78 亿元新

---

① 参见杜要忠：《美国集团诉讼基础程序规则研究》，载深圳证券交易所第 0061 号研究报告，第 8 页。

② 参见任自力等：《证券集团诉讼：国际经验 & 中国道路》，法律出版社 2008 年版，第 130 页。

③ 参见郭雳：《美国证券集团诉讼的制度反思》，载《北大法律评论》2009 年第 2 期。

④ 参见章武生：《我国证券集团诉讼的模式选择与制度重构》，载《中国法学》2017 年第 2 期。

⑤ 我国台湾地区“证券投资人及期货交易人保护法”（2015 年 2 月 4 日修订）第 28 条。

⑥ 参见我国台湾地区“证券投资人及期货交易人保护法”（2015 年 2 月 4 日修订）第 20 条、第 32 条、第 155 条、第 157 条。

⑦ 参见吴光明：《证券团体诉讼文化之探讨——美国与我国台湾地区比较法角度之观察》，载《交大法学》2014 年第 3 期。

台币。[①] 从数据可见,我国台湾地区的团体诉讼模式已取得明显成效。但是,其团体诉讼实质上是依附刑事诉讼程序的,多数案件都是与刑事诉讼程序并行,并且团体诉讼起诉的起诉时间多晚于刑事诉讼的起诉时间,可见检察官才是治理证券违法行为的主要力量。[②] 经统计,其中只有2个案件——绿能(财测)和与航案件,属于无并行刑事诉讼的单独民事诉讼案件。[③]

从《证券法》修订过程来看,中国式证券集体诉讼的方式一定程度上体现了对团体诉讼或集团诉讼的选择纠结,反映了能否对"不告不理"的基本民事诉讼原则加以突破,也决定了中国特色证券群体性诉讼解决机制名称如何选择(既不能照搬集团诉讼,也不宜完全仿效团体诉讼),从而在积极解决投资者人数众多带来的"集体行动问题"的同时,以具体的立法克服其带来的负面效应。[④] 另外,基于国情考虑,从立法、司法、执法三机关及理论界对集体诉讼的实践与研究进展来看,国家设立的投资者保护机构在集体诉讼中应居何种地位、发挥何种作用至关重要,甚至决定集体诉讼的成败。

(二)中国式证券集体诉讼的未来构想

新《证券法》第95条规定:

"投资者提起虚假陈述等证券民事赔偿诉讼时,诉讼标的是同一种类,且当事人一方人数众多的,可以依法推选代表人进行诉讼。

对按照前款规定提起的诉讼,可能存在有相同诉讼请求的其他众多投资者的,人民法院可以发出公告,说明该诉讼请求的案件情况,通知投资者在一定期间向人民法院登记。人民法院作出的判决、裁定,对参加登记的投资者发生效力。

投资者保护机构受五十名以上投资者委托,可以作为代表人参加诉讼,并为经证券登记结算机构确认的权利人依照前款规定向人民法院登记,但投资者明确表示不愿意参加该诉讼的除外。"

---

① 参见我国台湾地区"财团法人证券投资人及期货交易人保护中心":《2018年年报》,载我国台湾地区"财团法人证券投资人及期货交易人保护中心"网:https://www.sfipc.org.tw/MainWeb/Article.aspx?L=1&SNO=SC4qaj0tDpm980ORBnzfOQ==,最后访问日期:2019年12月12日。

② 参见吕成龙:《投保机构在证券民事诉讼中的角色定位》,载《北方法学》2017年第6期。

③ 参见台湾地区"财团法人证券投资人及期货交易人保护中心":《求偿案件汇总表》,载我国台湾地区"财团法人证券投资人及期货交易人保护中心"网:https://www.sfipc.org.tw/MainWeb/Article.aspx?L=1&SNO=XqlDNAZ/9DguYlTrwJhJrQ==,最后访问日期:2019年12月16日。

④ 参见李激汉:《证券民事赔偿诉讼方式的立法路径探讨》,载《法学》2018年第3期。

在未突破现行《民事诉讼法》基本制度的架构(不告不理)下,规定了诉讼准备阶段的集团诉讼(默示加入、明示退出)、诉讼后的代表人制度,实际上是借鉴了我国台湾地区团体诉讼与美国式集团诉讼的有益内容。理论上,任何人皆可作为诉讼代表人,但依据法条的文义,现阶段只赋予投资者保护机构该项职能,起到了防止滥诉的作用。

1. 案件选取。理想的集体诉讼理应适用所有证券侵权损害赔偿。但因至今为止最高人民法院只针对虚假陈述出台了《司法解释》,操纵市场侵权赔偿之诉寥寥无几且没有胜诉判例,内幕交易更是司法空白。同时,限于《司法解释》的规定,虚假陈述侵权之诉多集中于诱多型行为,实际上诱空型虚假陈述也极为普遍,相应的损害赔偿之诉却缺少实践突破。由于虚假陈述民事诉讼案件的起诉、审判、执行已有相对成熟的司法经验,在推行集体诉讼的初期,可以考虑以虚假陈述民事诉讼为试点,逐步扩大证券侵权诉讼的可诉范围。

2. 原告范围。“声明退出”还是“申请加入”(集团诉讼还是团体诉讼),实际上反映的是立法的价值取向。笔者认为,原告应当限于普通投资者,排除专业投资者(自然人、法人)及上市公司关联人、上市公司大股东及董事、监事、高级管理人员,这既符合新《证券法》的立法精神,也符合以往先行赔付的实践。理由如下:(1)专业投资者多为策略化投资,本身具备专业维权能力;(2)区分专业投资者和普通投资者也是新《证券法》的一大亮点,代表人诉讼作出限定也可在实践领域体现立法精神和立法目的。

3. 起诉条件。为了防止滥诉,在美国,集团诉讼提起后,法院将对集团诉讼进行一系列的审查,只有符合法律规定条件的才可被法院确定为集团诉讼。① 在落实中国式证券集体制度时,实践中应注意:(1)声明退出的时点,是在投资者保护机构向法院为投资者进行登记前还是登记后,以及投资者声明退出应向何主体作出?对此,存在不同的理解与看法,但从法律执行的严肃性及诉讼程序的正当性来看,在投资者保护机构为权利人向法院登记后,若投资者向诉讼代表人声明退出是突破《民事诉讼法》现行规定的。(2)投资者保护机构提起的集体诉讼是否也必须以接受50名投资者委托为前提?笔者认为,基于投资者保护机构的公益性及公信力,随着实践的深入,未来对于由其作为代表人提起的集体诉讼,可以考虑取消投资者委托的人数限制以提

① 参见杨峰:《证券欺诈群体诉讼制度研究》,中国社会科学出版社2007年版,第86页。

高诉讼效率。(3)投资者保护机构接受 50 人委托是启动代表人诉讼的第一个环节,该 50 人在后续诉讼中的地位如何以及在作出裁判时,是对该 50 人采取单独裁判并且其裁判结果及于全部投资者抑或是与全部投资者合并裁判也是实践中需要解决的问题。

4. 诉讼代表人(首席原告)。美国集团诉讼中的代表人须公正代表集体成员的利益,有权变更、放弃诉讼请求、承认对方当事人的诉讼请求或者与其进行和解,无须经其他成员同意,有异议者可以申请退出诉讼。[①] 需要注意的是:如何保障因表示异议而退出的投资者的权利救济,另行起诉审理不予受理或另行审理作出与集体诉讼不同的裁判结果似乎均不具现实可行性,则是否可以采取委托调解方式,这也符合中国特色多元化纠纷解决机制的本意。[②]

5. 被告。在实践中社会律师代理提起的证券虚假陈述民事诉讼中,从送达、应诉、偿付能力等方面考虑,一般以受处罚的上市公司及中介机构(会计师事务所)为被告,只有投服中心在支持诉讼中明确以受处罚的上市公司大股东、实际控制人或负有直接责任的其他个人("首恶")为第一被告,这是公益投资者保护机构支持诉讼与同类案件诉请的根本区别。未来集体诉讼制度应从立法上确认"追首恶"原则,从而精准打击违法违规行为人个人及有责中介机构,尤其是在实践中一直鲜有触及的券商责任,减少集体诉讼对上市公司广大投资者的"二次伤害"。

6. 行政处罚决定在立案时的重要作用。证券集体诉讼机制下,诉讼程序的发起及结果必然涉及众多投资者的利益,不仅对上市公司,而且对整个证券市场都存在较大的影响。相较普通的民事诉讼,证券民事赔偿诉讼具有专业性强、举证责任复杂的特点,因此,当集体诉讼案件立案时,监管机构已经作出行政处罚决定,之后在民事赔偿诉讼中,可以强化行政处罚决定作为起诉证据之一的功能,大大减轻原告方的举证压力。

7. 管辖法院。在未来推进集体诉讼的过程中,可先试点以沪、深中级人民法院集中管辖。一方面,沪、深交易所中级人民法院在证券侵权案件审理方面具有丰富的审判经验和较高的审判效率,另一方面,集中管辖也方便法院、原告代表与交易所、中登等机构进行数据对接、适格原告筛选,进而提高诉讼效率,更可避免地方保护(但后续随着案件数量的增加,集中管辖可否持续值得注意)。

---

① 参见杜要忠:《美国证券集团诉讼程序规则及借鉴》,载《证券市场导报》2002 年第 7 期。

② 参见最高人民法院、中国证券监督管理委员会《关于全面推进证券期货纠纷多元化解机制建设的意见》。

8. 裁定和公告。管辖法院裁定确认是否可以作为集体诉讼并向社会公告，目的是让投资者判断决定自己是否是适格原告以及是否参与集体诉讼。公告内容应至少包括：诉讼代表人、代理人、被告基本情况，诉讼请求及事由，集体的范围，成员申请退出时间及方式，提起退出申请和未提起退出申请的权利义务，律师报酬等。实际问题如前所述，公告的违法区间是法院案件审理的重点，也是原被告在诉讼中的常见争点。

9. 审理裁判。以虚假陈述类型为例，审判的重点、难点在于：(1)违法事实。一般而言，违法事实在行政处罚决定书中已基本确认，在实践中有个别法院对行政处罚决定书中所涉虚假陈述行为重大性予以否认。① (2)违法区间。即虚假陈述行为的起止时间点，涉及3个关键日期——实施日、揭露日、基准日。依现行《司法解释》第18条，只有在实施日至揭露日期间买入股票的投资者才可成为适格原告。而对实施日、揭露日的确定恰恰是此类案件的审理重点，也经常是原被告双方当事人争议的焦点。这可能是诉讼过程中最大的悖论：即起诉受理阶段的公告告知原告需以适格区间为前提，而适格区间本身又是案件审理的焦点、争点。(3)损害结果：投资者损失，包括投资差额、系统或非系统风险因素的影响。

民事赔偿案件中的交易因果关系，因《司法解释》中确立了推定原则，管辖法院一般不将其作为审理的争点与焦点。所有证券民事赔偿案件的事实关键要素就在于违法行为区间及因此发生的投资者损失计算(包括对风险因素的考量及是否扣除与扣除比例)。

10. 执行。由于集体诉讼制度已是新的制度创新，赔偿与执行相应的配套创新措施极为必要。集体诉讼的最终偿付，是该项制度区别于常规诉讼的又一核心要素，司法实践和理论界也都呼吁建立投资者赔偿基金，以保障胜诉投资者的赔付。② 法院可通过指定投资者保护机构担任和解金或赔偿金管理人，制定分配办法，开发专门的计算分配系统，方便快捷资金的分配。

11. 诉讼费用。对由投资者保护机构参与的集体诉讼，免交诉讼费用或保全费用。证券领域民事诉讼涉案金额动辄几千万元或几亿元，按现有诉讼费收取标准，于

---

① 参见夏子航：《尔康制药“虚假陈述实施日”有新认定 投资者索赔5.26亿一审获赔7000万》，载上海证券报·中国证券网：http://company.cnstock.com/company/scp_gsxw/201908/4416365.htm，最后访问日期：2019年12月17日。

② 参见王嫒嫒：《阎庆民：健全多元化纠纷解决机制，研究建立投资者赔偿基金》，载新浪财经网：http://finance.sina.com.cn/roll/2019-09-06/doc-iicezueu4012770.shtml，最后访问日期：2019年12月17日。

公益投资者保护机构是无法承受之重。为充分发挥投资者保护机构针对上市公司违法行为提起集体诉讼的示范性作用,对由投资者保护机构参与的集体诉讼,应当免交诉讼费用,包括但不限于受理费、保全费、执行费、公告费等,确保诉讼程序顺利进行。此外,面对庞大的集体诉讼,投资者保护机构是否可以收取必要费用,以用于基本诉讼支出值得商榷。

三、投资者保护机构的示范引领作用

国家投资者保护机构可以作为集体诉讼的当然原告,同时可作为独立第三方进行损失核定,辅助案件审理。

(一)参与诉讼的适格性

随着新《证券法》颁布,投资者保护机构受50名以上投资者委托,可以作为代表人参加诉讼,并为经证券登记结算机构确认(除声明退出外)的权利人向人民法院登记。虽立法已确认投资者保护机构的诉讼代表人地位,但仍作了一定的限制,即必须经过50名以上投资者委托。对投资者的人数进行限定,借鉴了美国集团诉讼中对于原告数量的要求,然而,从诉讼效率角度来看,投资者保护机构获得50名以上投资者委托仍会在时间、经济上花费一定的成本,其作为代表人提起诉讼行为受到了很大的制约。未来,可考虑突破接受50名投资者委托的限制,由投资者保护机构作为当然原告直接起诉,真正实现由公益性投资者保护机构进行集体诉讼的制度本意。

在实践过程中,可能会存在原告内部的诉讼请求不一致及在裁判过程中原告间对诉讼策略、律师选择、诉讼权利行使等存在诸多分歧,因此,明确投资者保护机构为集体诉讼首席原告,有利于解决原告方内部可能出现的一系列问题。

(二)提起诉讼的正当性

投资者保护机构不能“包打天下”,但对重大典型案件,投资者保护机构可以基于公益属性,作为诉讼代表人提起证券民事赔偿诉讼:(1)已被证监会或有权国家机关处罚;(2)案情典型重大,引起社会广泛关注的;(3)监管机关或有权机关要求办理的;(4)投资者保护机构认为应当办理的。

(三)辅助证据(损失计算)核定的必要性

投服中心研发的虚假陈述损失计算软件已于2019年2月投入使用,上海金融法院在全国首单示范案件中适用了投服中心损失核定意见,并经上海市高级人民法院二审维持原判，开启了证券群体性诉讼审理的全新模式。[①] 截至2019年年底，投服中心已接受全国8地9家法院委托对超3000名投资者出具损失核定意见，并出庭接受质询。[②] 未来将完善操纵市场等其他类型案件的损失计算，轻松化解集体诉讼的难点、痛点。

（四）投资者偿付的可行性

可利用证券登记系统的优势，在起诉之初即明确投资者账户信息，由投资者保护机构协助管辖法院对受偿投资者进行资金拨付，大大提高执行效率。

四、实践中需要注意的问题

如何设计符合我国国情的集体诉讼制度，要综合考量诉讼效果、社会稳定、群体性原告内部的平衡、群体性诉讼的审理效率、受偿执行情况，不仅涉及证券监管系统的内部统合，也涉及与监管、司法机关的有效衔接以及公益投资者保护机构客观中立角色的完全发挥、律师的积极公正参与，是要兼顾各方利益的系统工程。

（一）系统数据整合

从证券诉讼实践来看，集体诉讼涉及的系统整合或数据对接主要体现为集体诉讼适格投资者的筛选登记、原告投资者便于损失计算的规范交易记录、胜诉后赔偿执行的拨付账户信息。因此，需要证券登记结算机构、证券交易所与法院、投资者保护机构之间打通电子信息系统等相关数据的对接，提高投资者筛查、集体成员通知公告、损失计算、偿付等事项的效率。

（二）落实“首恶”第一责任

借此推动“追首恶”理念形成共识，追究对违法违法行为负主要责任的个人的法律责任，可大幅提高个人违法成本。以此真正实现加大对证券违法违规行为的打击力度，避免上市公司及未起诉的其他投资者受到“二次伤害”，进而提高上市公司质量。

（三）“决胜”因素——投资者损害赔偿金

由于集体诉讼涉及人数众多，金额巨大，极有可能会出现被告资不抵债的情形。为保障受损投资者得到偿付，学界、监管系统及司法实践领域呼吁通过设立投资者损

---

① 参见祁豆豆：《全国首例示范判决生效　投服中心受托核定投资者损失》，载上海证券报·中国证券网：http://news.cnstock.com/news,bwkx-201908-4414067.htm，最后访问日期：2019年12月12日。

② 参见中证中小投资者服务中心的维权服务内容介绍，载中证中小投资者服务中心官网：http://www.isc.com.cn/html/wqfw/，最后访问日期：2019年12月30日。

害赔偿基金的方式,来保障证券投资者因证券侵权违法行为造成的损失偿付。具体方式如下:为保证投资者能够顺利获得赔付,防止行政处罚减损获赔范围,可以通过采用由上市公司购买相关保险产品的方式、向董监高和实际控制人以及中介机构追偿的方式扩大投资者的索赔范围。此外,在集体诉讼制度之外,并行推动成立对受害证券投资者的特别救济制度,通过由中国证监会专门划拨出的部分行政罚款以及没收的违法所得或者由控股股东、实际控制人出资,设立投资者赔付专项基金,[①]由投资者公益机构进行管理与运营,确定赔付方案并对投资者进行损失补偿,切实保障受害投资者获得补偿与救济。

(四)发挥公益律师合力,营造良好的维权生态

在 3 年来的维权诉讼实践中,投服中心作为国家投资者保护机构的属性与地位得到市场和社会各界的公认,开创了多起全国首单——“匹凸匹”全国首单证券支持诉讼、海利生物全国首单股东诉讼、恒康医疗全国首单操纵市场民事损害赔偿支持诉讼、方正科技全国首单示范判决,在司法审判领域逐步树立了公信力。在近 3 年的支持诉讼实践中,投服中心形成了完善的公益律师机制,现有证券法律服务和虚假陈述诉讼经验丰富的资深律师 146 名,基本覆盖全国辖区,树立了证券公益性诉讼的正向口碑。投资者保护机构可发挥“黏合剂”和“助推器”的作用,加强与公益律师的沟通联络,进一步发挥公益律师合力,做好代表人诉讼,共同营造良好的维权生态。

(五)各种诉讼机制的有效衔接

从投服中心维权实践来看,现有制度和实践分别已有支持诉讼、示范判决、最高人民法院《关于为设立科创板并试点注册制改革提供司法保障的若干意见》中确立的公益诉讼及新《证券法》明确的集体诉讼制度。笔者认为,将公益诉讼作为支持诉讼的转型,发挥示范诉讼的加强效果,以投资者保护机构作为诉讼代表人为切入点,对接集体诉讼,是可以考虑的选择。

对前文提到违法区间的诉讼悖论,以及规模庞大的集体诉讼原告群,如何高效平衡协调群体原告内部诉求,是诉讼代表人最棘手的问题。能否在证券领域推行公益诉讼制度,利用社会组织的专业力量和优势资源,通过公益判决中事实认定及法律适用标准的强制扩张力,实现众多投资者利益保护。基于公益诉讼理论基础,只有不特

① 参见投保基金公司专项补偿基金工作组、黄子波、王旭:《证券市场投资者保护新机制探索》,载《证券市场导报》2015 年第 3 期。

定主体所享有的社会公共利益所引发的纠纷才能被纳入公益诉讼的范围。[①]《民事诉讼法》中列举的两类纠纷类型——污染环境和侵害众多消费者权益的纠纷，均有一个限定，即社会公共利益，且应理解为限定于不特定主体的社会共同利益。例如，制作和销售大量有害奶粉的行为就损害了社会公共利益，其侵害主体是不特定的。为了维护不特定消费者的利益，就可以提起有关的公益诉讼，要求其停止生产、销售和销毁产品。同理，对证券市场的欺诈行为，其侵害的不仅是买卖其证券的投资者的利益，也威胁潜在不特定多数投资者的利益，还影响证券市场的交易秩序，甚至是整个市场的信心及公信力。故对该类型的侵权行为，基于维护不特定多数人的公共利益，可以通过公益诉讼方式来规范与救济。

因此，可以公益诉讼确认证券侵权行为的违法事实、违法区间（明确适格原告范围）、损害因果关系及应承担的侵权责任，集体诉讼可直接援引公益诉讼判决，无须诉讼代表人证明损害事实及侵权行为区间；在此种模式下，公益诉讼起到了示范判决"加强版"的效果，可充分避免集体诉讼中诉讼代表人对诉讼事项进行通知导致的效率低下，以及确定违法区间的诉讼悖论，在集体诉讼中只需对原告投资者进行损失核定即可。[②] 同时，"公益诉讼＋集体诉讼"模式也可有效解决投资者保护机构被诟病为"选择性诉讼"的质疑。若公益诉讼和集体诉讼都可适用集中管辖，则集体诉讼过程中对公益诉讼案件结果的直接适用将更加简便。

（六）投资者保护机构的分工

在未来的证券群体诉讼中，目前全国的两家投资者保护机构可基于各自独特职能，投服中心"管事"，投保基金"管钱"，充分发挥好各自资源与专业上的优势。投服中心可选取重大典型案件，通过"公益诉讼＋集体诉讼"的模式，发挥投资者保护机构的示范引领作用，同时，还可作为损失核算机构参与案件审理过程中的损失计算；投保基金可以担任和解金或赔偿金管理人参与执行分配，充分体现国家投资者保护机构的人民性。

五、结　　语

如何有效、妥善地整合现有证券群体诉讼机制是集体诉讼在推进过程中必须考

---

① 参见赵许明：《公益诉讼模式比较与选择》，载《比较法研究》2003 年第 2 期。

② 目前，投服中心与上海金融法院正在进行相关课题研究，并作为第二届投服论坛证券群体诉讼模式分论坛主题进行分享，投资者保护机构可否作为公益诉讼原告问题正在探讨中。

虑的因素。从审判效率上来看,"公益诉讼+集体诉讼"是最理想、最便捷的途径,公益诉讼可作为证券支持诉讼的替代,确认违法事实、违法区间、适格投资者范围、因果关系,起到目前示范判决的加强效果;投资者保护机构基于公益诉讼的结果,作为诉讼代表人参与以之派生的集体诉讼,从而进一步落实新《证券法》第95条赋予其的职能,妥善推动证券集体诉讼制度落地。

投教园地

INVESTOR

广东辖区推进投资者教育纳入国民教育体系试点工作探索

罗精晖* 谢曼玲**

摘　要：将投资者教育纳入国民教育体系，是国务院办公厅《关于进一步加强资本市场中小投资者合法权益保护工作的意见》（国办发〔2013〕110号）的工作要求，也是提升国民整体投资理财素质的重要抓手和维护金融安全、优化金融生态环境的有效手段。广东证监局协调推动广州市于2015年9月起开始开展中小学金融证券理财知识教育试点工作，广州市成为国内首个将投资者教育纳入国民教育体系的试点地区。经过4年的试点，广东辖区投资者教育纳入国民教育体系从点到面、从顶层设计到具体实践都有了积极探索。

关键词：投资者教育　国民教育体系　试点总结

为贯彻落实国务院办公厅《关于进一步加强资本市场中小投资者合法权益保护工作的意见》（以下简称国办发〔2013〕110号文）有关"将投资者教育逐步纳入国民教育体系，有条件的地区可以先行试点"的要求，广东证监局协调推动广州市于2015年9月起开始开展中小学金融证券理财知识教育试点工作，广州市成为国内首个将投资者教育纳入国民教育体系的试点地区。经过4年的试点，广东辖区投资者教育纳入国民教育体系从点到面、从顶层设计到具体实践都有了积极探索。本文对相关试点工作进行了梳理总结，探究存在的突出问题，就落实证监会、教育部《关于加强证券期货知识普及教育的合作备忘录》（以下简称《备忘录》）及进一步推进投资者教育纳入国民教育体系工作提出了有关建议。

* 广东证监局投资者保护工作处处长。

** 广东证监局投资者保护工作处二级主任科员。

一、试点工作基本情况

(一)试点推动

2014年3月,为贯彻落实国办发〔2013〕110号文精神,广东证券局向广东省政府提交专题报告,建议将金融理财知识纳入国民教育范畴,并在广州市中小学试点开展金融证券知识教育有关工作。2014年5月,广东省政府批复,确定由广东证监局、广东省教育厅与广州市有关部门共同研究在广州市开展中小学金融证券知识教育试点工作。

(二)准备过程

2014年6月至10月,广东证监局联合广东省教育厅、广东银监局、广东保监局、广州市金融办、广州市教育局等单位详细研究了试点工作方案,对拟定课程方案、编审教材、培训师资、确定试点地区和学校、推广复查等工作作出具体安排。2014年11月至2015年6月,成立了由广州市教育研究院有关学科和课程专家以及中山大学等院校财经领域的专家、教授组成的教材编写组,严格按照《广东省中小学地方课程教材审定管理办法》的规定,组织编写了金融理财知识教育课程教材。2015年4月,广东省财政厅根据省政府的安排,一次性向广东证监局批拨试点工作专项经费,用于会议组织、教材编写、师资培训、试点学校教材提供等方面工作的开支。2015年7月至8月,广东证监局会同教育部门组织试点学校的教师进行集中培训,为试点工作开展做好了准备。

(三)试点落地

2015年9月起,广州市正式启动试点工作,在首批36所中小学开设了金融证券理财知识课程。2016年9月,广东省教育厅印发《中小学地方综合课程指导纲要(试行)》,明确"金融理财"是中小学地方综合课程内容的重要部分。从2016年秋季学期起,广州市再确定74所中小学为第二批金融证券理财知识教育试点学校,试点学校合计达110所。这些学校分别在五年级、七年级、高一年级开设课程,每学年不少于15课时,覆盖学生近20万人。

同时,广东辖区有关经营机构、投教基地积极配合试点工作,广泛开展了投教进校园活动。通过课程学习和活动参与,学生们的金融理财素养得到显著提高,初步形成了"教育一个学生,影响一个家庭,带动整个社会"的良好局面。

二、推进试点工作的主要经验做法

（一）找准推动“突破点”

获得地方政府的支持，是推进投资者教育纳入国民教育体系试点工作的关键前提。广东证监局以贯彻落实国发办〔2013〕110号文为契机，及时向广东省政府报送《关于在广州市开展金融证券理财知识教育先行试点有关工作建议的报告》，阐述开展中小学金融证券理财知识教育的重要意义，部分国家及地区开展相关教育的做法，以及在广东省推进试点工作的建议。这一报告得到了广东省政府、广州市有关领导和部门的高度重视和大力支持。时任广东省副省长陈云贤同志专门作出批示，积极支持该项工作，并多次听取相关工作进展情况的汇报，亲自协调广东省教育厅安排专项经费，有力推动试点工作的顺利进行。

（二）组织编好“一套书”

为学生量身打造知识性强、喜闻乐读的教材是实践投资者教育纳入国民教育体系的有效载体。为编好《金融理财知识教育读本》系列丛书，广东证监局牵头组建了教材编写队伍，历经半年的时间，四易其稿，有关教材于2015年正式出版。在教材编写过程中形成了一些经验做法：一是专家教师共同参与。教材编写人员以广东高校金融专业的教师为主体，成立了小学、初中和高中教材3个编写组，邀请了中山大学、华南理工大学、广东财经大学的教授作为主编，成员还包括广州市教育研究院的专家和中小学教师。二是结合学生特点编写。教材充分考虑了各个年龄段学生的认识心理。小学的课本注重以图说理，中学的课本注重以事说理，而高中的课本则是事理交融。为丰富教材内容，还聘请了专业动漫设计团队负责试点教材插图的原创设计。其中，小学教材主要包括“什么是金钱”“金钱有何作用”“我们的金钱从哪里来”“如何合理用钱”“钱能生钱吗”“家庭保护伞”以及综合实践活动模块；初中教材包括“认识银行”“认识保险公司”“认识证券公司”“投资理财”“风险意识”等模块；高中教材包括“金融市场的主要概念和术语”“金融市场的主要活动”“金融危机和经济危机”“金融监管”“投资”以及综合实践模块。三是选好出版机构。教材出版选择了广东教育出版社出版发行，该社富有教材编辑出版经验，为试点教材的编辑出版把好了质量关。四是反复征求意见。在教材编写过程中，积极收集整理银监、保监、金融局等部门对试点教材中银行、证券期货、保险、金融监管等方面内容的意见和建议，协调教材编写人员吸收采纳。

(三)倾力上好"特色课"

贴近学生需求、实现学有所成是投资者教育纳入国民教育体系的核心内容。考虑小升初、中考、高考等选拔性考试压力,学生课业负担较重的情况,广东省教育厅有关试点工作通知要求,金融证券理财知识课程在义务教育阶段可安排在地方与学校课程、相关学科教学、综合实践活动课或其他相关教学活动中开展,普通高中阶段在研究性学习或选修课中统筹安排,或者以专题形式包融于综合实践活动课中。期末时采用知识竞赛、情景问答等灵活的测试方式,通过测试的学生可以获得相应学分。为保障课程质量,广东证监局专门组织试点学校的 80 多位教师进行集中培训。培训采取教材主编讲解、试点学校老师试讲、专家点评等方式,帮助试点学校教师充分了解试点课程,把握课程的教学内容、教学目的,共同研讨中小学金融证券理财知识教育课程的教学模式。试点学校寓教于乐,在学科教学、专题活动、学生社团中自然融合金融理财教育。比如,某试点学校设计"宋元时期的都市和文化"课程,将文化消费作为主线,把恩格尔系数引入课堂,让学生设计宋朝一位普通城市居民一个月的开支明细表,引导学生树立正确的财富观。还有一些试点学校积极创新,推出经济社、金融社、经济沙龙、模拟企业经营决策比赛、商业模拟挑战赛、模拟商品交易会等特色活动。

(四)发挥合力"三部曲"

注重协调配合,凝聚各方力量是投资者教育纳入国民教育体系的有效保障。广东证监局作为牵头部门,充分发挥桥梁和纽带作用,积极协调地方政府、人民银行、教育部门等单位,建立合作框架,形成工作合力。一是成立试点工作协调机构。成立由广东省金融办、教育厅和广东证监局牵头,广州市政府办公厅、金融、教育等部门负责同志参与的中小学金融证券理财知识教育试点工作小组,组织协调日常相关工作的开展。工作内容包括课程教材选编、课时设计管理、选定试点学校、开展师资培训、拓展实践基地、保障经费投入、完善评估机制、推广试点经验等。二是与中国人民银行广州分行签署《关于推动金融知识普及教育进校园工作合作备忘录》,推动指导辖区经营机构开展"南粤金融　春风化雨"金融知识普及暨国民金融素养提升工作,举办广东省首届"金融与诚信"亲子知识竞赛等活动。三是支持广东省教育研究院开展财经素养教育课题学校实践工作。2017 年 9 月,广东省率先在省级层面以课题方式引领 53 所课题实验学校,结合学校现有学科课程、专题活动、学生社团活动开展财经素养教育。

（五）引导联动“投教基地”

打造课外基地、开展实践活动是投资者教育纳入国民教育体系的有效途径。广东辖区国家级和省级证券期货投资者教育基地积极开发、投放适合在校学生的原创教材、课件、游戏等投教产品，针对在校学生开展教育活动，推动金融教育从校内到校外，从理论向实践延伸。比如，广发证券投教基地 2018 年线上投放“儿童财商教育”“惊奇财富管理学院”系列音频投教作品；推送《奇妙森林历险记》《如何给孩子零花钱》等微信公众号图文信息宣传内容；线下组织各分支机构开展国民金融教育活动共 76 场，覆盖学生 7300 人次。安信证券连南投教基地与清远广缘助学公益协会紧密合作，在基地内设助学基地，走进学校开展金融知识普及活动，将儿童财商教育、金融小知识普及自然地融入扶贫助学工作中。

三、推进试点工作中遇到的困难与问题

尽管广东辖区推进投资者教育纳入国民教育体系试点工作取得了不错效果，但客观地说，距离国办发〔2013〕110 号文的要求和国际先进典型，还有一定差距。目前，广东辖区试点地区仍限于广州市部分中小学，且主要集中在小学五年级、初中一年级、高中一年级，教育部门尚未将试点工作转为长期工作，投资者教育覆盖面有待拓展。推进试点工作中遇到的困难和问题主要有以下几个方面。

（一）顶层制度设计缺位

我国当前法律层面对投资者教育的规定大多是倡议性、原则性的，而规定较为具体的国办发〔2013〕110 号文是国办文件，有关将投资者教育纳入国民教育体系的法治保障不足。而且，证监会和教育部虽已签署合作备忘录，明确双方职责，但教育部尚未将投资者教育纳入国家课程体系，尚无具体方案措施贯彻落实《备忘录》。据辖区教育部门反馈，当下已有 130 个专题教育进中小学校园，频度高、名目多、过程繁，使学校应接不暇，教师学生负担加重。因此，对中小学法定课程以外的专题教育，除非是纳入国家课程体系或综合实践课程，由教育部自上而下来推动，否则地方教育部门的主动推动意愿并不强烈。

（二）协调联动机制有待完善

目前，辖区涉及中小学生的金融理财教育有 4 类：一是广东证监局牵头开展的金融证券理财知识教育试点；二是中国人民银行广州分行的广东金融知识普及教育；三

是广东省教育研究院联合中国财经素养教育协同创新中心开展的财经素养教育;四是广东省地方金融监管局牵头开展的防范非法集资系列进校园活动。虽然与各单位均有沟通联系,举办相关活动时能够予以配合,但是由于缺乏统筹,导致存在重复教育、资源浪费、有的学校反感的问题。

(三)专业师资力量不足

目前金融证券理财知识教育师资主要由试点学校的教师组成,大多是德育教师兼任,极少有专职教师。德育教师自身对金融专业知识涉猎不多,在教学过程中,授课老师需要先自学进行消化吸收后再传授给学生,教学效果在一定程度上取决于教师的理解力和学习力。部分教师反映现有工作压力较大,分配给选修课的精力不足,导致授课积极性不高、授课效果不好等情况。

(四)教学资源尚不丰富

一方面,教学资源主要集中为教材,互联网在线课程、多媒体资源、社会实践等教学资源有待开发。另一方面,金融证券理财知识教育教材还有待进一步完善。据教材主编反映,有关教材知识的取舍不尽合理,教材架构依然要改进,语言不太符合中小学生的学习特点,插图不尽如人意,中学、高中阶段过于幼稚,三个层次教材的衔接有待改进等。

(五)跟踪反馈和效果评估机制不够健全

跟踪反馈和效果评估工作能够反映预设目标的实现程度,进而及时调整思路,完善措施,以达到效果的最大化。目前在辖区试点工作中,尚未形成一套完整的效果跟踪反馈和评估机制,评估方法局限在总结反馈、问卷调查、课堂测试、沟通座谈、走访调查等传统的评估方法上,在定量分析方面缺乏先进技术手段和标准指标。

四、进一步推进试点工作建议

(一)加强顶层设计,做实布局谋篇

顶层设计的目标,是推动国务院尽快制定以提升全体公民金融素养、维护金融稳定为目标的投资者教育国家战略。据了解,教育部 2019 年年初启动了国家义务教育课程修订工作,计划 2 年内完成修订。建议中国证监会以落实《备忘录》为契机,推动教育部将金融理财知识嵌入基础类、综合类学科课程,实现渗透式学习。下一步,可推动教育部着手制定《全国中小学校金融理财教育大纲》,细化中小学校金融证券理财教育的教学目标，围绕不同阶段的目标，逐步解决课程的学时、教学内容、教学大纲、教材、参考课件、课外阅读资料、师资、考核评估等问题，形成规范、系统、科学的金融证券理财教育课程体系。

（二）明确分工协作，实现投教“一盘棋”

证券知识属于金融理财知识中的一类，若将证券知识割裂出来，单独推动其纳入国民教育体系意义不大。建议在中央层面建立由教育部牵头，财政部、中国人民银行、中国银保监会、中国证监会等部门共同参与的国民金融教育工作机制，研究制订具体方案，明确各部门职责和保障措施，组织设计课程内容和编写教材，培养金融教育师资，确保教育经费的落实，实现从分散式行动向集中统筹的转变。在地方由教育主管部门和金融监管部门共同推动，同时，积极争取地方政府、金融机构、学校等相关部门的大力支持和配合，在原有试点经验总结基础上进一步扩大试点范围，逐步探索普及全民教育。

（三）强化师资力量，提高教育质量

师资力量是抓好教学质量、提升课堂效果的关键。建议从两方面着手：一是组织试点学校授课老师进行定期培训，开展跨校际、跨区域等多元化观摩交流活动，或者根据学校授课需求，协调金融机构业务骨干到课堂进行专业辅导。二是在金融监管部门、金融机构中遴选志愿者，打造一支综合素质高、业务能力强、具有亲和力和感染力的金融证券知识普及志愿者讲师队伍，作为学校授课教师队伍的有力补充。

（四）促进资源开发，丰富教学内容

建议采取线上和线下结合的方式，一是对现有教材进行局部修订，并制作配套的音频、视频教材；二是指导网络投教基地，录制投教专题在线课程，开展网络直播，进行主题微培训，方便学生在线学习；三是指导辖区证券期货投教基地及证券经营机构利用自身资源，发挥自身优势，主动走近中小学生，通过现场参观、职业体验、组织游戏活动等方式，进行专业化社会实践教育，提高学生对金融知识的理解力，扩大金融教育的家庭和社会影响面。

（五）完善评估机制，做好跟踪反馈

联合教育部门，构建能够全面、准确反映金融教育效果的指标体系，建立定期调查评估机制，定期对学校、家庭、社会的认可度，辐射效益以及学生的金融知识水平进行跟踪调查，全面掌握金融教育的实施效果，及时通过评估反映金融教育开展中存在的问题，以服务于持续优化金融教育水平、提升金融教育实效的终极目标。

投资者教育纳入国民教育的启示与探索

潘 妍* 陈 曦** 陈 曦*** 陈红亮****

摘 要：为了更好地保护投资者，更好地防范金融风险，促进我国资本市场健康稳定发展，投资者教育在我国资本市场的重要性日益凸显，把投资者教育纳入国民教育已初见成效。本文首先，分析了投资者教育纳入国民教育在行业内及兴业证券的实践与成效。其次，阐述了目前投资者国民教育工作现状带给我们的启示。最后，结合我国人口老龄化的发展趋势，对老年人投资者教育工作提出了设想，进一步探索老年人投资者教育的理念和模式。

关键词：证券 投资者 国民教育 老年人投资者教育

2013 年，国务院办公厅《关于进一步加强资本市场中小投资者合法权益保护工作的意见》（国办发〔2013〕110 号）曾提出，加大普及证券期货知识力度，将投资者教育逐步纳入国民教育体系，有条件的地区可以先行试点。近期，证监会与教育部联合印发了《关于加强证券期货知识普及教育的合作备忘录》（以下简称《合作备忘录》），统筹规划了投资者教育逐步纳入国民教育体系的工作。

一、"将投资者教育纳入国民教育体系"在行业内以及兴业证券的实践与成效

国内许多机构已启动将投资者教育纳入国民教育体系的有益尝试，以期促进投

* 兴业证券股份有限公司运营管理部。

** 兴业证券股份有限公司运营管理部，男。

*** 兴业证券股份有限公司运营管理部，女。

**** 兴业证券股份有限公司龙岩分公司古田投资者教育基地。

资者整体素质得到提升，开创投教工作新模式。例如，2014 年 3 月，广东证监局向广东省政府建议，将金融理财知识纳入国民教育范畴，并于 2016 年开始，在广州市 36 所中小学试点金融理财课，[①]培养学生的财富观、理财观，提高公民的“财商”。大连商品交易所截至 2018 年已与包括浙江大学在内的 64 所高校、8 个地方期货业协会、49 家期货公司合作完成了 90 个培育项目，其中纳入学分的项目占 85%，培训近 6200 名学生，得到了参与高校和市场各方的普遍欢迎和认可，并激发了高校学生学习期货知识、运用期货知识的浓厚兴趣。2017 年 9 月中国证监会推动“将投资者教育纳入国民教育体系试点，在 20 余个省、市、自治区开展试点工作，将金融知识教育纳入中小学、大学、职业院校等课程设置”，[②]普及金融知识，提升我国公民财经素养。

兴业证券股份有限公司积极响应中国证监会、教育部联合印发的《合作备忘录》，把行动落实到实处，积极践行将投资者教育纳入国民教育体系，从高校着手，深入探索，迈出投资者教育的坚实一步，努力践行中小投资者合法权益保护，并在投资者教育纳入国民教育体系方面取得良好成效。兴业证券充分利用优越的培训资源及场地优势，致力于推进与高校的交流合作，兴业证券投教基地与福建江夏学院共同打造了福州大学城投教基地，并于 2017 年 5 月正式落成揭牌并举行战略合作签约仪式，掀开校企合作新篇章。一是线下广覆盖。大学城投教基地将兴业证券实体投教基地的投教服务进行有效延伸，立足于江夏学院、辐射福州大学城范围乃至整个福建辖区周边高校，推进投资者教育与高校第二课堂有机结合。2018 年以来，兴业证券投教基地先后走进厦门大学、集美大学、北京对外经济贸易大学等 10 余所高校，将“中国资本市场发展历程”“大众理财及价值投资”“防范不良校园贷”等不同主题投教讲座带进大学校园，推动投资者教育与国民教育体系相结合，将投资者教育与专业人才培养相结合、投教基地建设与校园教育体系相结合。二是线上多延伸。兴业证券投教基地充分发挥集团协同优势，与公司财富管理总部共同组织开展 2018“兴业证券杯”全国高校模拟投资精英挑战赛，吸引了 7 万多人报名参加，参赛高校达 2008 所。在此次大赛中，投教基地组织各地分公司积极走进百余所高校，举办证券金融知识讲座及高校沙龙系列活动，系统全面地帮助师生了解证券知识，培养投资理念，防范金融风险、维护合法权益，为资本市场的长期健康发展保驾护航。同时，通过线上模拟炒股实盘比赛、知识竞赛，充分将理论与实践相结合，让参与者在活动中得到锻炼和成长。

---

① 参见玫昆仑：《中小学试点金融理财课是素质教育的尝试》，载《云南教育：视界》2015 年第 10 期。

② 郭施亮：《投资者教育从小抓起》，载《现代商业银行》2017 年第 20 期。

此外,兴业证券子公司兴证期货与“211高校”福州大学于2018年9月联合开展了高校期货人才合作培养项目,建立高校金融人才培养—实习实训基地,深化推进将投资者教育纳入国民教育体系。设置理论实践相结合的专业化、系统化课程:在理论方面,设置了涵盖期货基础知识、法律法规、模拟交易等课程;在实践方面,组织学生进行校外实习实践、沙龙研讨活动等,提高学生期货投资业务的实习实践操作技能和辨别防范投资风险的能力,与校方联合开展期货知识竞赛、行业高端论坛或学术交流会、实践交流活动等,为福州大学专业骨干教师到公司接受业务实践和培训提供支持和协助,探索构建高等教育与期货行业协同创新发展的新型合作模式,为投资者教育纳入国民教育体系进行了有效探索和积极实践。

兴业证券还积极利用在古田设立的福建省首家以红色金融主题为特色的省级投资者教育基地,在革命老区深入践行特色国民教育。闽西是当年中央苏区的重要组成部分,是全国著名的革命老区,是红色金融的发源地,是“共和国金融摇篮”。兴业证券古田投教基地立足红色革命老区,依托红色文化资源优势,在开展投教服务工作中铭记初心、担当使命,传承红色基因,有效落实红色革命老区投资者教育和权益保护工作,打造特色鲜明的“投资者教育+国民教育+红色金融+党建”投教平台,将闽西红色金融历史文化和投资者教育工作有机结合,弘扬红色革命精神,宣传红色金融文化,打造红色投教品牌,以此实现资本市场的爱国主义教育。

兴业证券古田投教基地通过打开大门“请进来”和积极主动“走出去”相结合的方式,深入践行“将投资者教育纳入国民教育体系”,与当地政府、干部学院、红色培训机构、旅行社等单位密切合作,充分抓住全国各地党政机关、企业、学校在古田开展“重走红军路”“不忘初心,牢记使命”主题党建、研学活动的契机,将学员引导至基地现场教学,开展党史、红色金融、儿童财商、风险警示等专题讲座。同时,积极走进龙岩学院、上杭实验小学、上杭教师进修学校附属小学等学校及社区服务中心开展关注儿童成长的儿童财商公益活动,开发出儿童财商教育、防范校园贷、防范非法集资等系列课程。

二、当前投资者教育纳入国民教育体系工作带给我们的启示

从推广落实的情况来看,投资者教育纳入国民教育体系已经初见成效。但在推行过程中也存在诸多的问题与挑战,主要表现在以下几方面。

(一)机构重视不够,资源投入不足

证券公司对投资者教育重视不够、资源投入有限,教育的内容过于简单,缺乏风险警示教育,忽视对投资者综合投资素养的提高,教育的效果弱化。证券公司的投资者教育主要是不定期举办投资讲座、咨询服务活动等,教育模式单一,缺乏理论与实践的结合,缺乏教育的经常性、连续性、全面性。尤其是在欠发达地区,证券公司的讲师不足,聘请讲师的成本较高,也影响了证券公司对投资者进行系统性教育的积极性。

(二)缺乏投资者教育的规划,长效机制不足

投资者教育应是一个长期性、基础性、系统性教育的过程,[①]应纳入国民教育体系,贯穿各个年龄段的投资者。而当前,首先,我国的投资者教育缺乏科学的战略规划。从基础教育到高等教育,都没有将金融知识作为通识课程,[②]投资者对投资相关的基础知识、法规政策、风险等了解甚少,投资理财知识储备不足,非理性交易行为特征和过于"政策依赖"的倾向导致盲目入市,风险意识淡薄,自我保护能力较弱,充分体现了我国投资者教育制度不足、内容结构不均衡、课时安排不合理、投资者教育重心错误的问题,最终影响整个教学体系的系统性和完整性,迫切需要解决投资者教育的战略规划问题。其次,教学管理缺乏统一。各证券机构在投资者教育的教学管理方面,仅是分别结合其业务各司其职、各行其效,在教学方式、计划、内容进度等方面没有统一的标准,[③]投资者教育的教学管理工作机制有待健全。

(三)缺乏投资者教育的资源,师资力量不足

一是投资者的学习资源、学习渠道有限,我国正规教育中很少有投资教育方面的教材,市面上投资理财的教材质量参差不齐,中小投资者学习投资理财主要是依靠一些网站、电视、论坛、非正规书籍等,其教学内容不够严谨、良莠不齐,甚至依靠听消息、看股评等,容易产生误导,学习教育缺乏科学性、有效性。二是投资者教育存在区域发展的不平衡,经济发达地区的投资者搜集信息的渠道更广,而欠发达地区的投资者则难以获得全面的信息,各地区间教育资源没有进行有效的整合。三是缺乏第三方投资者教育模式,如网校、函授等,未建立起第三方教育与传统教育的有机结合,缺

① 参见庄学敏:《投资者教育与权益保护研究》,暨南大学2008年博士学位论文,第21页。

② 参见朱伟彬、陈荣、谭强杰:《构建我国国民金融知识普及体系之探索》,载《金融经济》(下半月)2015年第1期。

③ 参见张毅:《我国证券市场投资者教育的第三方模式研究》,载《上海师范大学学报》(哲学社会科学版)2010年第1期。

乏第三方教育机构对现行教育模式的有效补充。四是相关理论基础扎实、具备投资从业经验的师资缺乏,投资者教育是一项长期性、系统性教育工程,需要大量具有经济学、金融学专业背景和证券从业经验的师资以满足投资教育的需要。

三、投资者教育纳入国民教育体系对老年人投资者教育的启示

人口老龄化成为大多数国家尤其是发达国家的普遍趋势,要成为一个"成熟"的老龄化社会,不仅需要在医疗护理等物质领域照顾好老人,而且需要为老人提供充分的再教育机会,以满足老人的精神与文化需求。面对我国人口老龄化的现状,亟须完善将老年人投资者教育纳入国民教育体系的统筹规划和规范指导,加快推动系统的老年人投资者教育体系的建立,形成老年人投资者教育的整体布局,促进全社会树立理性投资理念,推动资本市场健康有序发展,实现"文化养老"。针对我国人口老龄化的现状,如何对老年人进行与资本市场发展相匹配的教育,需要进行深入研究、探索。

(一)强化明确老年人投教活动的目的,夯实老年人投资者教育之本

建立涵盖老年人投资者教育的国民教育体系,首先要明确投资者教育的最终目的,才能围绕教育的目的,清晰明确、有的放矢地制定和实施相应的策略,以更有效地进行老年人投资者教育的实践。

一是我国人口老龄化的现状凸显,完善老年人投资者教育体系是推进资本市场长期稳定发展的需要。随着我国人民生活水平的提高以及人口老龄化的现状严重,老年人消费水平呈现递增的趋势,据统计,到2035年将突破20万亿元,基本是近年来全国GDP总量的1/3左右;到2050年,预计将达到60万亿元的市场占有量,成为国民经济发展的一个重要支柱产业。[①] 面对如此巨大的市场,完善老年投资者的知识结构,提高其投资素养,帮助其逐步成长为合格、理性的投资人,才能推动资本市场健康规范发展。

二是有数据显示,在各类金融诈骗案件中,中等收入、有经济自主性的中老年人受骗比例最高,为67.3%,[②]因此,提升老年投资者辨识水平,提高对老年投资者的保护力度成为刻不容缓的工作。通过完善的老年投资者教育,提高他们的自我判断能

---

① 参见挚梦:《中国老年人经济,创业者们的契机!》,载搜狐网:http://www.sohu.com/a/277869846_100294360,最后访问日期:2019年10月24日。

② 参见田丰:《我国中老年人互联网生活研究报告》,载中国经济网:http://www.ce.cn/xwzx/gnsz/gdxw/201803/22/t20180322_28571346.shtml,最后访问日期:2019年10月24日。

力，增强对金融欺诈、虚假信息、违法违规行为的辨识能力，避免陷入投资理财的骗局，增强其保护自身权益的能力。

三是帮助老年人树立良好投资理念，推进和谐社会的构建。老年投资者是资本市场中的弱势群体，其在信息的获取、筛选、分析方面处于劣势，加强老年投资者的教育，减少投资行为偏差，降低盲目投资，增强对风险的防御能力，是充分保护老年投资者权益、提升市场公平性、维护社会和谐稳定的重要内容。

四是引导树立正确投资观念，提升国民整体素质。随着我国人口老龄化现状的日益凸显，老年人将是未来的投资者主要群体，通过将老年投资者教育试点纳入国民教育体系，帮助老年人形成和树立正确的理财意识，认识资本市场、树立合法合规意识，提高金融素养，为未来投资者教育奠定良好基础。老年投资者教育本身也是素质教育的一部分，引导中小投资者树立理性的价值投资理念，培养良好的投资习惯，提高投资的专业技术和理性决策能力，也是提升国民金融素养的客观要求。

（二）完善投教的系统规划协调，提高老年人投资者教育之质

立足投资者教育体系的顶层设计，加强统筹规划和协调推进，由分散化教育活动，发展为集中统筹、多方联动的教育机制，使投资者教育的体系更完整、机制更完善、覆盖更广泛、形式更多样、效果更明显。

一是制订老年人投资者教育发展规划。完善制度体系的规划、设计，明确教育的目标和重点，形成师资、课程体系、教学内容和方式的科学衔接；在证监会与教育部的联合推动下，加强证券业与教育界的协作配合，在老年大学、职业教育机构等各类教育中适当纳入老年人投资者教育，共同发挥合力，不断提高老年教育的普及率和办学率。

二是采用混合式教学模式，加强教学模式创新。采用多种教学模式混合的策略，根据老年人这个特殊的目标群体，用学员自发组成形成的学习小组取代传统的师生界限教育形式。同时，应用远程教学、演示、讨论等多种教学方式，加强教学中的交流与互动，使不同居住区域、各文化层次的老年人学习需求得到满足。

强化理论与实践的融会贯通，加强教育模式和载体运用方面的多样性、创新性、时代性、寓教于乐性。

三是统筹现有教育资源，丰富教育手段和产品。在没有将老年教育纳入国民教育体系之前，经费不足是老年教育存在的最大问题之一。将老年教育经费纳入全市教育预算，增设老年教育工作专职人员，按雇员制方法，聘用专职工作人员，由市老教

委和老年大学统筹使用。鼓励老年大学与证券机构合作,并探索将老年教育办进社团、福利院,拓展老年教育阵地,共同对老年投资者教育的教学内容、形式、课程体系等方面进行规划和完善,不断探索更贴近老年人需求的投教途径,加强老年人的教育工作。

(三)加快专业教育机构的建立,营造老年人投资者教育之态

许多境外发达市场都建立了专门负责老年投资者教育的机构,各类老年大学、老年培训项目与组织由此而生。其中不仅包括老年大学,还有在开放大学、社区学院以及其他传统大学教育资源基础上开发出来的各种老年人教育项目。法国率先创建"第三年龄大学",学员年龄平均为65岁,课程有体育锻炼、卫生保健,以及文学、历史、政治法律、时事等。[①] 许多国家学习法国的做法,创建第三年龄大学,提供的课程覆盖德语、法语、西班牙语等语言,以及太极拳、室内保龄球、游泳、瑜伽等运动课程,可满足不同学习的各种需要。例如,英国目前有近800所此类大学,日本老年大学的数量也在不断增加。总体而言,此类学校读的教学重点包括老年人的生存意义、相互交流、社会教育等。

在我国人口老龄化以及退休年纪相对世界较早的现状下,有钱有时间的老年人已成为目前资本市场中最具潜力的目标人群。借鉴国际经验,结合我国人口老龄化的特点,建立专业的老年人投资者教育机构,作为对现有教育机制的有效补充是我国老年教育的主要组成形式。针对老年人这个投资群体的特点和需求,以开放大学、社区大学、老年大学、网络教育、函授、夜校与学校教育相结合的方式开设投资者教育课程,进行因材施教、持续不断的教育。政府部门也应加大对老年投资者教育机构的经费支持力度,保障其有效运作。

(四)实现资源共享,鼓励社会、非营利组织办学

在国际上,非营利组织是开展投资者教育工作的主要力量。[②] 应将非营利组织纳入老年投资者教育服务工作体系中,鼓励、引导并帮助非营利组织进行老年投资者教育活动,深化非营利组织在老年投资者教育中的服务职能,例如,交易所、结算公司、投资者保护基金等,[③]可通过直接组织或委托第三方教育机构的方式来进行老年投资者教育。鼓励社会团体办学,可以设置流动的老年大学,将老年大学带进社区,带进

---

① 参见《国外老年人教育:再识生命意义》,载百度网:http://baijiahao.baidu.com/s? id=1640075004771665689&wfr=spider&for=pc,最后访问日期:2019年10月24日。

② 参见李学颖:《谈投资者教育》,载《金融理论探索》2005年第5期。

③ 参见张毅:《利用第三方模式完善我国投资者教育的可行性分析》,载《时代金融》2008年第11期。

农村,更好实现全社会的老有所学。鼓励以公益性老年投资者教育、从业行为规范为宗旨的非营利组织的设立,并完善非营利组织的法律制度,促进其健康持续发展,使其更好地推动、整合社会各方力量(地方政府和社会力量)广泛参与建立老年投资者教育的长效机制,从而进一步提高基层老年人教育的普及率和办学率。

随着中国证监会与教育部的联手推动,未来,投资者教育的范围将更广、更宽。在加强证券期货知识普及教育方面,中国证监会将充分利用证券期货经营机构、行业协会、自律组织、非营利机构等的专业优势,深入高等学校、社区开展系列科普公益讲座,普及证券期货常识,提升社会公众的投资风险意识及理财能力。此外,社会政府各界应充分重视老年人投资者教育问题,加强与老年大学、社区的联系,推动建立起全方位、长期合作关系,帮助老年群体做个"明白人",守住"钱袋子"。投资者教育工作要抓住难得的历史机遇,推动社会健康发展,助力中华民族伟大复兴,努力实现我们的中国梦。

域外视野

INVESTOR

机构投资者视野下的股东积极主义：国际实践及中国路径

刘彦沣[*]

摘　要：随着机构投资者的不断壮大，股东积极主义在各主要国家和市场越来越成为一种趋势。从我国的发展现状来看，机构投资者初具规模，但与所期望的角色定位还有一定差距。有必要推动股东积极主义，一方面，要鼓励机构投资者在法律法规框架内积极参与公司治理，发挥监督作用；另一方面，也要明确机构投资者的行为边界，用好股东积极主义这把"双刃剑"。

关键词：公司治理　股东积极主义　机构投资者　养老基金

随着全球机构投资者规模的不断扩大，机构投资者已经成为公司治理中的重要力量，在公司治理中的作用越来越受到全球主要国家、国际组织的关注和重视。如经济合作与发展组织（Organization for Economic Cooperation and Development，OECD）在2015年修订的《公司治理原则》中新增了章节，强调机构投资者和交易所在公司治理中的作用。机构投资者数量的上升被作为解决所有权和控制权分离的潜在路径，解决公司所有权与经营权分离带来的代理成本和股东"理性冷漠"等问题。与机构投资者的崛起相伴的是股东积极主义的出现。股东积极主义被认为是公众公司治理中的矫正机制（corrective mechanism）。[①] 随着越来越多的机构投资者有改变公司和参与管理层决策的意愿，股东积极主义已经成为广泛运用的投资策略。

股东积极主义起始于美国，通常体现为股东实施的干预和影响行为，既可以通过

---

* 中国上市公司协会公司治理部（法务部）副主任（主持工作）。

本文仅代表个人观点，与所任职单位无关。

① See Bernard S. Sharfman, "A Theory of Shareholder Activism and Its Place in Corporate Law", 82 *Tenn. L. Rev.* 791 (2015).

正式地行使其法定权利、也可以通过其他非正式的积极行为影响公司的决策。股东积极行为的动机和目的,通常体现为对公司的经营业绩、股价高低的影响,或者通过对管理层的监督有效改善公司治理,以实现公司内部的权力制衡。从理论上来看,任何公众公司都可能受制于股东积极主义,而且从近年的趋势来看,并没有减弱的迹象。

一、股东积极主义的兴起和发展

股东积极主义的兴起和发展与机构投资者的发展壮大息息相关。机构投资者起源于英国,兴盛于美国,经历了资产管理日益专业化的发展和演变。在过去60余年,美国机构投资者持股发生了很大变化,从20世纪50年代约6.1%发展到20世纪80年代的18%,再到2009年持股比例约40.4%。1987~2009年,机构对美国排名前1000名的公司持股比例从46.6%增长到73%;在2009年25个市值最大的公司中,机构持股平均比例超过60%。2017年排名前10的机构投资者合计持有标普500公司超过30%的股份。①

传统上机构投资者奉行消极主义,即“用脚投票”,在公司治理中发挥了很小的作用,其原因主要有两个方面:监管限制和动力不足。早年美国1930年《证券法》1940年《投资公司法》和1979年《雇员退休收入保障法》等法律对机构投资者和养老基金的投资行为作出了一系列限制,机构投资者为了规避过度集中的投资风险倾向于分散投资,有效监督和参与公司治理的成本通常很高,参与目标公司治理的条件和动力不足。再加上证券市场明显的外部效应,积极主义的成本由积极主义者承担,但是收益由全体股东享有,导致理性冷漠和“搭便车”行为。大多数机构投资者选择充当消极股东。

20世纪80年代以来,西方国家机构投资者的投资策略逐渐从消极转变为积极。其最主要的原因就是机构投资者的不断发展壮大,持股份额和投资规模不断扩大,具备了从消极投资转向积极投资的条件。同时,也增加了“用脚投票”的成本,如果一出现公司治理问题就抛售股票会使机构投资者蒙受很大损失。② 20世纪80年代以来席卷欧美的兼并收购浪潮,也给机构投资者带来了巨大风险,“用脚投票”的方式越来

① Top 10 Topics for Directors in 2019, Akin Gump Strauss Hauer & Feld LLP.

② 参见刘辉:《机构投资者与股东积极主义:国际实践与经验借鉴》,载《财会通讯》2010年第9期。

越低效,也无法减少机构投资者的损失。机构投资者所拥有的资金、信息和专业等方面的优势使他们有能力洞察到恶意收购的不利行为,采取更积极的态度主动参与和改进公司治理,来降低可能的损失。还有一个重要的原因,就是法律和政策的放松,极大地激发了机构投资者参与公司治理的积极性。许多国家的监管机构制定了鼓励机构投资者积极行使投票权的规定。如 1991 年美国证券交易委员会(the U. S. Securities and Exchange Commission,SEC)修改了有关法律规则,使股东在投票中更易形成能约束经理人员的决议。1992 年又放宽代理权征集(Proxy Solicitation)的限制,同时,要求公司董事会向股东披露更详尽的信息。降低了机构投资者参与治理的成本和潜在的法律责任,激发了积极性。

20 世纪 80 年代至 20 世纪 90 年代,美国的公司治理结构发生了重大变化,机构投资者在美国企业资产中所占的比重已经从 1950 年的 6.1% 上升至 1997 年的 48%。[①] 美国各州养老基金率先制定将公司治理水平纳入考量的投资政策。同时,基金参与投票越来越积极,对治理较差的公司也逐渐减少投资。机构投资者,如机构投资者理事会(Council of Institutional Investors,CII)、全美教师保险及年金协会(Teachers Insurance and Annuity Association of America-College Retirement Equities Fund,TIAA-CREF)和加州公共雇员退休基金(CalPERS)等均发布了自己的公司治理宣言或运作指南,旨在重塑公司所有者的地位,也预示着机构投资者主权意识的觉醒。根据投资者责任研究中心(the Investor Responsibility Research Center,IRRC)2006 年的统计,美国 1986 年以来机构投资者提交提案的数量不断增长,到 2006 年机构投资者在年度股东大会的提案达到破纪录的 645 件。1992 ~ 1994 年,IBM、通用汽车、美国运通、康柏、AT&T 和柯达等美国一些大公司,在机构投资者的压力下解雇了 CEO,迫使公司管理层从根本上改变经营策略。用美国沃顿商学院教授迈克尔尤西姆的话来说,美国的制度正在以由经理人事实上执掌全权、不受监督制约的"管理人资本主义"向由投资者控制、监督经理层的"投资人资本主义"转变的象征性事件。[②] "所有这些 CEO 的引退辞职反映了美国治理领域的一场根本性变革,它使董事会得以最终把管理层保持在对公司的低绩效的负责状态下,也使高枕无忧的 CEO 年代一去不复还了。"[③]2003 年 SES 会发布了《机构投资者代理投票的规则》和《投资公司公

① 参见粱能:《公司治理结构》,中国人民大学出版社 2000 年版,第 7 页。

② 同上。

③ [美]罗伯特·孟克斯、尼尔·米诺:《监督监督人:21 世纪的公司治理》,杨介棒译,中国人民大学出版社 2006 年版,第 156 页。

司投票政策与投票记录的披露规则》,要求共同基金必须披露其年度投票决策,明确机构投资者参与公司治理的要求。自 2004 年起,要求共同基金须向 SEC 提交并披露最近 1 年的投票记录。

英国的养老基金和资管公司从 20 世纪 90 年代也开始关注公司治理。1992 年英国养老金协会(The National Association of Pension Funds,NAPF)发起了一项代理咨询服务,帮助养老基金参与公司治理。2010 年英国金融报告委员会(Financial Reporting Council,FRC)发布了《机构投资者尽职治理守则》(UK Stewardship Code),并于 2012 年进行修订,目前正在评估修订中。该守则适用"遵守或解释"的原则,对机构投资者参与公司治理、保护和提升资产受益人的利益等提出了 7 方面的原则要求,如披露如何尽职履行义务、披露利益冲突的情形、有明确的投票政策并定期披露、必要的时候应与其他机构投资者合作等。2010 年开始,全球越来越多市场的机构投资者面临来自各方的压力要求其转型成为所管理资金和被投资公司的真正"管理人"。澳大利亚的养老基金于 2000 年年初也开始重视公司治理。欧盟于 2014 年修订股东权利指引,要求机构投资者和资产管理人制定、披露(遵守或解释)股东参与的政策,明确如何采取行动,鼓励机构投资者为了资产的中长期利益管理资产。日本于 2014 年制定了《机构投资者尽职治理守则》,其内容与英国守则基本一致。

2018 年股东积极主义运动有总体提升。2018 年被称为股东积极主义的"破记录年",在美国成为积极股东目标的公司数量打破了历史纪录,在目标公司数量、涉及的资本、股东数量、首次参与的股东数量,以及获取的董事席位方面都前所未有。① 美国的积极股东投资市场已相当成熟。此外,2018 年加拿大、日本、澳大利亚、英国等非美国的目标公司数量达到破纪录的 47%,首次超过 400 家。与 2017 年年底相比,美国市场和其他区域的破坏性力量明显有影响,包括澳洲和加拿大基础材料行业的并购行为。英国受退欧打击,53% 的目标公司被本土的积极主义者盯上。②

二、股东积极主义的主要形式及其作用

根据模式的差异,机构投资者主要包括资产管理人、共同基金、养老基金、对冲基

① See Gail Weinstein, Warren S. de Wied, Philip Richter, Fried, Frank, Harris, "The Road Ahead for Shareholder Activism", *Shriver & Jacobson LLP*, February 13, 2019.

② See Josh Black, "Trends in Shareholder Activism", *Activist Insight*, February 27, 2019.

金等。不同的积极股东在目标和观点上也会有所差异。有些是为了获取公司控制权,重新打造或重组业务,收购、"毒丸计划"以及"绿票讹诈"等是常用手段;还有是为了提升公司价值。许多养老基金更追求长期的资产和责任匹配。当公司经营管理出现问题时,机构投资者通常会有两种选择:第一,抛售其持有的股票,引起股价大跌;第二,参与公司治理,转向长期投资,保护其投资权益。机构投资者参与公司治理主要又有两种形式:一是通过公司治理的内部机制(内部行动)来参与公司治理;二是通过公司控制权市场(外部行动)的争夺来参与公司治理,前者比较常见。

机构投资者参与公司治理的方式,首先通常是与目标公司董事会或管理层进行沟通和谈判。20 世纪 90 年代开始试图通过对话的方式解决分歧,根据德勤对美国公众公司 CFO 的一项调查显示,2015 年占 3/4 的美国公众公司经历了股东积极主义,最多的是直接与管理层和董事会沟通的形式,还有 30% 是通过报纸或社交媒体等非直接沟通。① 还有比较普遍的方式是提出股东议案,根据 Activist Insight 2018 年的报告,全球积极股东提起的与公司治理相关的议案数量稳定增长,2014 ~ 2017 年平均每年增长 11%。另外,就是通过投票或舆论压力等方式更换经营不善的 CEO 或其他关键人,改变公司的经营战略。机构投资者通过该方式有效地迫使董事会采取与股东利益一致的行动。此外,股东诉讼也是一种方式,但使用较少,如美国 1995 年颁布的《私人证券诉讼改革法案》,鼓励机构投资者通过提起诉讼来维护广大投资者的利益。

股东积极主义发展到现在,目标、手段和形式随着时间发展也有所变化。有美国学者指出,共同基金和养老金积极主义倾向于偶然性和"事后"视角(ex post),当基金管理者认为标的公司业绩表现不佳,或者管理层有缺陷时,他们的表现比较积极。相反,对冲基金积极主义往往是策略性和"事先"视角(ex ante):对冲基金管理人会首先确定公司是否会受益于积极主义,然后采取积极主义的立场。② 因此,把两类机构投资者区分开来,一种是对冲基金"攻击型"的积极主义模式,另一种是主流的机构投资者,如养老基金、共同基金,属于"防御型"的介入。③

在公司治理问题上,公共养老金是"最看得见的"机构投资者。④ 如加州公共雇

① See Investor Engagement and Activist Shareholder Strategies, Value Edge, February 21, 2019.

② See Marcel Kahan, Edward B. Rock, "Hedge Funds in Corporate Governance and Corporate Control", 155 *U. PA. L. Rev.* 1021, 1076 (2007).

③ See Brian R. Cheffins, John Armour, "The Past, Present, and Future of Shareholder Activism by Hedge Funds", 37 J. Corp. L. 51(2011).

④ 参见[美]罗伯特·孟克斯、尼尔·米诺:《监督监督人:21 世纪的公司治理》,杨介棒译,中国人民大学出版社 2006 年版,第 135 页。

员退休基金(CalPERS),作为美国最大的养老基金,最早于20世纪80年代中期发起参与公司治理的活动。CalPERS行使股东积极主义的程序较为典型,通常首先与公司管理层协商,当管理层没有作出适当反应时,才提交股东提案。CalPERS声称"我们的目标不是给公司带来恐惧,而是鼓励良好的表现",其一般不干预企业管理决策,而着眼于改善法人治理结构、调整实施股东价值取向。从1992年开始,CalPERS每年评估其股票组合中的公司,把那些业绩表现和公司治理不佳的公司列为焦点公司(focus list),并公开发布,给目标公司施加压力。① 根据统计,在过去20年中,CalPERS的积极股东策略带来了约7%的收益回报,推动了其他机构投资者跟随。②

大型的对冲基金,如卡尔·伊坎(Carl Icahn)、纳尔逊·佩尔茨(Nelson Peltz)、丹勒布(Dan Loeb)和比尔·阿克曼(Bill Ackman)管理的基金,经常公开对抗公司董事会或管理层,苹果、百事、雀巢等公司都经历过对冲基金的股东积极主义行动。这些对冲基金也自称为"维权投资者",给企业高管和董事会带来极大压力。根据美国律所Wachtell,Lipton,Rosen & Katz统计的数据,2013年有超过200次维权投资活动,维权投资基金管理的资产规模增长超过50%。他们的做法,通常是先买入他们认为被低估的股票,然后迫使管理层采取他们认为能提升股票价值的举措,比如,给股东更多现金回报或剥离被他们视为拖累股价的业务部门。继而,越来越深地介入公司治理,要求获得更多董事会席位、撤换CEO以及宣扬某种公司战略。③ 如卡尔·伊坎以对企业的"凶狠攻击"而备受关注,其做法通常是通过突袭方式先购入一定数量公司股份,然后以股东或董事身份寻求从内部改变公司,让股价在短时期内快速上升,从而套现获利。

西方政府多将机构投资者视为"市场稳定器",鼓励机构投资者积极参与公司治理中,提高上市公司治理的效率和效果。SEC一直将呼吁股东积极主义作为改善公司治理结构的"号角"(clarion)来吹。但从理论和实务研究层面,对机构投资者参与公司治理的效果,目前尚未有统一认识,一种观点认为,机构投资者通过参与公司治理能够有效监督董事会和管理层;另一种观点认为,机构投资者无法发挥有效作用,

---

① See Brad Barber, "Monitoring the Monitor: Evaluating CalPERS' Shareholder Activism", *The Journal of Investing*, Dec. 1, 2007.

② See Johnny Hopkins, "Shareholder Activism Is On The Rise: Caution Required", available at https://www.forbes.com/sites/esade/2018/12/10/shareholder-activism-is-on-the-rise-caution-required.

③ 参见[美]比尔·乔治等:《确保控制权:智胜维权投资者》,熊静如译,载《哈佛商业评论》(中文版)2014年第6期。

甚至会带来负面影响。

一种观点认为,专业机构投资者具有更强的价格发现能力,由其主导的市场结构,有利于稳定市场运行,避免非理性大起大落。股东积极主义体现了股东权利和机构投资者责任。股东有权利参加股东大会、发表提案和进行投票,要求公司改善治理结构。机构投资者代表投资人持有股票,有义务和责任维护投资人利益,从这个层面来看,股东积极主义同样是责任。机构投资者为了维护自己的利益,通过"用手投票"等主动方式积极参与公司治理,能够有效监督公司管理层。尤其是持股比例较大的机构投资者有动机和能力监督公司管理层,改善公司治理。机构投资者能监督管理层的盈余管理行为,机构投资者持股比例越高的公司发生盈余管理的可能性越低。① 这一假说已经得到国内外许多经验证据的支持。比如,机构投资者能通过提高管理层薪酬业绩敏感性、参与高管非自愿性变更决策、促进独立董事制度建设、制约关联方行为、监督公司投资决策和参与股东诉讼等方式改善公司治理水平,进而减少管理层的机会主义行为,增加信息透明度和披露质量、提升审计质量,进而提高公司绩效。机构投资者持股比例与公司治理水平呈正相关关系,机构投资者持股比例高有助于提高公司治理水平。②

而另一种观点认为,机构股东积极主义并非公司治理问题的万能之计。反而会削弱董事会作为决策中心机构的角色,降低公司治理的效率。依靠机构投资者积极主动解决不了公司治理内在的委托代理问题,反而只是转移问题的中心。③ 机构投资者的一个问题是不会长期持股,另外,大量投票的机构投资者的资产组合通常很分散。由于持有数百家乃至数千家公司的股票,机构投资者很难专注于某一家公司的治理和业绩表现。而且机构投资者对管理层的监督是有成本的,也要考虑成本收益比。投资者拥有不同的投资偏好,他们并不一定追求同样的东西。多数机构投资者根本缺乏对管理层进行有效约束或监管的动机和时间。积极主义的机构投资者很少而且很有限,主要是州和联邦或地方的雇员公共养老金。CalPERS 等一些股东积极主义者,参与治理代价太高而通常很少见,早期能给标的公司的股价带来正面影响,

① See Chung, R., M. Firth & J. Kim, "Institutional monitoring and opportunistic earnings management", *Journal of Corporate Finance*, Vol. 8, 2002.

② 详见周绍妮等:《机构投资者持股能提升国企并购绩效吗?》,载《会计研究》2017 年第 6 期。

③ See "The Long-Term Effects of Hedge Fund Activism", Harvard Law School John M. Olin Center Discussion Paper No. 802, *Columbia Law Review*, Vol. 115, 2015, pp. 1085 – 1156, Columbia Business School Research Paper No. 13 – 66.

但之后效应逐步减弱。推动标的公司股价上涨并不一定等同于创造经济价值。① 而且,从结果来看,股东积极主义不能证明是改善公司治理的路径,股东积极主义者也经常和消极股东产生冲突。多数基金经理严重依赖代理顾问机构,比如,机构股东服务公司(Institutional Shareholder Service,ISS),往往是一种标准化且流于表面的监督。②到目前为止,没有充分的证据显示,这些因素与有效的公司治理或企业成功有关。

甚至有观点提出,机构投资者股东积极主义行为会侵害其他中小股东利益,在公司治理中扮演"利益攫取者"的角色。早在 30 多年前,美国学者提出联盟假设说,机构投资者与上市公司管理层之间存在互利关系,很可能引发双方相互勾结。③ 比如,机构投资者可能与公司间存在业务往来,会因谋取自身利益而支持管理层或董事会,致使其他外部股东利益受损,或者出于短期获利的目的,成为高管或大股东利益侵占的"帮凶",而不是监督制衡关系。这使机构投资者在公司治理中的作用难以发挥,公司经营业绩和效率难以改善。④

从总体来说,机构股东主义是把"双刃剑"。跟其他公司治理机制一样,股东积极主义也不是没有瑕疵,在正确使用的情况下能带来重要的积极影响。⑤ 积极参与公司治理并不是机构投资者的最终目的,其最终目的是实现投资收益。在成本收益权衡下,为了实现投资收益,机构投资者既可能参与上市公司的治理,也可能不参与公司治理。⑥ 参与公司治理的实效主要从其对公司的经营决策与战略、公司治理机制以及公司价值的影响 3 个方面来衡量的。机构投资者在公司治理中扮演的角色,取决于公司的具体情况,也视其持股情况而定。当机构投资者持股比例较高时,往往更有动机且有能力监督公司管理层,因而有助于提升公司业绩。⑦ 另外,一些新型机构投资者在优化公司股权结构的同时,其高风险性及其对资本市场公平竞争的负面影响也

---

① 参见[美]贾斯廷·福克斯:《提供资金、信息和约束:股东做不到》,鲁志娟译,载《哈佛商业评论》(中文版)2014 年第 6 期。

② See Richard Henderson,"US companies demand regulation of proxy advisers",available at https://www.ft.com/content/64727724 - 2965 - 11e9 - a5ab - ff8ef2b976c7,last visited:Feb. 6,2019.

③ See John Pound,"Proxy Contests and the Efficiency of Shareholder Oversight",*Journal of Financial Economics*,1988,pp. 237 - 265.

④ 参见宋建波等:《机构投资者持股能提高上市公司盈余持续性吗?》,载《中国软科学》2012 年第 2 期。

⑤ See Johnny Hopkins,"Shareholder Activism Is On The Rise: Caution Required",available at https://www.forbes.com/sites/esade/2018/12/10/shareholder-activism-is-on-the-rise-caution-required/#8eb78f948446,last visited:Feb. 6,2019.

⑥ 参见罗进辉:《机构投资者持股、现金股利政策与公司价值》,载《投资研究》2013 年第 1 期。

⑦ 参见唐松莲、袁春生:《监督或攫取:机构投资者治理角色的识别研究——来自中国资本市场的经验证据》,载《管理评论》2010 年第 8 期。

不容忽视,改善机构投资者的公司治理并加强外部监管也成为公司法制的新命题。[①]

三、我国相关实践及建议

(一)我国机构投资者现状及存在的主要问题

我国的机构投资者起源于20世纪90年代中后期,在过去的20余年里不断发展壮大,也日益多元化和国际化,逐步形成由社保基金、公募基金、私募基金、保险资金、信托资金、合格境外机构投资者(Qualified Foreign Institutional Investor,QFII)等组成的多类型机构投资者队伍。1998年我国成立第一只公募基金,在20年时间内实现了跨越式的发展。根据基金业协会的数据,截至2019年3月31日,基金管理公司及其子公司、证券公司、期货公司、私募基金管理机构资产管理业务总规模约51.40万亿元,其中,公募基金管理机构管理规模最大,占比约27%。[②] 根据wind数据,截至2019年一季度末,A股3675家上市公司,机构持股数量总和约为30,712亿股,占总股本约45%;机构持股比例平均为37%,公司中持股机构的平均数量为15家。其中,机构合计持股比例超过50%的公司有1112家,超过30%的公司有2097家,仅156家公司没有机构持股。但机构投资者持有A股流通市值的比例较低,近几年维持在15%左右。近年来,随着资本市场改革开放步伐的加快,A股纳入MSCI、富时指数,沪深港股通流入资金加快,境内外中长期资金参与A股市场程度快速加深,市场结构出现了一些积极变化,资本市场处于专业机构投资者加快发展的阶段。机构投资者已经成为我国金融市场的主体,证券市场机构投资者日益成熟。

从政策上来看,法律法规也在鼓励机构投资者积极参与公司治理。在2005~2007年股权分置改革之后,机构投资者的持股比率进一步提升。2010年,为了推动并规范基金管理公司行使投票权,中国证券业协会制定了《基金管理公司代表基金对外行使投票表决权工作指引》,明确了基金管理公司对外行使投票权的原则、关注的重点等内容。2018年修订发布的《上市公司治理准则》的重要修订内容之一就是,积极借鉴国际经验,对推动机构投资者参与公司治理作出专门规定。

自出现机构投资者开始,我国的股东积极主义也开始了初步的尝试。目前,大部

---

① 参见[西]戈西马丁·阿尔弗雷泽:《跨境上市——国际资本市场的法律问题》,刘轶等译,法律出版社2010年版,第72页。

② 资料来源:中国证券投资基金业协会官方网站。

分公募基金、全国社保基金对参与公司投票制定有明确的内部战略或制度,少数公募基金对参与上市公司治理也制定了内部制度、方针策略等。从我国实践来看,机构投资者参与上市公司治理的方式一般包括:"用脚投票"、行使投票权、提出议案、与董事会或管理层正式或非正式协商交流等。从现有案例来看,机构投资者参与公司治理的主要方式有如下几种。

1. 抛售股票

如在2002年"中兴通讯增发H股事件"中,汉唐证券、申银万国等数十家机构投资者提出激烈反对,但管理层坚持增发,并通过股东大会审议。最后机构投资者用大幅抛售股票的方式表示不满,导致中兴通信股价大跌,中兴通信不得不宣布暂停发行H股。

2. 行使投票权

这是比较常见的方式,如2003年"招商银行推出百亿元债转股方案",遭金泰等47只基金、社保基金和世纪证券的集体反对。2004年由于华宝基金投了反对票,重庆百货的增发方案未能获得通过,这是实行社会公众股东分类表决制度以来,第一次因流通股股东反对而造成公司提案被否的案例。再如,2010年由于数家基金公司对公司治理情况不满,集体否决了双汇发展关于转让子公司股权的议案。2016年交银施罗德基金、南方基金等基金公司对格力收购珠海银隆的相关议案投弃权票或者反对票,使最后议案未获通过。

还有通过行使征集议案、征集投票权联合其他股东行使表决权。2016年一汽轿车大股东违反同业竞争承诺,明曜投资先后通过征集议案、征集投票权向公司维权,关于变更承诺事项履行期限的议案,最终未获股东大会通过。

3. 推选董事、监事或提议罢免董监高

代表性的事件,如2012年在格力电器的董事会改选过程中,鹏华基金联合耶鲁大学基金等主动推荐董事人选,并利用合计持股优势,通过累计投票制集中选举,将大股东推荐的董事人选击败。最终,由基金股东推荐的董事候选人顺利当选。还有基金主动提议撤换不胜任或履职不到位的董事、监事、高级管理人员,以维护自身和公司利益。如2012年重庆啤酒的董事长因为在信息披露工作中的失误,而被其股东大成基金在临时股东会上提议罢免,但最终因其持股比例低而没有被通过。

4. 给予公司外部舆论压力

利用媒体等舆论力量对企业施加压力。如2011年熔盛重工拟要约收购全柴动力,由于收购案久拖不决,给全柴动力的基金股东造成损失。基金股东通过媒体发布公开说明函，希望公司充分尊重股东的知情权，进行公开说明。最终，熔盛重工基于经济因素考虑而放弃收购。

5. 争夺控制权

如 2011 年上海家化国有化体制改革时，平安信托受让了上海家化集团的股权，又通过要约收购实现了绝对控股。新进股东与原管理层之间发生了控制权之争，最终平安信托取得控制权。

6. 提起法律诉讼

一些机构投资者对存在违法违规行为的上市公司提起法律诉讼，通过法律手段追偿的方式来参与公司治理。如在 2007 年“大成基金诉银某某案”中，原告认为被告存在虚假陈述行为，给基金股东造成了巨额损失，最终以原告败诉结束。又如，在 2011 年“夏新电子虚假陈述案”中，包括机构投资者在内的 19 名股东对公司提起索赔诉讼，最后获得赔付。

从总体来说，目前机构投资者积极参与公司治理的实践较少，虽然机构投资者持股比例逐年增加，在一定程度上也参与了公司治理，对公司业绩能有一定影响，但并不显著。国外参与公司治理较为活跃的机构投资者包括养老基金、共同基金和对冲基金等。我国的机构投资者是以证券投资基金为主导的，养老基金、保险资金管制严格，没有深入参与公司治理。一方面，是由于动力不足，股东积极主义也是需要考虑成本和收益，机构投资者采取积极行动获得的收益由全体股东共享，而由采取行动的股东承担成本，在“搭便车”的股权文化下，积极行为的成本与收益并不匹配；另一方面，也可能面临利益冲突。作为资产管理人的机构投资者和投资者之间可能存在利益冲突，机构投资者未必代表投资人的利益。如通用电气公司前总裁杰克·韦尔奇曾提出的，“资产管理者对公司并没有剩余索取权，因为他们是用别人的钱来投票和控制股份”。

我国公募基金积极参与公司治理的事件总体不多，多数定位为财务投资，不谋求控制权，这也已经成为普遍实践。机构投资者持股占流通市值的比例较低，也存在“短视行为”和“羊群行为”。另外，公募基金投资占比往往较小，持股有《证券投资基金运作管理办法》双 10% 的限制以及风险控制的要求，比例不高，持有的股份不足对公司形成制约。此外，公募基金以中小散户投资者为主要投资人，中小投资者的目标往往是短期的，公募基金的考核机制也倾向于短期主义，基金经理基本是按年度考核，不得不关注短期收益，很难关注长期价值。而且公募基金多为分散投资，持股的公司数量较多,在尚未有第三方投票代理顾问机构的前提下,公募基金很难有时间和精力去了解每家公司的情况,参与投票、一一行使表决权,推动治理改善。

我国的社保基金与国外的公共养老基金性质相似,从美国经验来看,社保基金是最适合参与公司治理的。而且也符合 Coffee 教授 1991 年提出的机构投资者参与公司治理、发挥监督作用可能性与可行性的 3 项标准:利益冲突标准、持股量标准、长期持股标准。① 我国社保基金规模也是逐年上升,2017 年中国国家社保基金规模约为 4569 亿美元,居全球第六。② 而目前我国社保基金在投资范围、投资比例和管理机制等方面都还存在一些障碍,如 2009 年《全国社会保障基金投资管理暂行办法》规定,全国社保基金投资于银行存款和国债的比例不得低于 50%,对证券投资基金、股票投资的比例不得高于 40%。目前,社保基金参与公司治理多为常规的行使投票权的形式。

此外,我国的股权结构还是以"一股独大"为主。机构投资者很难发挥股权制衡的机制,而且在征集议案、征集投票权、股东诉讼等制度规范存在可操作性不足的情形下,机构投资者势单力薄,也很难与大股东对抗。机构投资者更愿意将自己定位为"价值发现"而非"价值创造"的角色,对交易权的行使多于监督权的行使。

(二)相关建议

从目前我国的发展阶段来看,机构投资者虽然初具规模,但与政策制定者和市场所期望的公司治理及其"价值创造"的角色定位还有一定差距。因此,有必要推动股东积极主义,一方面,要鼓励机构投资者在法律法规框架内积极参与公司治理,发挥监督作用;另一方面,也要明确机构投资者的行为边界,用好股东积极主义这把"双刃剑"。

1. 完善相关立法,为机构投资者参与公司治理提供便利

现行法律的"双 10 规定"(单一基金持有一只股票的比例不能超过基金资产净值的 10%;同一公司持有一只股票的比例不能超过该公司总股本的 10%)限制了基金公司参与公司治理。建议适当放宽限制,鼓励机构投资者参与公司治理,推动上市公司提升治理水平。如美国目前主流的投资公司形式为分散化的开放式基金或共同基金。分散化公司,对其总资产的 75% 有限制,而对其余 25% 是没有限制的。为了防止利益关联,单一基金可以保留 10%,而可以提高同一基金管理人比例上限。另外,通过税收减免、递延等制度引导长期投资理念,发展长期机构投资者;通过个税改革

---

① See John C. Coffee Jr, "Liquidity Versus Control: The Institutional Investor as Corporate Monitor", *Columbia Law Review* No. 6, Vol. 19, 1991.

② 韦莱韬悦"2017 年全球 300 强养老金研究报告"。

引导个人投资者长期持有,而委托投资的机构投资者没有短期盈利的压力,更有动机长期持有所投资公司的股票。

2. 推动养老金参与公司治理,建立机构投资者联合行动机制

目前,养老金在美国资本市场是参与公司治理的主导力量,我国资本市场的成熟和公司治理质量的提升很大程度上需要机构投资者发挥作用,尤其是养老金等长期资金。笔者建议,从体制上解决养老金入市障碍,培育长期资金,提升其股市参与度。

加强机构投资者之间的合作和联动。单一机构投资者在股权集中的模式下难以在公司治理中发挥重大作用。如果机构投资者在实行股东积极主义方面进行合作,作用将加强。如英国《机构投资者尽职治理守则》所提出的,机构投资者之间的合作在某些情况下是最有效的参与治理的方式,尤其是在面临重大的经济压力或面临重大利益损害的威胁时。因此,有必要进一步明确完善征集议案、征集投票权、集团诉讼等制度,提升可操作性,为机构投资者联合行动、联合行使表决权或提起诉讼等提供便利。在涉及重大影响的治理方面的问题时,也可以由自律组织或第三方机构建立平台,引导机构投资者共同参与治理。

3. 培育第三方代理顾问机构,同时加强自律监管

第三方代理顾问机构可以为机构投资者提供股东积极主义方面的建议。从境外来看,机构投资者代理顾问主要有 Institutional Shareholder Services(ISS)和 Glass Lewis(GL)两家公司,它们为股东出具董事会改选、薪酬支付及其他公司治理事项的投票建议,也提供关于公司治理的信息以及针对特定公司的特别服务,帮助不同的机构投资者协调行动。第三方代理机构能够解决机构投资者由于时间精力和资源等限制,而无法行使股东权利的困境。此外,从美国的实践来看,对于第三方机构也需要加强自律监管,确保其透明度,防范利益冲突。在近年规则中,SEC 更加强调代理顾问公司必须负责任,确保投票建议符合他们对客户的义务,当认识到代理分析报告中可能存在错误、不完整或方法论方面的缺陷等时,要采取相应的行动。2019 年上半年 319 家纳斯达克上市公司联名写信要求 SEC 对代理顾问公司加强监管。在对冲基金试图改变公司战略的行为中,代理顾问公司扮演着重要角色。上市公司希望 SEC 能够制定政策防范利益冲突,并要求代理顾问公司提高投票建议的透明度。上市公司的联名信指出,代理顾问公司的影响已经使非上市公司对上市产生了恐惧。①

① See Richard Henderson,"US companies demand regulation of proxy advisers",available at https://www.ft.com/content/64727724-2965-11e9-a5ab-ff8ef2b976c7,last visited:Feb. 6,2019.

4. 明确机构投资者的法定义务责任和股东积极主义的行为边界

机构投资者也是股东,其股东行为也有法律边界。股东积极主义,一方面,体现为股东在法律界限内实施的、有助于公司发展的积极行为,对此应积极鼓励和引导。另一方面,则体现为超越法律界限,应受法律规制的对公司的危害性影响行为,对此法律应作出反应。如 2015 年监管部门首次处罚以积极股东身份参与公司治理失当的私募机构,新华百货的二股东上海宝银创赢投资管理有限公司,通过非指定信息披露媒体以公开信的形式发布对股东大会的提案,构成信息披露违法违规而被处罚。

明确股东积极主义界限,其核心在于要求积极行为股东不得损害公司及其他股东利益,不得违反股东忠实义务,禁止股东权利滥用,要求股东对自己的不当影响行为承担法律责任。① 因此,也需要规范机构投资者的行为,明确机构投资者的法定义务,包括对投资人的信托义务,明确机构投资者参与公司治理的行为规范,防范利益冲突、防止与大股东合谋,或以参与公司治理谋求个体利益而损害公司和其他股东的合法权益等。

此外,应强化信息披露,提升透明度,加强对机构投资者履行职责的监督。如美国对机构投资者行为的信息披露有一系列具体要求,包括要求投资公司、共同基金披露行使股权表决权的相关政策和程序,通过披露,投资者可以了解机构是否适当履行了信托义务。SEC 的 Schedule 13D“受益人所有权报告”要求,当持有人取得公司 5% 以上股份,必须提交 13D 表格,披露其持股意图,以抑制机构投资者参与公司治理的舞弊行为,防止公司和机构投资者进行私下接触交流而进行选择性信息披露。

总体而言,我国的机构投资者尚处于发展阶段,由于政策法律、国情以及公司治理文化等因素,股东积极主义也处于起步阶段。鼓励机构投资者参与公司治理既需要成为其内在要求,也需要外部机制的保障。应逐步建立起股东积极主义的框架体系,提升股东积极主义与公司治理、股东长期价值的关联性,促进公司治理的改善、股东价值的提升和资本市场的成熟发展。

---

① 参见王彦明:《股东积极主义:股东积极行为的公司法界限》,载《行政与法》2009 年第 8 期。

韩国股东行动主义:以 PSPD 与 NPS 为例

[韩]Kyung-Hoon Chun(千景壎)* 著 蔡卓曈** 译

摘 要:本文旨在回顾和分析过去20年来韩国的股东行动主义,重点关注韩国参与连带组织(PSPD)和韩国国民年金公团(NPS)。成立于1994年的非政府组织PSPD行动主义激活了数十年来一直处于休眠状态的各种少数股东权利,并提提升了韩国大型上市公司决策程序的透明度。然而,由于组织的动机是寻求社会和政治上的改变,其目标是大型和著名公司,而这些公司反而具有相对良好的公司治理。在2010年以后,拥有韩国证券市场总市值8%的NPS愈发倾向股东行动主义。然而,NPS的独立性是更加严重的问题,它很容易受到来自政府和政客的影响。NPS需要从PSPD追求自身目标的热忱中获得启发,但同样需要注意在行使股东权利时不受政治动机的影响。

关键词:股东行动主义 股东权力 韩国公司治理 韩国参与连带组织 韩国国民年金公团

一、引 言

正如欧洲公司治理研究所(European Corporate Governance Institute)网站上所表述的,股东行动主义可以被定义为"……作为公司所有者的股东通过行使权利影响公司行为的方式",①或者更加简洁地表述为"……股东为改变目标企业而做的努

* 韩国国立首尔大学法学院教授。

** 华东政法大学国际金融法律学院2017级硕士研究生。译文系华东政法大学研究生创新项目《投服中心在证券市场民事诉讼中的角色定位研究》(2019-4-001)阶段性成果。

本文的翻译和发表经作者授权。

① Available at Http://www.ecgi.org/activism/, last visit: Feb. 26, 2019.

力”,[①]鉴于定义的宽泛性,有必要采取集中的视角对这一现象作出有意义的分析。本文试图通过3个角度:主体(Who)、原因(Why)以及方式(How)考察股东行动主义以分析其在韩国的动态。

从主体角度来看,我们关注股东行动主义的各类参与方,例如,对冲基金、机构投资者和非政府组织,揭示它们在行动上的显著差异性。原因要素代表股东行动主义背后的动机,与主体要素密切相关。有时行动方被短期的经济收益所驱动,而在其他时候被诸如长期企业价值、企业的可持续发展或者公司的社会责任所驱动。从原因角度来看,回顾股东行动主义者使用的各类法律工具。积极地参加股东大会(General Meetings of Shareholders,GMS),制定股东议案,介入敌意收购,征集委托书(Proxy Solicitations)以及提起股东代表诉讼是行动主义者的传统利器。最近,“参与”(“engagement”)管理成为受欢迎的热议话题。

从这些角度观察股东行动发现,股东行动主义远非铁板一块。根据主要参与者、动机和使用的法律工具类型的不同,它们可能采用不同的形式并且有着不同的含义。

基于这样的理解,本文重点关注两类参与者以及相应的原因和方式要素,旨在回顾和分析过去20余年韩国的股东行动主义。第二部分是背景介绍,即介绍韩国资本市场的概况和韩国法,特别是《韩国商法典》(以下简称《商法典》)中规定的股东权力。第三部分回顾了20世纪90年代晚期和21世纪初,作为非政府组织的韩国参与连带组织(People’s Solidarity for Participatory Democracy,PSPD)的股东积极主义。第四部分回顾了21世纪10年代早期的几个阶段,当时,韩国国民年金公团(National Pension Service,NPS)成为有影响力的股东。最后的第五部分是结论。

二、韩国的股东权力

(一)韩国资本市场

韩国证券交易所(Korea Exchange,KRX)是韩国唯一的证券交易运营者,运营KOSPI市场和KOSDAQ市场。KOSPI被认为是成熟企业(Established Firms)的市场,而KOSDAQ是以美国纳斯达克(National Association of Securities Dealers Automated Quotation,NASDAQ)为样板并随其命名(全称为韩国证券交易商协会自动报

---

① Frank Partnoy,“US Hedge Fund Activism”, in J. Hill and R. Thomas ed. *Research Handbook on Shareholder Power*, Edward Elgar Publishing, 2015, p. 101.

价系统——译者注)的,它通常被认为是较小的初创公司的市场。截至2017年年底,KOSPI市场和KOSDAQ市场的股票市值(Market Capitalization)如表1所示。

表1 韩国证券交易所的规模(截至2017年年底)

类型	上市公司数量(家)	市值(亿韩元)
KOSPI	774	16,058,210
KOSDAQ	1267	2,827,400
合计	2041	18,885,610

数据来源:韩国证券交易所网站(www.krx.co.kr)(1000韩元约等于0.9美元)。

外国投资者的出现是分析股东行动主义的重要因素。韩国上市企业中的外国投资在20世纪90年代末期的亚洲金融危机期间大幅增加。然而,近期韩国股票市场的外国股东比例一直处于停滞状态。在市值方面,外国股东占韩国证券市场总市值的比例分别为31.2%(2010年)、30.6%(2011年)、32.5%(2012年)、33.0%(2013年)、31.6%(2014年)、29.1%(2015年)、31.8%(2016年)和33.6%(2017年)。[①]

(二)韩国法下的股东权利[②]

1. 投票权

《商法典》规定所有的韩国公司,或者财阀(Chusik Hoesa),必须根据董事会的决议每年召开一次股东大会(《商法典》第265条第1款)。这被称为普通或者年度股东大会。另外,董事会可以在任何必要的时候召集股东大会,这通常被称为股东特别大会(第365条第3款)。

在股东大会中,有表决权股份的持有者有权投票。值得一提的是,韩国法维持严格的"一股一票"("one share,one vote")原则(《商法典》第369条第1款)。即便公司章程中有这样的规定,也不允许创设倍数(multiple)股份或者非整数(fractional)股份。

为了使决议能够在股东大会上通过,根据决议事项的不同,必须满足普通决议或者特别决议的要求。除非《商法典》或者章程另有规定,股东大会上的决议需经出席股东大会会议的股东所持表决权的1/2以上通过,同时必须不低于所有有表决权股份的1/4(《商法典》第368条第1款)。这被称为普通决议,适用于包括选举董事和

---

① Available at Http://www.index.go.kr/potal/main/EachDtlPageDetail.do? idx_cd = 1086, last visit: Feb. 26, 2019.

② 更多的内容,参见 Kyung-Hoon Chun, Kon-Sik Kim, Hyeok-Joon Rho, Ok-Rial Song, *Corporation and Partnerships in South Korea*(2nd ed.), Wolters Kluwer Law & Business, 2015.

监事、批准财务报表、宣布股息或者股份回购等事项。对特定事项,仅仅满足普通决议是不够的,因此需要特别决议。一项特别决议需经出席股东大会会议的股东所持表决权的2/3以上通过,同时必须不低于所有有表决权股份的1/3(《商法典》第434条第1款)。需要特别决议的事项包括:罢免董事、授予股票期权、减少法定资本、合并、分立、营业转让、解散和修改公司章程。

股东可以亲自或者委托他人投票(《商法典》第368条第2款)。对上市公司,征集委托投票书(Solicit Proxies)必须:(1)向监管者提交报告;(2)公开披露征集的主体和目标公司。经公司章程授权,股东可以采用书面投票(《商法典》第368条第3款)。经董事会授权,股东可以采用网络投票(《商法典》第368条第4款)。

2. 选举和罢免董事

董事是由普通股东大会或者股东特别大会中选举产生。通常,董事候选人是由现任董事会提名的,[①]股东可以投票反对或者支持每一位候选人。如果赞成票满足普通决议的要求,那么候选人就会被选举为董事。这被称为与"人头多数决规则"(Plurality Rule)相对的"资本多数决规则"(Majority Rule)。在这样的制度安排下,多数股东实际上在任命全体董事会成员上拥有绝对的权力。

为了限制多数股东的权力从而保护少数股东,《商法典》采用了累积投票制度。在股东大会上选举2名或更多的董事时,持股3%(在上市公司中是1%)以上的股东可以要求决议适用累积投票(《商法典》第382条第1款)。然而,公司可以在公司章程中"选出"(opt out)(《商法典》第382条第2款第1项)。超过90%的韩国上市公司已经通过公司章程选出累积投票制度。因此,主张韩国公司治理改革的人经常提出提出应当修改《商法典》,使累积投票制度强制适用于超过特定规模的上市公司。

值得一提的是,股东可以在任何时候在股东大会上通过特别决议无理由地罢免董事(《商法典》第385条第1款)。如果该董事在任期内被无正当理由罢免,该董事仅有权从公司获得金钱赔偿。(《商法典》第385条第1款)。赔偿的数额通常与其剩余任期内本来能够获得的薪酬相当。股东单方面罢免董事的可能性显示了韩国法赋予了股东的巨大权力。

3. 启动公司制定决策的权利

虽然股东投票权在公司治理中是重要的,但只有在召开股东大会时才能行使,而

---

① 大型上市公司和金融机构的外部董事是由董事会下属的外部董事候选人任命委员会(Outside Director Candidate Nomination Committee)任命的。

且只能针对股东大会上提出的事项。在任董事决定是否召开股东大会,并为股东大会设定时间、地点和议程等事项。换言之,股东在董事会制定的框架内行使投票权。作为股东权力消极性的例外,《商法典》规定了2项利器:召集股东特别大会和向股东大会提出议案的权利。

持有所发行股份3%以上的股东可以要求董事会召集股东特别大会(《商法典》第366条第1款)。对上市公司,虽然持股门槛降低至1%,但是要求有6个月的持股期限(《商法典》第542条第6款第1项)。股东必须向董事会提交关于股东大会议程和理由的书面说明。如果董事会未能及时召开股东大会,那么股东在经法院批准后能够自行召开股东大会(《商法典》第366条第2项)。

持有所发行股份3%的股东有权在股东大会上提交供决议的议案(《商法典》第363条第2款第1项及第2项)。对上市公司,虽然持股门槛降至1%(更加大型的公司为0.5%),但是要求有6个月的持股期限(《商法典》第542条第6款第2项)。董事会必须将提案列入议程,但某些情况除外,例如,提案的实质内容违反了法律或公司章程的规定(《商法典》第363条第2款第3项)。虽然股东同样可以提出罢免董事的议案,但是上市公司的董事会能够合理地拒绝将它纳入股东大会的议程。对非上市公司,如果股东正式地提出罢免董事的议案,那么董事会必须将这项议案纳入股东大会的议程。修改公司章程是合理的事由,因此,如果股东正式地提出这项议案,董事会必须将其纳入股东大会的议程中。

4. 追究董事责任的权利

根据《商法典》的规定,持有所发行股份1%以上的股东(对上市公司,要求持股0.01%的股份达6个月以上)有权以代表公司提起股东代表诉讼。在提起诉讼之前,股东必须要求公司针对相关的董事提起诉讼(《商法典》第403条第1款)。如果公司在30天内未能提起诉讼,那么股东可以直接代表公司提起代表诉讼。如果可能造成难以弥补的损害,那么股东可不受前述要求的制约直接提起代表诉讼(《商法典》第403条第3项)。

代表诉讼的救济唯有在公司遭受董事不法行为的侵害后才能适用。在不法行为发生前,《商法典》允许禁令救济(Injunctive Remedies)。当董事有可能违反法律或者公司章程规定时,并且由此可能导致难以弥补的损害时,持股1%(对上市公司,根据公司的规模,要求持股0.05%或者0.0025%达6个月以上)以上的股东或者监事可以寻求禁令救济,禁止相关董事实施系争的行为(《商法典》第402条)。

为了便于提起代表诉讼或者申请禁令救济,《商法典》给予股东查阅公司账簿的权利。每一个股东均可以在公司的主要或者分支办公点查阅或者复制财务报告和审计报告(《商法典》第 448 条第 2 项)。另外,持股 3%(对上市公司,根据公司的规模,持股0.05%或者 0.0025%达 6 个月以上)或者以上的股东有查阅会计账簿或记录的权利(《商法典》第 446 条第 1 款)。董事必须证明股东的请求有不正当目的时方可拒绝(《商法典》第 466 条第 2 款)。

5. 优先购买权

《商法典》赋予股东优先购买权以保护他们的股份价值不受潜在的稀释。除非公司章程另有规定,每一个股东都有权按持股比例认购股份(《商法典》第 418 条第 1 项)。例外情形是,如果公司在其公司章程中有相关规定,并且有合理的商业目的时,则可以向第三方发行新股(《商法典》第 418 条第 2 款),虽然在大多数上市公司的公司章程中有限制现有股东优先购买权的条款,但是当为了抵御敌意收购而增发新股时,法院并不会轻易地承认"存在一个合理的商业目的"。韩国最高法院判定抵御敌意收购并不构成向第三方发行新股的合理商业目的。①

6. 小结

如前所述,至少在韩国的实证法层面,股东拥有一系列相当强大的权利。例如,持有特定比例股份的股东有权召集股东特别大会,通过一项特别决议在任何时候无理由地罢免董事,甚至享有根据持股比例优先认购新股的权利。这些是与美国弱势股东模式相对应的英国强势股东模式的代表性特征。② 至少在这些方面,韩国法更接近于英国法而非美国法。

然而在实践中,股东行使权利面临重大的障碍。首先,有时过高的持股比例要求限制了权利的行使。例如,在股东代表诉讼中,对非上市公司股东的要求是持股已发行股份的 1%,而对上市公司股东的要求是持股已发行股份的 0.01%。对大型上市公司来说,0.01%可能代表数百万美元的股价,这就导致少数股东在事实上不可能提起代表诉讼。其次,韩国司法体系及其实践对原告方并不友好。韩国法并没有诸如

---

① See Supreme Court, January 30, 2009, 2008Da50776.

② See Christopher M. Bruner, *Corporate Governance in the Common-Law World—The Political Foundations of Shareholder Power*, Cambridge University Press (2013), pp. 37 - 40. 除这 4 项权利外(股东是否可以召集特别会议、无故罢免董事、发起章程修改以及拥有优先购买权),布鲁纳(Bruner)教授同样回顾了股东是否拥有"批准收购防御措施"以及"强制董事会采取行动"这两项权利。对于上述 6 项权利,英国法是肯定的而特拉华州法是否认的。

美国式的证据开示制度(Discovery System),除特定的证券诉讼外并不允许集体诉讼。[①] 由于不认可惩罚性赔偿,金钱补偿的数额仅限于原告实际遭受的损害,而且举证责任一般由原告承担。因此,在韩国,总体上民事诉讼和民事责任的威慑作用较刑事指控和行政处罚要小。

虽然存在实际的障碍,但是韩国法的确为股东提供了很多法律工具。许多其他法域的股东(包括美国的很多州)无法召开股东特别大会或者提出修改公司章程的提案。下文对 PSPD 和 NPS 这两个例子的讨论展现了这些法律权利是如何被激活并服务于股东行动主义的。

三、非政府组织的股东行动主义:以参与连带组织为例

(一)PSPD

PSPD 于 1994 年在首尔成立。创立者是某些"参与各种争取参与性民主(participatory democracy)和人权的民主运动的活动人士、学者和律师"。[②] PSPD 在官网将自身的目标解释为"……通过密切地监督政府和公司的权力滥用,促进人民参与政府的决策过程和社会经济改革,以加强透明度和问责制"。[③] 在 20 世纪 90 年代来,当 PSPD 的股东行动主义处于巅峰时,PSPD 是有 7 个部门组成的,每一个部门都专门从事一项特定的法律运动。例如,反腐败、社会福利、劳工运动、纳税人运动以及消费者保护。其中的一个部门是经济民主委员会(Economy Democratization Committee,EDC),它在 1997 年早期发起了少数股东运动。

为了理解 PSPD 行动主义背后的动机,我们需要简要地回顾为这些活动奠定背景的韩国"公共利益法律"(public interest law)运动。在整个 20 世纪 80 年代,许多民间和学生活动为民主而斗争,反对威权政府。1987 年 6 月,一场名为"六月民主运动"的全国性民主运迫使政府接受了总统直选,并修改宪法以保护人权。与此同时,一群律师和专业精英发起了"公益法律运动"。这一领域的先驱者是 Young-Rae Cho,他是一位杰出的人权律师,也是一位热烈的民主活动人士,他甚至在 20 世纪 70 年代因被控煽动阴谋而入狱。在 20 世纪 80 年代末,他在担任律师期间领导了一系

---

① 《证券类集体诉讼法》(Securities Related Class Action Act)(2003 年颁布并于 2005 年生效)。

② Available at Http://www.peoplepower21.org/English/39340,last visit:Feb. 26,2019.

③ Ibid.

列开创性的诉讼,包括“望远洞(Mangwondong)洪水案”[①]和“婚后退休(retire-at-marriage)案”。[②] 1990 年,43 岁的 Young-Rae Cho 英年早逝。他的思想体现在诸如“公共利益法律”和“公益律师”等主题的演讲中,并得到他生前的同事和继任者的进一步发展。“望远洞洪水案”和 Cho 领导的其他案件是其他集体诉讼的原型,这些集体诉讼[③]旨在为“公共利益”服务,而不是为原告的个人利益服务。PSPD 的股东行动主义也同样源于 Cho 的思想。这一组织试图以“公共利益法律”运动的精神,利用诉讼和其他法律措施来推进社会改革。

然而,PSPD(特别是 EDC)的核心成员并不仅仅是缺少专业知识的理想主义者。相反,绝大多数人是拥有专业执照或者高等学历的精英。了解一下 PSPD,尤其是 EDC 的主要成员,就会发现他们的行动主义是建立在相当程度的专业知识上的。迄今为止,他们对韩国社会的影响远不止是几桩轶事。

Won-Soon Park 是 PSPD 的主要创始人之一,也是 Young-Rae Cho 生前的同事。他在 1994 年就已经是著名的人权律师。他在 2011 年、2014 年和 2018 年连续 3 次当选首尔市长。截至 2018 年,他是执政党中最有希望参加下届总统选举的潜在候选人。Hasung Jang 拥有沃顿商学院(Wharton)金融学博士学位,在顶级期刊上合作发表多篇论文,[④]并于 1994 年担任韩国高丽大学(Korea University)的教授。他因在三星电子(Samsung Electronics)等大型企业集团公司的股东大会上的活跃表现和尖锐言论受到媒体的广泛关注。2017 年他被任命为总统办公室的政策秘书。经济学博士、大学教授 Sang-Jo Kim 也与 Hasung Jang 和其他 PSPD 的同事一道积极代表少数股东参加股东大会。作为一名一贯主张改革大型企业集团(也称财阀)的活动人士,

---

① 这是代表 2500 多户在 1984 年洪水中遭受严重破坏的家庭提起的一场诉讼。这场诉讼是由 Young-Rae Cho 组织的,起诉对象是首尔市政府和现代建工公司(Hyundai Construction Corporation),原因是它们在建造和管理水闸系统时存在疏忽。这不只是一场集体诉讼(class action),而是当时韩国历史上最大规模的团体诉讼(group litigation)。原告最终于 1990 年赢得了这场官司,反映了新后民主化(post-democratization)秩序下的法治。

② 虽然这是一起典型的交通事故人身伤害案件,但争议焦点是如何计算原告的收入损失。原告是一名未婚女职工。初审法院根据当时的习俗,假设她在 25 岁左右结婚时就会退休,并以此来计算她的收入损失(法院假设的是 26 岁)。1986 年,Young-Rae Cho 在上诉法院成功地推翻了这一判决。上诉法院认为她的退休年龄应该与她的男同事一样,即 55 岁,并以此计算收入损失。这是对传统实践和观念强有力的挑战。以前,那些女性员工,尤其是那些从事体力劳动的女性,通常会在婚后退休或者被迫退休。

③ See Patricia Goedde, “The Making of Public Interest Law in South Korea via the Institutional Discourses of Minbyeon, PSPD and Gonggam”, in Hyunah Yang eds., *Law and Society in Korea*, Edward Elgar Publishing (2013), p. 132.

④ Eg., Bernard S. Black, Hasung Jang and Woochan Kim, “Predicting Firms' Corporate Governance Choice: Evidence from Korea”, *Journal of Corporate Finance* Vol. 12 (2006), pp. 660 - 691.

他于2018年被任命为韩国公平贸易委员会(Korea Fair Trade Commission)的主席;韩国公平贸易委员会负责促进竞争和监管财阀,是一个有影响力的政府机构。

在EDC的年轻成员中,许多人也是有影响力的专业精英。Jooyoung Kim在加入PSPD之前曾在首尔一家大型私人律师实务人从事公司法和证券法方面的业务。截至2018年,他仍然是在证券和派生诉讼领域最有影响力的原告律师之一。2018年,韩国律师协会推荐他为韩国最高法院的三名法官候选人之一。Jooyoung Kim是哥伦比亚大学的法律博士并具有纽约州律师资格,曾经(现在仍是)韩国延世大学(Yonsei University)的教授。①

作为社会改革运动的一部分,PSPD下属的EDC部门的精英活动家们对财阀集团采取了各种法律措施。在Young-Rae Cho和其他20世纪七八十年代民主活动人士的影响下,PSPD的主要动机是社会和政治方面的因素。虽然与PSPD的其他部门相比,EDC受政治驱动的因素更少,本质上更加"资本主义"(Capitalistic),但是它仍然是PSPD的一部分。EDC通过各种类型的活动,试图改革被财阀集团操纵的治理,保护少数股东的利益,建立公平的市场秩序。

1. PSPD的活动

(1)参加股东大会和相关的行动

PSPD最初的股东行动主义是参加股东大会并在会议上发言,它通过发送详细的调查问卷和提问挑战股东大会"沉默"的传统。通过质询,股东可以获得重要的信息并引起公众对这些问题的关注,例如,对关联公司不公平的补贴或者控股股东家庭成员的交易等秘密信息。② 这些提前准备好的问题给管理层带来了很大的压力。③ 参加股东大会有时能够进一步行使股东权利并参与纠纷之中。PSPD经常提交股东提案并且有时还征集委托书以使提案的内容能够在股东大会上通过。④ 如果公司干扰

---

① 他们在2001年共同撰写了一篇关于PSPD股东行动主义的文章:Jooyoung Kim and Joongi Kim, "Shareholder Activism in Korea: A Review of How PSPD Has Used Legal Measures to Strengthen Korean Corporate Governance", *Journal of Korean Law*, Vol. 1, No. 1 (2001).

② See Jooyoung Kim and Joongi Kim, "Shareholder Activism in Korea: A Review of How PSPD Has Used Legal Measures to Strengthen Korean Corporate Governance", *Journal of Korean Law*, Vol. 1, No. 1 (2001), pp. 57-58.

③ Ibid., p. 58.

④ PSPD's first shareholder proposals were made at the general shareholders meetings of Samsung Electronicsand SK Telecom in March 1998. PSPD第一份股东提案是于1998年3月在三星电子和三星电信的股东大会上提出的。Jooyoung Kim and Joongi Kim, "Shareholder Activism in Korea: A Review of How PSPD Has Used Legal Measures to Strengthen Korean Corporate Governance", *Journal of Korean Law*, Vol. 1, No. 1 (2001), p. 59.

PSPD 的出席大会或质询,PSPD 将通过诉讼寻求撤销决议或者使决议归于无效。[①]

这方面的例子有很多。1997 年 3 月,在韩国第一银行的股东大会上,PSPD 斥责管理层向在 1996 年破产的 Hanbo 钢铁公司提供不良贷款。[②] 1998 年 3 月,在三星电子的股东大会上,PSPD 指出以下问题:①以较低的转换价格向 Lee 主席的儿子发行可转换债券(一种所谓“廉价股份的利益输送”);②向其关联公司提供不适当的补贴。很大程度上由于 PSPD 的深入提问和辩论,这次会议持续了 13 个小时,因此,引发了媒体的关注。[③] 在 1998 年 SK 电信(SK Telecom)的股东大会上,PSPD 提出修改公司章程以选举外部董事,而在外部董事成为法定的强制要求之前 SK 电信就已经委任了这些董事。[④] 在 1999 年,PSPD 劝说 3000 人购买选定的大型公司的股票并代表这些少数股东参加 4 家公司的股东大会。PSPD 在会议上提出了很多治理问题并质询可疑的集团内部交易。出席股东大会的活动一直持续到 2006 年,直到 EDC(更名为经济改革中心)从 PSPD 分立出去。

(2)代表诉讼

从总体上来看,PSPD(不仅仅是 EDC)将诉讼作为实现其目标的重要工具。这主要有两个原因。首先,诉讼提供确凿的结果;其次,在成功的诉讼中,除原告之外的其他受害者也可以在法院判决的授权下获得类似的救济。[⑤] 考虑 PSPD 内部的此种倾向,代表诉讼经常被作为实现股东行动主义的法律措施也就不足为奇了。

韩国历史上第一起代表诉讼是 1997 年 PSPD 针对韩国第一银行董事的诉讼。诉讼的原因是董事们因疏忽向一家濒临破产的企业提供贷款。由于在诉讼程序进行期间公司减少资本,导致原告股东失去了诉讼资格。但是,因为公司自身站在原告一方加入了诉讼,所以诉讼并没有被驳回。2002 年,最高法院作出了对该公司有利的最终判决(判定被告对公司负有责任)。[⑥]

---

① PSPD 在 1997 年成功地使韩国第一银行的一项决议归于无效,但在 1999 年针对现代重工的类似案件中没能做到。Jooyoung Kim and Joongi Kim, “Shareholder Activism in Korea: A Review of How PSPD Has Used Legal Measures to Strengthen Korean Corporate Governance”, *Journal of Korean Law*, Vol. 1, No. 1 (2001), p. 58.

② 这引发了韩国历史上首例股东代表诉讼。

③ See Jooyoung Kim and Joongi Kim, “Shareholder Activism in Korea: A Review of How PSPD Has Used Legal Measures to Strengthen Korean Corporate Governance”, *Journal of Korean Law*, Vol. 1, No. 1(2001), p. 58.

④ Ibid., p. 59.

⑤ See Patricia Goedde, “The Making of Public Interest Law in South Korea via the Institutional Discourses of Minbyeon, PSPD and Gonggam”, in Hyunah Yang eds., *Law and Society in Korea*, Edward Elgar Publishing (2013), p. 137.

⑥ See Supreme Court, March 15, 2002, 2000Da9086.

在此之后，针对三星（Samsung）电子（1998 年提起诉讼，2005 年作出的最终判决有利于原告）、[①]大宇（Daewoo）公司（1999 年提起诉讼，判决对原告不利）、LC 化学（2003 年提起诉讼，2006 年作出的判决有利于原告）[②]和大象（Daesang）公司（2005 年提起诉讼，判决有利于原告）的董事的诉讼接踵而至。这一系列法律诉讼显著地改变了韩国大型公司董事会办公室的氛围，因为被诉讼的可能性成为一种真实的担忧。

为了在提起诉讼之前搜集信息和证据，PSPD 经常根据《商法典》第 466 条要求查阅会计账簿和记录。在一些案例中，PSPD 根据《商法典》第 402 条申请禁令阻止特定的关联交易，赋予股东要求董事"停止违法活动"的权利。一些公司甚至在提起诉讼或者申请禁令之前自愿地接受这一要求。例如，1999 年现代重工（Hyundai Heavy Industries）同意 PSPD 的要求，撤回支持现代汽车现代汽车（Hyundai Motors）收购起亚汽车（Kia Motors）和亚洲汽车（Asia Motors）的方案。[③]

PSPD 的要求有时成为拒绝姊妹公司支援请求的理由，正如现代重工在现代建工（Hyundai Engineering and Construction）身陷财务危机期间拒绝了现代集团（Hyundai Group）的请求一样。[④] 有人可能认为 PSPD 过度干预了管理层的商业判断，但是，考虑目前韩国财阀中控股股东的存在，PSPD 的行动主义给予"职业经理人更大的权力和自由裁量权，让他们能够拒绝控股股东提出的不当要求"。[⑤]

（3）刑事指控

在极其恶劣的情况下，PSPD 向检察官办公室申请刑事起诉（Criminal Complaints）。根据《韩国刑法典》，违反受托义务（Fiduciary Duty）可能构成"刑事背信"或者掏空公司资产。一个著名的例子是，1999 年 PSPD 指控三星数据系统公司（Samsung SDS）的董事们向董事长的儿子以低于市场价格的价格发行附有认股权的债券。PSPD 同样指控：①现代证券（Hyundai Securities）的首席执行官在 2001 年向关联公司提供付款保证；②韩华集团公司（Hanwha Group）的管理层在 2002 年的会计欺诈；③SK 集团的董事长在 2003 年主导不公平的关联交易；④斗山公司（Doosan

---

① See Supreme Court, October 28, 2005, 2003Da69638.

② See Seoul Southern District Court, August 17, 2006, 2003gahap1176.

③ See Jooyoung Kim and Joongi Kim, "Shareholder Activism in Korea: A Review of How PSPD Has Used Legal Measures to Strengthen Korean Corporate Governance", *Journal of Korean Law*, Vol. 1, No. 1 (2001), p. 64.

④ Ibid.

⑤ Ibid., p. 65.

Corporation)的管理层在 2005 年向控股成员不正当的财务协助。[①] 大型企业集团的管理层或者控股家族的成员因为这些指控受到刑事定罪，其中一些指控在后来被用作民事诉讼的证据。

(二)PSPD 运动的贡献和局限

1. 贡献

PSPD 的行动主义激活了少数股东的各项权利，而这些权利在过去的几十年一直处于休眠状态。[②] 它提起了韩国历史上第一次股东代表诉讼，并且在事实上重新激活了《商法典》规定的股东权力，例如，股东提案权，召集股东大会的权利，查阅公司账簿和记录的权利以及在股东大会上质询的权利。

激活股东的权利和权力有着事后(ex post)和事前(ex ante)的效果。就事后效果而言，诉讼行为成功地公开了一项被指控的违法行为，并让被列为被告的违法者感到尴尬，这可能迫使其在法庭之外作出让步。[③] 强制从事不法行为的董事面临支付损害赔偿金，有时甚至是监禁的处罚。更为重要的是，作为事前效应，它提高了韩国大型企业决策过程的透明度，并且促使董事会进行及时认真的审查。在 PSPD 激活股东权利之前，董事有违受托义务而被追究责任的可能性非常渺茫，而且只停留在理论层面。然而，在 PSPD 的股东行动主义之后，它变成了一个真实存在的风险。当管理层要求批准可疑的关联交易时，大型公司的董事会担心潜在的责任，因而在没有仔细审查的情况下不愿意同意。这些都是积极的影响。

2. 局限

PSPD 的股东行动主义有其自身的局限。首先，其在选择目标公司时有严重的偏见。PSPD 的主要动机是推进社会政治进程，并希望最大限度地扩大其对韩国社会的影响，因此它的目标是可吸引媒体关注的大型和著名的公司。但讽刺的是，PSPD 的目标公司(如三星电子、SK 电信和 LG 化学)在利润和股东价值方面是韩国经济中表现得最好的一些公司，而且相对其他大多数公司，其公司治理也更加完善。对那些治理问题严重得多的公司，如果没有足够的知名度来吸引公众注意力，就不会成为 PSPD 的目标。

---

① Available at Http://www.peoplepower21.org/Economy/1143268, last visit: Feb. 26, 2019.

② See Jooyoung Kim and Joongi Kim, "Shareholder Activism in Korea: A Review of How PSPD Has Used Legal Measures to Strengthen Korean Corporate Governance", *Journal of Korean Law*, Vol. 1, No. 1 (2001), p. 54.

③ See Patricia Goedde, "The Making of Public Interest Law in South Korea via the Institutional Discourses of Minbyeon, PSPD and Gonggam", in Hyunah Yang eds., *Law and Society in Korea*, Edward Elgar Publishing (2013), p. 139.

其次,股东行动主义在本质上关注股东利益的最大化而非其他利益相关者的利益,这与 PSPD 内部的进步(progressive)观点不符。PSPD 中相对温和或者“右倾”的成员关注财阀集团内部的利益输送并试图保护少数股东,而更加“进步”或者“左倾”的成员将财阀经济权力的集中视为根本问题,试图规制甚至是“拆分”财阀集团。前者主要利用派生诉讼、积极出席股东大会或采取其他法律行动来监督公司运营,他们在 PSPD 内部受到批评,认为他们的股东行动主义只是新自由主义的另一种表现形式。①

在 2001 年,PSPD 下属的 EDC 更名为“经济改革中心”。在 2006 年,经济改革中心从 PSPD 中分离出来并更名为“经济改革团结组织”(Solidarity for Economic Reform)。一些活动人士离开 PSPD 与诸如 Lazard 基金等外国资本联合,成立“韩国公司治理基金”(Korea Corporate Governance Fund)。尽管经济改革团结组织迄今仍从事类似的行动主义,例如,提起股东代表诉讼,但是它的影响力已经无法和 PSPD 相提并论。PSPD 辉煌但短暂的故事遗留了由社会政治目标驱动的股东行动主义的可持续性和效率的问题。

四、机构投资者:以 NPS 为例

(一)NPS

国民年金(National Pension,NPS)计划是韩国全国性的强制性年金计划,NPS 是负责运营国民年金计划的实体。它成立于 1987 年“……旨在帮助有收入保障的韩国公民获得退休福利,从而在退休、残疾或者死亡的情形下推进国民福利”。② 作为世界第三大的养老基金,其管理的资产达到 634 万韩元(约合 5500 亿美元)。③ 总资产中约有 130 万亿韩元直接或通过资产管理公司投资于韩国证券市场。④ 据推测,NPS 拥有韩国股市总市值的 8% 左右。事实上,它是许多韩国上市公司的最大

---

① 从这样一个批判的观点出发,一位公民领袖说:“我们最初想要的是经济民主,但我们得到的却是股东资本主义。”Bronwen Dalton and Marie Dela Rama,“Understanding the Rise and Decline of Shareholder Activism in South Korea: the Explanatory Advantages of the Theory of Modes of Exchange”, *Asia Pacific Business Review*, Vol. 22, No. 3 (2016), p. 482.

② Available at Http://english. nps. or. kr/jsppage/english/about/about_05. jsp, last visit: Feb. 26, 2019.

③ Availablc at IIttp://www. nps. or. kr/jsppage/etc/data/data03_01. jsp. 截至 2018 年 5 月,NPS 直接持有的国内股权投资为 69.7 万亿韩元,通过资产管理公司进行的国内股权投资为 60.4 万亿韩元。海外直接股权投资为 40.2 万亿韩元,通过资产管理公司进行的投资为 74.1 万亿韩元。

④ 根据《资本市场法》,NPS 应当直接行使表决权,即使是通过资产管理公司持有股份。

股东。

鉴于NPS的持股比例很大,当它对目标公司的管理层不满意时,很难简单地“用脚投票”。[①] 由于无法再依赖传统的“华尔街规则”,NPS逐渐倾向于旨在提升公司价值的股东行动主义。[②] 因此,NPS如何行使以及以出于何种目标行使表决权成为上市公司管理中愈发重要的因素。

《国民年金法》规定了NPS的表决权政策。NPS必须“……为本基金的利益,善意地行使表决权,并公开披露表决权的行使情况”。(《国民年金法》第64条)。NPS在购买和销售证券时应“……考虑与目标证券相关的诸如环境、社会和治理等因素,以确保收益的长期稳定增长”(《国家年金法》第79条)。此外,NPS还有一项“基金管理指引”(Fund Management Guideline),规定了基金管理的五项原则——盈利能力、稳定性、公共性、流动性和独立性。然而,这些宽泛的规则和原则不足以保证NPS能够作为大股东进行的积极参与。

NPS是否积极地行使表决权?2015年,在持有股份的791家公司中,NPS参加了749家公司的股东大会,对其中2836次决议事项行使了投票权。其中,赞成决议事项2542次(89.6%),反对决议事项283次(10.1%)。NPS看似普遍投票赞成,但是它投反对票的比例要远高于其他机构投资者(2015年为2.2%)(见表2)。

表2　NPS投反对票的比例　　单位:%

年份	2007	2008	2009	2010	2011	2012	2013	2014	2015
反对票比例	5.0	5.4	6.6	8.1	7.0	17.0	10.8	9.0	10.1

表2显示了NPS在股东大会中反对的比例是逐年攀升。最近一项实证研究调查了股价对新闻公告NPS投反对票的反应,发现“当NPS的股东行动主义能够改善内部公司治理时,就能够有效提高目标公司的价值”。[③] 表2还显示,2012年的反对率非常高。下面将讨论2012年发生的事件。

---

① Sungmin Kim, Hee Sub Byun and Eun Jung Lee, "Does 'Vote No' Change Corporate Governance and Firm Value? Evidence from the Shareholder Activism of the Korean National Pension Service", *Emerging Markets Finance & Trade*, Vol. 50, No. 5 (2014), p. 50.

② Ibid., p. 52.

③ Ibid., p. 57. 具体而言,这一研究发现:(1)在股东大会中被NPS投过反对票的公司更有可能提升董事会的活动;(2)如果NPS投票反对选举董事或者监事,而且这些被反对的活动能够改善了目标公司的公司治理,例如,改善董事会的功能和审计委员会的结构,那么这些被投票反对的活动便提升目标公司的价值。

（二）NPS 行动主义的事例

1. 事例 1：2012 年限制董事责任

《商法典》于 2011 年新增第 400 条第 2 款，并于 2012 年 4 月生效。这一条款解决了商界长期依赖对过度责任的担忧，其规定"……公司可以在章程中规定董事责任的责任上限"。上限不得低于 6 年的薪酬（对非外部董事）或 3 年薪酬（对外部董事）。责任上限不适用于因故意或者重大过失造成的事件，或因利益冲突交易而引发的事件。

2012 年 3 月，很多公司试图在年度股东大会上通过修改公司章程来设置责任上线。然而，他们不得不面临 NPS 的反对。NPS 反对这样的修正降低了董事们履行受托责任的动机。NPS 在许多公司的年度股东大会上反对这样的修正案。另外，NPS 成功地说服许多其他公司的董事不要在年度股东大会上提出这样的修正案。在这种情况下，NPS 甚至不需要投反对票。尽管不知道确切的数字，但在数百家试图通过修改公司章程限制董事责任的公司中，至少有数十家公司因为 NPS 的反对而失败。这一事件表明，NPS 拥有足够强大的权利阻止公司根据修订后的法规修改公司章程。

2. 事例 2：2013 年"汉拿集团（Halla Group）案"

2013 年，NPS 在关于汉拿集团的可疑交易的纠纷中发挥了关键作用。汉拿集团的旗舰公司汉拿建工（Halla ConstructionC）正在努力摆脱财务困境。而制造汽车零部件的上市公司万都（Mando）是汉拿集团最赚钱的公司，也是唯一能帮助汉拿建工的子公司。然而，法律上不允许万都对汉拿建工进行股权投资，因为汉拿建工持有万都已发行股份的 19.99%，万都对汉拿建工的股权投资将构成"交叉持股"。而韩国《垄断条例》和《公平交易法》禁止大型商业集团交叉持股（见图 1）。

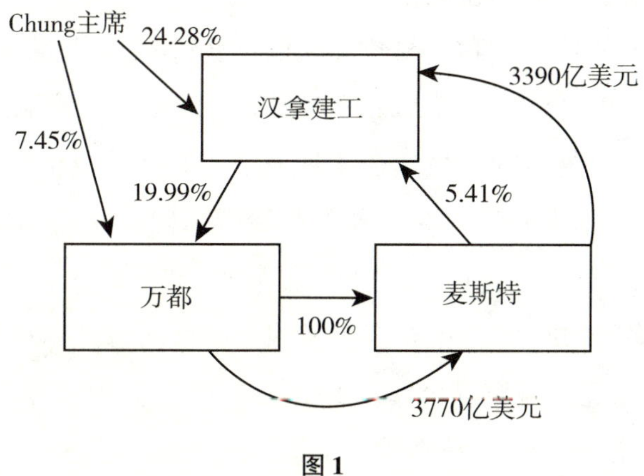

图 1

为了规避交叉持股的禁令,汉拿集团试图以图 1 的方式循环持股(circular shareholding)。在 2013 年 4 月 12 日,万都向麦斯特(Meister)公司投资 3770 亿韩元,麦斯特转而向汉拿建工投资 3390 亿韩元。这三家公司的决策——(1)万都投资麦斯特的决策;(2)麦斯特向万都发行新股并投资汉拿建工的决策;(3)汉拿建工向麦斯特发行新股的决策——都是在同一天(4 月 12 日)作出的。最终,汉拿公司在事实上利用万都的资金,成功地融资 3390 亿韩元。

这一交易有严重的问题。其一,万都(通过麦斯特)在汉拿建工的股权投资没有任何商业合理性。其二,循环投资增加了汉拿集团的账面价值,但是没有资产并没有实质性的增加,给集团带来了财务结构改善的假象。其三,增加了三家关联公司之间的持股比例,增强了它们制定不合理决策的能力。其四,鉴于控股股东在汉拿建工中的持股比例高于在万都中的比例,万都对汉拿建工的财务协助构成典型的利益输送。总之,这是一个将导致坏账和糟糕治理,并损害更多非控股股东的糟糕商业决策。

Trustone 是万都的机构投资者之一,它是一家与任何大型商业集团都没有关联关系的独立资产管理公司。它也是第一家与 NPS 合作发行债券的公司。2013 年 4 月 15 日该公司向法院申请禁令,要求麦斯特停止对汉拿建工的投资。同日,Trustone 和 NPS 对万都管理层进行了“抗议访问”并发起了一场公众运动。在 NPS 的支持下,Trustone 要求召开股东特别大会并考虑采取进一步的法律行动,例如,股东提案和派生诉讼。经过与 Trustone 和 NPS 的商讨,万都管理层同意举行股东特别大会并选举一名由 Trustone 任命的独立董事。根据协议,Trustone 的提名人于 2013 年 6 月被选举为代表机构投资者的独立董事。尽管交易本身没有被解除,但是通过提升万都的治理水平能够防止进一步的利益输送。

这一事件展现了机构投资者之间建立联盟的重要性以及 NPS 的影响力,因为如果 Trustone 没能与 NPS 合作,它就无法对万都的管理层产生影响。市场对 NPS 的股东行动主义的反应也是肯定的。虽然在 4 月 16 日,万都的股价在交易完成后立即跌至最低点,但是在召开股东特别大会以及万都治理结构改善之后有所回升。

3. 事例 3:2015 年第一企化(Cheil)与三星物产(Samsung C&T)的合并

2015 年,三星集团的两大子公司,第一企化(一家同时经营游乐公园的纺织制造商)和三星物产(一家建筑与贸易公司)缔结合并协议。虽然两家公司都是韩国交易所的上市公司,但是控制家族成员在第一企化拥有的直接股份比在三星物产中的要高。

根据《韩国资本市场法》,两家上市公司之间合并的价格是根据法定公式决定的。每家公司股份的标准的市场价值(standard market price,SMP)是下列因素的算术平均值:(1)董事会合并决议作出前一月期间收盘价的成交量加权平均价;(2)董事会合并决议作出前一周期间收盘价的成交量加权平均价;(3)董事会合并决议通过前一天交易日的收盘价。每家公司的合并价格必须在高于或低于 SMP 值 10% 的区间内。在这个案例中,基于 SMP 的合并比例为 1∶0.35。这意味着在合并后,三星物产的 1 股将会转化为第一企化的 0.35 股。

从比较法的角度来看,由成文法规定一个计算合并价格的公式是非常独特的——在大多数法域,合并价格是由双方之间的合同确定的,其合理性只可能受到事后审查。相反,韩国法为了防止在合并中任意定价,强制适用最近的市场价格。如果市场价格是合理的,那么正如有效市场假说预测的那样,韩国法提供的路径是合理的。然而,在这次合并中,许多专家认为法定的合并比例对三星物产的股东是不利的,因为它的股票价值被证券市场严重低估。① ISS(全称 Institutional Shareholder Services,是全球最大的投票顾问,译者注)和其他投票顾问一致建议三星物产的股东不要批准合并。② 然而,NPS 持有三星物产 11.2% 的有表决权股份(同时也持有第一企化的部分股份),在两家公司的股东特别大会上投票赞成合并。如果没有 NPS 的配合,三星物产的股东特别大会不可能通过合并决议。③ 几名三星物产的股东,包括 Elliot Associates L. P(美国的一家对冲基金,译者注),提起了各类禁令阻止合并和诉讼确认合并无效,但是都被驳回。

这在 2016 年年末成为全国性的丑闻,前卫生和福利部部长被指控在总统的命令下向 NPS 施加了不正当的压力,要求其投票支持合并。NPS 下属的 NPS 投资管理部前负责人也被指控刑事背信,诉由是他违背了对 NPS 的受托义务投票赞成合并。他们两人都被初审法院和上诉法院判处监禁。④ 无论最终的判决如何,这些案例提醒我们,政治权力对 NPS 的投资决策和表决权行使的影响一直是一个严重隐患。

---

① 根据招股说明书,三星物产的 PBR(市净率)为 0.65,而第一企业的 PBR 为 4.8。这意味着三星物产的市值大约是其清算价值的 65%。其市值甚至低于其所持有的三星电子和三星 SDI 股份的市值。

② ISS 建议以 1∶0.95 作为合适的合并比例,这比 1∶0.35 的法定比例要高得多。当地的一家投票顾问机构公司治理服务中心(Corporate Governance Service)建议的比例为 1∶0.42。

③ 三星物产需在股东大会中得到代表 2/3 以上表决权的股东批准合并。最终的批准率为 69.5%(仅比 2/3 的门槛比例高 2.8%),其中 NPS 占比 11.2%。

④ 截至 2018 年 8 月,韩国最高法院仍在审理这一案件。

(三)小结

上述事件表明,虽然 NPS 可能存在股东行动主义的激励,但是异常受限。NPS 作为一个独立的组织(它的管理人员和雇员也是一样),如果能够最大化其管理的资产,那么它的境况将会更好。[①] 因此,NPS 需要一项激励以最大化其所投资公司股份的价值。然而,这样的激励并不会自动地转化为股东行动主义的激励。为能够发现这样的激励,需要找到作为股东积极介入与提升所投资公司价值之间的联系。例如,当需要阻止管理层从事明显对公司有害的利益输送行为时,或者防止公司章程出现明显的负面变化时,就能发现这种联系。事件 1 和事件 2 就是在这样的背景下发生的。但是即便是在这样的案例中,这种激励也不足以促使 NPS 像 PSPD 那样采取更为积极的法律行动。

NPSD 独立性是更严重的隐患。在政府的控制下,[②]NPS 可能会受到来自政府和政客的各种要求。就像第三个事件的情形一样,这些要求可能是出于政治动机或者甚至是为了腐败。通过对 NPS 的治理结构进行根本性地改革,对消除这些隐患并为 NPS 作为韩国企业的大股东的积极介入提供正当性是有必要的。

五、结　　论

在 21 世纪之交,PSPD 的股东行动主义使数十年来一直处于休眠状态的公司法再次活跃起来,并为改善韩国公司的治理作出了巨大贡献。然而,具有讽刺意味的是,它的社会政治动机使其把重点放在治理水平相对较好的大型和著名公司上。PSPD 的股东行动主义经常被更为进步的民主活动人士批评为“股东资本主义”或者“新自由主义”,结果证明这是不可持续的。在 2010 年后,NPS 行使了其作为大股东的权力,阻止投资组合中的公司受到损害,但是它的股东行动主义是受限的并且无法排除政治干预的嫌疑。如今韩国经济需要一种高效、可持续以及由经济而非政治驱动的行动主义。

在这方面,值得提一下受托管理者准则。管理准则,是一套有关机构投资者应该如何作为其所投资股东而行事的原则。[③] 自英国财务报告委员会(Financial Reporting

① 这会带来组织预算的增加,更为容易的晋升机制和更高的工资或者绩效薪酬。

② 例如,国家年金计划负责人由总统根据卫生和福利部长的建议聘任或者免职[《国家年金法》第 30(2)条]。

③ Gen Goto The Logic and Limits of Stewardship Codes: The Case of Japan (未刊稿), pp. 1 – 2.

Council)首次通过一套管理者准则以来,许多国家相继效仿。尽管他们的细节不尽相同,但这些守则的内容通常是敦促机构投资者通过行使股东权利,更加积极地参与其所投资的公司事务。

2016 年,由私人部门专家组成的非政府组织韩国受托管理者准则委员(Korea Stewardship Code Council)通过了韩国版的受托管理准则。例如,机构投资者应当:(1)制定并公开披露履行其责任的政策;(2)定期监督投资组合中的公司,以提升中期和长期价值;(3)定期向客户或者受益人报告其表决和履职活动;(4)具备履职所需的能力和专业知识。韩国版管理者准则的成功取决于 NPS 将是否以及在多大程度上采用和执行这些准则。如果 NPS 根据受托管理者准则行使股东权利,并要求受托公司(管理国民年金的资产管理公司)也同样采用和执行这些准则,韩国上市公司的管理层将不得不注重提升股东价值。股东行动主义将能够成为一种"可持续参与"的形式,而不是像 PSPD 曾经采取的救急(ad hoc)法律行动那样。

美国学者通常对欧洲盛行的"受托管理"和"可持续参与"等路径表示怀疑。[①] 他们质疑机构投资者监督其所投资公司的能力和激励,并且主张对冲基金在监督和维权拥有此类激励和专业技能。[②] 它们的作用是"增强机构投资者发言权"以及提升"理性沉默"的机构投资者所持有投票权的价值。[③] 这些对冲基金提供了一种"以市场为基础的受托管理"并且起到"治理中介"(governance intermediaries)的作用。[④]

韩国未来是否存在如美国学者吉尔森(Gilson)和戈登(Gordon)预期的对冲基金行动主义?这也许在近期是不可能的,至少不会是以他们所赞扬的方式出现。NPS 在韩国资本市场的主导地位不会轻易地为对冲基金发挥治理中介作用创设空间。撇开 NPS 不谈,其他机构投资者在市场中所占的份额太小,不适合进行任何有意义的中介活动。此外,韩国民众对外国对冲基金的敌意可能构成另一个障碍。

至少在未来 10 年,NPS 仍将是韩国股东行动主义理想形式的成败关键。关键问题是如何激励 NPS 保护股东利益,同时,如何避免其免受政府和政客的压力。虽然

---

① See Ronald J. Gilson, and Jeffrey N. Gordon, "The Agency Costs of Agency Capitalism: Activist Investors and the Revaluation of Governance Rights", *Columbia Law Review*, Vol. 113, No. 4(2013), pp. 863 – 927; Jr. John Coffee and Darius Palia, "The Wolf at the Door: The Impact of Hedge Fund Activism on Corporate Governance", *Journal of Corporation Law*, Vol. 41, No. 3(2016), pp. 1 – 94.

② See Ronald J. Gilson, and Jeffrey N. Gordon, "The Agency Costs of Agency Capitalism: Activist Investors and the Revaluation of Governance Rights", *Columbia Law Review*, Vol. 113, No. 4 (2013), pp. 866 – 867.

③ Ibid., p. 906.

④ Ibid., p. 867.

NPS需要从PSPD追求自身目标和想法的热忱中获得启发,但同样需要注意在行使股东权利时不受政治动机的影响。这些都是过去20年来发生在韩国的股东行动主义提供的教训。

征稿启事

中证中小投资者服务中心(以下简称投服中心)是由中国证监会批准设立并直接管理的证券金融类全国性公益机构。《投资者》是投服中心主办、拟向社会公开连续出版的综合性出版物。宗旨是维护投资者权益,为投资者提供保护与服务。

《投资者》以法学领域探究为侧重点,展现国内外投资者权益保护的最新理论与实务动态,内容以境内为主,境外为辅;以实践为主,理论为辅。分为“政策解读”“理论探究”“公司治理”“市场实务”“投教园地”“案例探析”“域外视野”等部分,每辑根据实际情况作适当调整。

《投资者》拟每季度出版1辑,全年出版4辑。

一、征稿范围

围绕新《证券法》规定的完善投资者保护等主题的作品,涉及法学、经济学及其他领域,与投资者尤其是中小投资者及其权益保护相关的理论和实践性作品。要求未曾公开发表或主体部分未曾公开发表。

二、投稿须知

1. 文章应当论点鲜明、逻辑严谨、可读性强、贴近市场,具有学术深度和实践应用价值,字数在8000~10,000字为宜,特别优秀的理论文章字数不限。

2.《投资者》编委会保留对来稿进行文字性和技术性修改的权利。除作者特别说明外,其文章均为个人观点,与其所在单位、职务无关;不代表投服中心观点,文责由作者自负。

3. 来稿请附上作者的姓名、单位或学校、职称或职务、通信地址、邮编、电话、电子邮箱。

4. 请将Word文件发送至电子邮箱:tzzbjb@ isc. com. cn。文章应符合国家著作权规定、学术规范及《投资者》编辑体例要求。

5. 向《投资者》投稿即视为授权《投资者》编委会将稿件纳入中国学术期刊网络出版总库、CNKI系列数据库、北大法宝(北大法律信息网)期刊数据库等学术资源数据库以及中国投资者网、投服中心官方网站和投服中心官方微信公众号,编委会支付给作者的稿酬已包含上述数据库著作权使用费。如有异议,请来稿时注明,我们将做适当处理。

6. 来稿一经录用,编委会将及时通知作者;选用后将根据文章质量及字数从优支付稿酬,并奉送样书。北大法宝法学期刊数据库全文收入本书。

7. 联系人:汤沸　　电话:021－60290620

地址:上海市浦东新区世纪大道1701号钻石大厦B座11楼中证中小投资者服务中心《投资者》编委会,邮编:200122。

投服中心

《投资者》编委会

2020年1月

编辑体例

一、标题:宋体四号字,加粗,居中。

二、作者:宋体小四号字,居中,并用上标星号(＊)作为介绍作者脚注的标志,在脚注中注明作者姓名、工作单位、职务、职称。如有两名作者,第二名作者用两枚上标星号(＊＊),依此类推。

三、摘要、关键词:中文摘要200字以内、关键词3~5个。

四、正文:宋体小四号字,首行缩进,行距1.5倍。区分标题和要点,标题层级依次为“一、……”“(一)……”“1. ……”“(1)……”,要点层级依次为“1. ……”“(1)……”“①……”。一级标题采用小四号字体加粗;二级标题采用黑体小四号字不加粗;三级标题宋体小四号字,不加粗。引用具体法律文件应加书名号,如《证券法》《上市公司重大资产重组管理办法》。法条序号(第×条、第×款、第×项)。时间(世纪、年代、年月日等)。数量金额等用阿拉伯数字,但直接引用原文的从原文。

五、注释:一律采用脚注,全文每页重新编号,注码放标点之后,注码符号为“①②③……”非引用原文者,注释前加“参见”;引用资料非原始出处者,注明“转引自”;宋体五号字。

注释示例如下:

1. 著作类

(独著作品)费孝通:《乡土中国》,人民出版社2015年版,第134~135页。

(合著作品)范健、王建文:《商法的价值、源流及本体》,中国人民大学出版社2007年版,第10页。

(多人合著作品)左卫民等:《中国基层司法财政变迁实证研究(1949—2008)》,北京大学出版社2015年版,第88页。

(编辑作品)何勤华编:《律学考》,商务印书馆2004年版,第65~67页。

(中文译著作品)[英]洛克:《政府论》(上篇),瞿菊农、叶启芳译,商务印书局1982年版,第15~16页。

(台港澳作品)温洪隆:《新译战国策》(下),台北,三民书局2006年版,第18页。

(间接引用文献)参见王泽鉴:《民法学说与判例研究》,北京大学出版社2009年版,第108页。

2. 期刊论文类

(期刊)顾培东:《也论中国法学向何处去》,载《中国法学》2009年第1期。

(论文集)郭道晖:《社会权利与控制社会》,载江平主编:《比较法在中国》(2003年卷),法律出版社2003年版,第51~58页。

(学位论文)雷丽清:《中美内幕交易罪比较研究》,华东政法大学刑法学2012年博士学位论文,第12页。

3. 报纸类

陈甦、陈洁:《投服中心持股行权:理念创新与制度集成》,载《上海证券报》2017年1月4日,第7版。

4. 古籍类

《清实录》卷一四六。

5. 辞书类

《牛津法律大词典》,光明日报出版社1988年版,第99页。

6. 网络类

贺卫方:《在英国法的圣殿里》,载北大法律信息网文献库:http://article.chinalawinfo.com/ArticleFullText.aspx? ArticleId = 77444&listType = 0,最后访问日期:2017年8月5日。

7. 外文著作类

Richard H. Thaler, *Misbehaving: The Making of Behavioral Economics*, W. W. Norton & Company, 2015, p. 6.

8. 外文期刊类

Forrest Briscoe and Katherine C. Kellogg, "TheInitial Assignment Effect: Local Employer Practices and Positive Career Outcomes for Work-Family Program Users", *American Sociological Review* 76, 2011, p. 292.

9. 外文案例类

Greebel v. FTP software, Inc. ,194 F. 3d 185(1st Cir. ,1999).

10. 外文网站类

Rick A. Fleming, "Enhancing the Demand for IPOs", Accessed July 19, 2017. https://www. sec. gov/news/speech/fleming-enhancing-demand-ipos - 050917.

图书在版编目(CIP)数据

投资者. 第9辑 / 郭文英主编. -- 北京 : 法律出版社, 2020

ISBN 978-7-5197-4285-0

Ⅰ. ①投… Ⅱ. ①郭… Ⅲ. ①投资-研究-中国②投资-金融法-研究-中国 Ⅳ. ①F832.48②D922.280.4

中国版本图书馆 CIP 数据核字(2020)第030749号

投资者(第9辑)
TOUZIZHE (DI-9 JI)

郭文英 主编

策划编辑 陈 妮
责任编辑 陈 妮 黄 筝
装帧设计 李 瞻

出版 法律出版社
总发行 中国法律图书有限公司
经销 新华书店
印刷 固安华明印业有限公司
责任校对 王晓萍
责任印制 吕亚莉

编辑统筹 法治与经济出版分社
开本 787毫米×1092毫米 1/16
印张 13.5
字数 250千
版本 2020年2月第1版
印次 2020年2月第1次印刷

法律出版社/北京市丰台区莲花池西里7号(100073)
网址/www.lawpress.com.cn
投稿邮箱/info@lawpress.com.cn
举报维权邮箱/jbwq@lawpress.com.cn
销售热线/400-660-8393
咨询电话/010-63939796

中国法律图书有限公司/北京市丰台区莲花池西里7号(100073)
全国各地中法图分、子公司销售电话:
统一销售客服/400-660-8393/6393
第一法律书店/010-83938432/8433 西安分公司/029-85330678 重庆分公司/023-67453036
上海分公司/021-62071639/1636 深圳分公司/0755-83072995

书号:ISBN 978-7-5197-4285-0 **定价**:68.00元